权威·前沿·原创

皮书系列为
“十二五”国家重点图书出版规划项目

城乡一体化蓝皮书
BLUE BOOK OF
URBAN-RURAL INTEGRATION

中国城乡一体化发展报告 · 北京卷（2014~2015）

ANNUAL REPORT ON BEIJING'S URBAN-RURAL INTEGRATION (2014-2015)

北京联合大学北京学研究基地 / 编
主　编 / 张宝秀　黄　序
副主编 / 张景秋　孟　斌

社会科学文献出版社
SOCIAL SCIENCES ACADEMIC PRESS (CHINA)

图书在版编目(CIP)数据

中国城乡一体化发展报告. 北京卷. 2014～2015/张宝秀，黄序主编；北京联合大学北京学研究基地编. —北京：社会科学文献出版社，2015. 5

（城乡一体化蓝皮书）

ISBN 978－7－5097－7466－3

Ⅰ. ①中… Ⅱ. ①张… ②黄… ③北… Ⅲ. ①城乡一体化－发展－研究报告－北京市－2014～2015 Ⅳ. ①F299. 2

中国版本图书馆 CIP 数据核字（2015）第 086785 号

城乡一体化蓝皮书

中国城乡一体化发展报告 · 北京卷（2014～2015）

主　　编 / 张宝秀　黄　序

副 主 编 / 张景秋　孟　斌

出 版 人 / 谢寿光

项目统筹 / 周　丽　王玉山

责任编辑 / 王玉山

出　　版 / 社会科学文献出版社 · 经济与管理出版分社（010）59367226

地址：北京市北三环中路甲 29 号院华龙大厦　邮编：100029

网址：www. ssap. com. cn

发　　行 / 市场营销中心（010）59367081　59367090

读者服务中心（010）59367028

印　　装 / 北京季蜂印刷有限公司

规　　格 / 开 本：787mm × 1092mm　1/16

印 张：21　字 数：320 千字

版　　次 / 2015 年 5 月第 1 版　2015 年 5 月第 1 次印刷

书　　号 / ISBN 978－7－5097－7466－3

定　　价 / 79. 00 元

皮书序列号 / B－2012－231

城乡一体化蓝皮书
编　委　会

主要编撰者简介

主　编

张宝秀　北京联合大学应用文理学院院长、北京学研究基地主任、北京学研究所所长、市级重点建设学科人文地理学学科带头人、北京市级教学名师，专门史硕士研究生导师，博士，教授。兼任北京地理学会副理事长，北京城市科学研究会常务理事，首都师范大学人文地理学硕士研究生导师。2013年入选北京市属高等学校高层次人才引进与培养三年行动计划（2013~2015）“长城学者”培养计划。1994年7月毕业于北京大学城市与环境学系历史地理研究中心，获理学博士学位。学术方面主要从事人文地理学、历史地理学教学和科研工作，主持完成了国家社科规划青年项目“燕山地区经济开发进程及民族关系演变研究”、北京市社科规划重点项目“北京名人故居保护与利用现状及对策研究”、2009~2012年四个年度的《北京学研究报告》等近20多项国家级、省部级科研项目和地方政府部门、企事业单位委托课题；主持在研国家自然科学基金面上项目“线性文化遗产空间解构与区域响应研究”、北京市属高校长城学者培养计划项目“北京历史文化遗产空间重构与城市文化建设研究”等。已出版《北京的长城与桥梁》（第一作者）等专著和教材，参编《北京历史文化》、参译《现代城市规划》等专著和教材，发表学术论文50多篇。主编2009~2014年《北京学研究报告》系列研究报告集。

黄　序　北京联合大学北京学研究所特邀研究员、中国城市经济研究会大城市专业委员会副主任、中国城市科学研究会理事、北京市城市科学研究会理事、北京市行政区划学会副会长、北京市城郊经济学会理事。自从事科研工作以来，一直从事城市化、城乡发展等方面的研究，曾多次参加国家及市级重大课题的研究，发表论文、调研报告40多篇，主编著作9部。其中参加全国及北京市哲学社会科学“六五”规划重点课题“北京市人口与城市发展问题”研究，并主持其中一个子课题“北京远郊区县集镇与人口发展”，该课题曾获第一届北京市哲学社会科学优秀科研成果一等奖。1997～2000年参加北京市农村经济研究中心主持的市长交办课题“北京郊区城市化与城乡一体化研究”研究，其中承担调查研究和分报告《法国的城市化与城乡一体化及启迪——巴黎大区考察记》、《当代北京城市化与城乡一体化进程研究》、《北京郊区城市化的历史基础》、《乡村社区向城市社区的转化》的撰写，课题成果——专著《北京郊区城市化探索》获第六届北京市哲学、社会科学优秀科研成果一等奖。1999～2001年参加市精神文明建设委员会办公室委托课题“北京市城区文明综合评价指标体系研究”研究，承担调查研究、评价标准条目的制定和对各城区的测评工作。课题成果《北京市城区文明综合评价指标体系研究》获第六届北京市哲学、社会科学优秀科研成果二等奖。

副主编

张景秋　北京联合大学应用文理学院城市科学系主任，博士，教授。1998年7月毕业于北京大学城市与环境学系人文地理学专业，获理学博士学位。兼任首都师范大学人文地理学硕士研究生导师、中国地理学会理事。主要从事城市地理学以及城市与区域规划的教学与研究工作。2005年获北京市中青年骨干教师称号，2009年获首都劳动奖章，2010年入选北京市“新世纪百千万人才工程”，2011年荣获北京市“三八”红旗手，2012年入选北京市属高等学校高层次人才引进与培养三年行动计划（2013～2015）“长城学者”培养计划，2015年获“全国五一巾帼标兵”荣誉称号。自1998年以来，先后主持承担了国家自然科学基金面上项目“北京城市办公业的空间结构演变及其动力机制研究”、“中国城市办公空间扩展与区域增长互动研究”，北京市社科规划项目“北京城市功能空间分布优化研究”、

“北京‘五个之都’建设功能区布局优化及实施对策研究”、“首都城市发展的阶段性及其时空特征研究”，参与2004年北京城市总体规划修编产业布局研究，北京市“新农村”建设规划制订以及北京市“十二五”燃气和供热重大项目对社会经济环境影响研究等近50项研究和规划制订。发表在《地理学报》、《地理科学》、《地理研究》以及《城市发展研究》、《城市问题》、《北京社会科学》等CSCD和CSSCI上的学术文章20余篇，北大中文核心期刊近20篇。出版包括《城市办公空间》、《北京大型文化设施利用的空间分异研究》、《现代城市规划》在内的学术专（译）著十余部。

孟　斌　北京联合大学北京学研究所副所长、应用文理学院城市科学系教授，博士，中国地理信息系统协会理论与方法委员会委员，首都师范大学人文地理学硕士研究生导师。1997年7月毕业于中国科学院地理研究所，获人文地理学硕士学位；2005年7月又于中国科学院地理科学与资源研究所获地图学与地理信息系统专业博士学位；2005年10月至2008年7月在中国社会科学院城市发展与环境研究中心从事博士后研究；2012年3月至9月在美国圣地亚哥州立大学地理系从事访问学者研究。主要研究领域为城市地理、地理信息科学和空间数据分析。近年来在*Public Health*、《地理学报》等学术期刊发表多篇论文，出版《北京市居民职住分离调查研究》等学术著作。主持在研国家自然科学基金面上项目“转型期中国城市居民职住关系：演变、机制及政策启示”、“北京城市空间结构与居民职住分离互动研究”等。

摘　要

2014 年，北京市围绕落实首都城市战略定位和建设国际一流的和谐宜居之都的目标，着力稳增长、促改革、调结构、惠民生，首都经济社会持续稳步发展，城乡一体化呈现新亮点。

2014 年，北京城乡一体化延续了稳定发展的态势，无论是在农民增收、农村基础设施建设、公共服务均等化等民生领域，还是在集体经济优化升级、新型城市化推进、城乡结合部改造、城市病治理等体制机制领域，北京均取得了新的成绩。2014 年，北京市实现地区生产总值 21330.8 亿元，比上年增长 7.3%，处于经济运行的合理区间。农业经济基本保持稳定，总体规模略有下降，部分产业实现增长。农村居民人均纯收入达到 20226 元，比上年增长 10.3%；扣除价格因素后，实际增长 8.6%，高于城镇居民人均可支配收入增长幅度。2014 年北京城乡一体化有诸多亮点。开始实施 48 个新型农村社区试点，提升新农村建设水平，加快农村城镇化建设步伐。开展第一道绿化隔离带地区城市化建设试点工作，在第二道绿化隔离带地区探索乡镇统筹利用集体经营性建设用地方式方法。在稳步推进城乡结合部 50 个重点村改造的基础上，又划定了 60 个城乡结合部重点地区予以重点治理。农村环境建设和节能减排工作全面铺开，为保障 APEC 会议环境质量和治理北京空气污染做出了贡献。城乡社会保障一体化也有新进展，实现了城乡居民基本医疗保险筹资标准统一。

存在的主要问题表现在：在首都功能优化过程中，城乡关系仍是主要制约性因素；集体经济发展的活力和内在动力仍然不足；城乡结合部问题的解决仍需时日等。展望 2015 年，北京城乡发展面临重要机遇，绿色发展、城市功能优化、农村土地改革创新等新要素会增强北京城乡发展的可持续性和科学性。

Abstract

In 2014, to implement the strategic positioning of the capital city, and to construct world-class harmonious and livable city, Beijing strived to stabilize the price level, adjust economic mix, advance reform and benefit people's livelihood. As a result, the national economy maintained steady and rapid development. The urban-rural integration showcased a new highlight.

Beijing urban-rural integration development continued in a stable way in 2014. New achievements were seen in livelihood, such as increasing farmers' income, rural infrastructure construction, equalizing public services and so forth. The same progress has been acchieved as well for institutional systems, such as collective economic upgrade, new urbanization implementation, rural-urban continuum reconstruction and urban disease management.

In 2014, the gross regional domestic product of Beijing totaled 2133.08 billion yuan, an increase by 7.3% from that of the last year, positioning Beijing in the reasonable interval of economic operation. Agricultural economy maintained stable in general, some industries witnessed an increase whereas the overall scale went down slightly. What's more, the average gross income for rural residents reached 20226 Yuan, an increase by 10.3%, or 8.6% if the price factor was left out. The growth of average disposable income of rural residence went beyond that of urban residence.

There are many highlights in Beijing urban-rural integration in 2014. The implementation of the 48th New Rural Community Pilot Program has started, improving new rural construction and accelerating the urbanization of rural communities. Also, the pivot project on the urbanization construction was conducted in the first Green Belt area, and integrated utilization of profitable collective constructive land in the second Green Belt area was explored.

While steadily promoting the reconstruction of the 50 key villages in rural-urban continuums, 60 more urban-rural continuums were defined as key area to be governed. Environmental construction and energy saving and emission reduction in rural has been in full swing, the environment quality was highly improved during the APEC conference and the air pollution in Beijing was well under control. Additionally, new progress has been made in urban-rural social security integration, unifying the financing standard of basic medical insurance for urban and rural residents.

However, the problems still exist. In the process of functional optimization of the capital city, urban-rural relation is still playing as the primary restrictive factor. The intrinsic motivation and vitality of collective economic development remain to be enhanced. Also, problems associated with urban-rural continuum require more time to settle. Looking forward to the new year, essential opportunities are waiting for Beijing urban-rural development. And new elements such as green development, functional optimization of the urban, rural land reform, will surely boost the sustainability and scientificalness of Beijing urban-rural development.

(段秋萌 译)

目 录

B I 总报告

B II 城乡一体化发展战略

BⅢ　城乡土地问题

BⅣ　产业发展

B V 新农村建设

CONTENTS

BLUE BOOK

𝔹 I General Report

𝔹 II Urban-rural Integration Development Strategies

BⅢ Urban–rural Land Issues

BⅣ Industrial Development

BⅤ New Rural Construction

总 报 告

General Report

BLUE BOOK

B.1 2014年北京城乡一体化发展报告

柴浩放 张佰瑞 黄 序 张宝秀*

摘 要： 本文介绍了2014年北京城乡一体化建设的新进展，分析了北京城乡一体化存在的问题和难点，对未来的发展做出了展望并给出了政策建议。2014年北京城乡一体化延续了稳定发展的态势，无论是在农民增收、农村基础设施建设、城乡公共服务均等化等民生领域，还是在集体经济优化升级、新型城市化推进、城乡结合部改造、城市病治理等体制机制领域，均取得了新的成绩。存在的主要问题表现在：在首都功能优化过程中，城乡关系仍是主要制约性因素；集体经济发

* 柴浩放，北京市社会科学院城市问题研究所助理研究员，博士，研究方向为城乡统筹；张佰瑞，北京市社会科学院城市问题研究所副研究员，博士，研究方向为区域经济；黄序，北京联合大学北京学研究所特邀研究员，研究方向为城市化、城乡统筹发展；张宝秀，北京联合大学北京学研究所所长，北京联合大学应用文理学院院长，博士，研究方向为北京城市研究。

展的活力和内在动力仍然不足；城乡结合部问题的解决仍需时日，等等。展望新的一年，北京城乡发展面临重要机遇，绿色发展、城市功能优化、农村土地改革创新等新要素会助推北京城乡发展的可持续性和科学性。

关键词： 北京 城乡一体化 城乡统筹 政策创新

2014 年，北京市围绕落实首都城市战略定位和建设国际一流和谐宜居之都的目标，着力稳增长、促改革、调结构、惠民生，首都经济社会持续稳步发展，城乡一体化呈现新亮点。

一 北京城乡一体化进展

（一）首都经济稳中提质，农村经济总体稳定

2014 年，北京市实现地区生产总值 21330.8 亿元，比上年增长 7.3%，处于经济运行的合理区间。经济发展整体呈现出增长稳、就业增、价格低、效益好的良好局面。农业经济基本保持稳定，总体规模略有下降，部分产业实现增长。全年实现农林牧渔业总产值 420.1 亿元，比上年下降 0.4%，实现增加值 159 亿元，下降 0.1%。全年完成平原造林 35.5 万亩，带动林业实现产值 90.7 亿元，比上年增长 19.5%。民俗旅游实际经营 8863 户，比上年增加 333 户；民俗旅游总收入 11.3 亿元，增长 10.4%。种业收入 14 亿元，增长 0.4%。全年城镇居民人均可支配收入达到 43910 元，比上年增长 8.9%；扣除价格因素后，实际增长 7.2%。农村居民人均纯收入达到 20226 元，比上年增长 10.3%；扣除价格因素后，实际增长 8.6%，[①] 高于城镇居民人均可支配收入增长幅度。

① 《北京市 2014 年国民经济和社会发展统计公报》，http：//news. xinhuanet. com/local/2015 - 02/12/c_ 127488665. htm。

（二）实施区县差异化考评体系，促进城乡协调发展

为落实中央深化改革的战略部署，北京发布了《北京市全面深化改革决定》，提出了“建立区县差异化考核评价指标体系，不单纯以GDP增长率评定政绩，引导区县把注意力更多地集中到落实区县功能定位和转方式、调结构、增效益上来”。为此，2014年北京市全面实施了区县差异化考核评价体系，根据各区域的特点，确立差异化发展目标，明确每个主体功能区的任务。这一措施对于协调生态涵养区生态保护与经济社会发展起到了积极的推进作用。例如，根据生态和环境特点，在怀柔区建设了雁栖湖生态发展示范区，为APEC会议提供了高水平服务。在密云建设古北水镇，通过发展旅游业带动农村经济发展。

（三）农民就业与增收态势良好

2014年北京市国民经济和社会发展统计公报显示，北京城乡居民的收入均维持了较高水平的增长，并且城乡收入的相对差继续缩小。城镇居民人均可支配收入达到43910元，比上年增长8.9%；扣除价格因素后，实际增长7.2%。农村居民人均纯收入达到20226元，比上年增长10.3%；扣除价格因素后，实际增长8.6%。城镇居民人均消费性支出达到28009元，增长6.6%，其中服务性消费支出9197元，增长10.7%；恩格尔系数为30.8%，比上年下降0.3个百分点。农村居民人均消费性支出达到14529元，增长7.2%；恩格尔系数为34.7%，比上年提高0.1个百分点。

在低收入群体方面，2014年年末北京市享受城市居民最低生活保障的人数为8.9万人，享受农村居民最低生活保障的人数为5.2万人。城乡收入差的重要贡献者是农村低收入群体，对这类人群进行发展干预，促进其就业和增收具有多重意义。2014年，北京市相关部门发布了《北京市农村经济薄弱地区发展规划（2014～2020）》，推进农村地区的均衡发展，缩小区域发展差距，促进低收入农村群体增收。据统计，2014年上半年北京市20%相对低收入农户人均现金收入达5529元，同比增长15.9%，增幅高于北京

市全市农民平均水平 5.6 个百分点。截至 2014 年 6 月，北京市低收入监测户数由上年的 233333 户变为 229464 户，减少 3869 户；郊区低收入监测农户人均可支配收入实现 4272 元，同比增长 16.8%，比全市农民人均所得平均增长速度高 8.2 个百分点，但仍比全市农民人均所得 7623 元水平低 3351 元。①

在促进就业领域，北京也出台了一些打通城乡的新举措。过去公益性组织安置就业人员的优惠政策只针对城镇，不涉及农村。2014 年北京市开始将农村公益性组织就业人员也纳入其中。出台专门针对农村的灵活就业和自谋职业鼓励政策，实现在促进就业方面城乡一体化发展。一些区县也有新动作，如密云县出台了《密云县促进本地城乡劳动力就业再就业办法》，促进农村劳动力转移和就业。新政策的出台，废除了原来只有在本县工商部门注册并属地纳税的企业招用再就业重点人群才能享受到政府岗位补贴的规定，且用人单位在享受市级促进就业政策的同时，享受县级政策中最长不超过 3 年的每人每年 3000～5000 元岗位补贴，促进了当地劳动力就业。②

（四）新“三起来”增强集体经济活力

“新三起来”（土地流转起来、资产经营起来、农民组织起来）是北京市政府推出的提高农村集体资产经营效益，促进其保值增值的系列政策集成。其对农村经济发展的促进作用主要体现在：通过农村土地利用和流转方式创新确保北京农村的核心资产——土地的开发科学性和收益最大化；通过现代金融手段和管理手段使农村优质资产资本化、经营方式职业化，促进资产获取市场化收益；通过股权纽带和科学的组织方式提高集体经济对农民的吸引力和带动作用，促进农民城市化和走向共同富裕；通过规范集体资产经营，避免资产流失，等等。

北京市以大兴区旧宫镇和西红门镇为试点，创新农村建设用地开发利用

---

① 北京市农村工作委员会网站，http://www.bjnw.gov.cn/cxyth/zhjj/201408/t20140818_339987.html。

② 姜永德：《招用城乡劳动力政府给奖励》，《北京日报》2014 年 6 月 13 日。

方式，力图规避以往农村土地开发小、散、乱的局面，改变以往农村土地开发的随意性和既成事实性挟持城市规划实施和优化的局面，提高土地承载能力和经济产出水平。旧宫镇和西红门镇将其与城镇化相结合，形成了镇级统筹，村庄抱团发展的模式。两个镇的19个村被划分为4个经济片，采取分片区、组团式发展模式，每片统筹发展一个项目、成立一个集体资产经营公司，对片区项目实行统一经营、统一管理，把项目开发、农民上楼与旧村改造统筹考虑，在每个片区，委托成立一个集体资产管理公司，建立相应的新型集体经济联合组织，进行土地利用的区片整治，作为组织平台、融资平台、项目申报平台，支撑各项跨村域重大项目建设的快速推进。集合绿化隔离带建设、土地储备以及重大项目等各项政策，形成合力，把项目开发、农民上楼与旧村改造统筹考虑，降低了开发成本，提高了城市化改造的效率。采用村镇自主开发集体建设用地模式，引导农民成为自主拆除腾退的主体，使农民成为融资主体、投资主体和收益主体。① 通过打破村庄产权封闭，各自为战的格局，为集体资产经营提供了更广阔的空间，实现了集体增效农民增收。在创新金融手段促进“新三起来”方面，2014年2月，华北首个土地信托项目落户密云县，标志着北京农村金融创新进入新阶段。该项目确保土地不变性和农地农用，使农村集体经济组织得到了发展资金和有了销售渠道，盘活了土地资源，带动农民增收。

作为“新三起来”的基础性和保障性措施，北京市各区县加强农村集体经济组织资产管理，并注重运用电子化手段对经营行为和经营过程予以有效监督，减少不规范操作和集体资产流失。昌平区构建了基于电子账务的农村集体经济运行实时监控系统，实现了对农村集体经济运行的实时预警防控。通过不同监控标准的设置，实现由系统自动对特殊事项及时发出预警信号，提示监管人员跟踪处理预警事项。② 通州区构建了农村集体“三资”监

---

① 北京市农村工作委员会网站，http：//www. bjnw. gov. cn/cxyth/tzgg/201404/t20140401_331509. html。

② 北京市农村工作委员会网站：http：//www. bjnw. gov. cn/cxyth/tzgg/201404/t20140401_331507. html。

管信息系统，将区级服务器委托区信息中心管理，系统 9 大模块内容涵盖“三资”监管工作各个方面，财务管理模块实现了镇、村两级联网。① 门头沟区在成立农村“三资”监管中心的基础上，搭建了农村集体产权交易平台，将农村集体资产特别是集体土地按照统一的交易规则、交易程序、文书格式进行交易。首批已有 4 个农村产权交易项目实现签约，成交总额超过 3000 万元。② 针对征地补偿费在农村集体资产总额中所占比重大的实际，海淀区出台了《关于进一步加强海淀区农村集体资产管理工作的实施意见》，组织各镇、玉渊潭总公司对 2012～2013 年度农村集体经济组织征地补偿费管理使用情况进行“拉网式”专项检查。保障资金安全运行和有效使用。③

（五）新型城镇化试点启动，城乡结合部治理和改造持续推进

2014 年，北京市还落实国家新型城镇化规划（2014～2020），积极申报国家级新型城镇化试点。新型农村社区是首都现代城镇体系的末端节点。北京市已经开始在顺义石家营等 48 个新型农村社区有序开展试点，通过新型农村社区试点建设规划，探索和完善试点用地政策，引导农民建设新型住宅，完善基础设施和公共服务设施，推动试点体制机制创新等综合措施，提升社会主义新农村建设水平，加快农村城镇化建设步伐。2014 年市委、市政府决定在朝阳区来广营、将台、太阳宫、常营、豆各庄、南磨房 6 个乡，开展“一绿”（第一道绿化隔离带）地区城市化建设试点工作。积极推进第二道绿化隔离地区 6 个统筹城乡建设用地试点。力争用 3～5 年的时间实现“拆迁建设全部完成，农民身份全部转变，规划绿地全部实现”三项任务。实现“规划统筹、成本统筹、收益统筹、政策统筹”四项统筹。2014 年市委、市政府还决定，将丰台区长辛店镇、通州区宋庄镇和台湖镇、大兴区青

① 北京市农村工作委员会网站，http：//www.bjnw.gov.cn/cxyth/tzgg/201409/t20140923_341606.html。

② 闫雪静、艾宏伟：《门头沟搭建农村集体产权交易平台》，《北京日报》2014 年 4 月 23 日。

③ 北京市农村工作委员会网站，http：//www.bjnw.gov.cn/cxyth/tzgg/201406/t20140619_336354.html。

云镇、朝阳区金盏乡、顺义区高丽营镇等“五区六镇”作为第二道绿化隔离地区6个统筹城乡建设用地试点，重点探索乡镇统筹利用集体经营性建设用地方式方法，统筹绿化和城市发展，提升集体经济发展水平，推进城乡一体化发展。目前各项工作正在积极推进，并取得了阶段性进展。朝阳区启动了第一道绿化隔离带地区1.7万名农民转工转居工作，涉及豆各庄、三间房、常营、东坝4个乡的24个村。1.7万名农民上楼居住的同时享受生活、医疗等保障。朝阳区还分类推进城乡结合部改造，启动来广营、太阳宫等6个试点乡的整建制改造，统筹解决搬迁上楼、农民就业增收、产权制度改革等遗留问题，力争使其成为“城市化示范乡”。[①]

结合城市病的治理，继划定城乡结合部50个重点村作为改造目标之后，北京市2014年再次划定60个城乡结合部重点地区，并对这60个城乡结合部重点地区集中开展为期4个月的专项整治。这60个城乡结合部重点地区共涉及8个区县，其中，大兴区、朝阳区、海淀区最多，分别为14处、13处和11处。重点地区按照治安秩序混乱、违建问题突出、警情案件高发、环境卫生脏乱、户籍人口与流动人口数量比例倒挂严重等标准来划定，整治重点是出租房屋以及流动人口居住场所火灾隐患、结构隐患、食品安全隐患的排查。在这一过程中，北京市通过查处违法建设，完善流动人口和出租房屋基础信息的采集，对各类违建数量和用途逐一建档，对存在安全隐患的房屋予以停租，确保重点地区出租房屋内不发生群死群伤事件和有重大社会影响的案件，使上述地区的居住、生活环境有明显的改善，确保流动人口数量增长得到有效控制。[②] 2014年上半年，北京市集中排查整改城乡结合部地区的各类隐患，责令停产停业小作坊、小企业6543家，关闭取缔7980家，行政罚款2785.25万元，清退不法商户或个人租户11.3万人。[③]

2010年北京市启动了城乡结合部50个重点村改造工程，这项工作历时多年，目前各项建设工作仍在按计划持续推进。重点村改造将集体产业发

① 华锴：《朝阳4乡1.7万农民转工转居》，《北京日报》2014年1月13日。

② 金可：《全市整治60个城乡结合部，流动人口逐渐减少》，《北京日报》2014年9月10日。

③ 王东亮：《北京城乡结合部整改隐患18.6万项》，《北京日报》2014年4月18日。

展、促进农民转移就业和新型社区建设结合起来，为城乡结合部可持续发展奠定了基础。50 个重点村总用地面积 81.16 平方公里，其中农民回迁安置房用地 6.11 平方公里，占 7%；集体产业用地 2.4 平方公里，占 3%；规划绿地 47 平方公里，占 58%。回迁安置房建设规划面积 1118 万平方米，竣工 676 万平方米，已有 31 个村竣工并陆续回迁。50 个村已全部启动集体经济产权制度改革，44 个村已完成改制，6.9 万农民成为股东，量化总资产 80.6 亿元、人均 11.7 万元，量化净资产 39.1 亿元、人均 5.7 万元。13 个村的 13493 人已完成整建制农转居，19 个村正在进行中。集体产业发展、促进农民转移就业和新型社区建设等工作同步推进。①

（六）农村基础设施建设稳步发展

经过多年持续投入，北京市城乡间的基础设施差距日益缩小。在经过之前数年密集性的资金和政策投入后，北京农村地区的基础设施建设步入稳步发展期，除不断优化农村基础设施的日常维护机制、提升运营水平，还注重通过基础设施服务提升农村居民生活质量。在交通领域，2014 年，北京市加强郊区客运与市区公交网络的有效衔接，进一步改善郊区交通环境，建成顺义区北务镇等 8 个客运站，新开工门头沟区清水镇等 6 个客运站。② 各区县还开展农村改水工程提高农村人口饮水安全。顺义区 2014 年共实施农村改水工程 52 个，包括风险管理、水质处理、水质消毒等内容，惠及 16 个镇 48 个村，受益人口达 11 万人。③ 怀柔区农村改水工程暨农村饮水健康行动工程也顺利完工。工程主要涉及新建泵房、安装消毒设备、修建蓄水池以及铺设供水主管道等内容。通过工程的实施改善了 8000 余人的饮水健康。④在改水的同时，怀柔区还与北京排水集团签订《怀柔区镇村公共污水处理

---

① 祁梦竹：《50 个重点村六成竣工回迁》，《北京日报》2014 年 3 月 19 日。

② 姜晶晶：《京郊今年将建 8 个客运站》，《京郊日报》2014 年 2 月 11 日。

③ 北京市农村工作委员会网站，http：//www. bjnw. gov. cn/cxyth/jcssjs/201412/t20141216_345006. html。

④ 北京市农村工作委员会网站，http：//www. bjnw. gov. cn/cxyth/jcssjs/201412/t20141210_344814. html。

设施特许维护运行合同》，怀柔区223座村级污水处理站点、9座镇乡级污水处理站由北京排水集团负责日常运行和维护。① 为探索城乡基础设施管理运营一体化做出了有益的尝试。2014年顺义区试点实施了首个农村有线电视双向网络改造工程，实现农村地区用户收看高清数字节目、访问互联网等功能。首批获改造的281户有线电视用户每户收视频道由59个扩充至171个。为全区乃至全市下一步向农村推广模拟信号升级高清交互数字网络技术积累了经验。②

在农村存量基础设施维护方面，怀柔区2014年投入220万元对全区农村路灯进行检查维修，共涉及150余个村和旅游道路。此次维护后，路灯的后续维护工作移交给镇乡，由镇乡负责属地管理，区相关部门根据长效管护机制每年进行考核并依据考核情况拨付维护资金。③ 顺义区在全市率先启动太阳能浴室“休眠期”设备维护工作。维护了太阳能系统设备、地源热泵机组设备，保证设备处于正常运行状态。④

在支持农村发展的资金投入方式上，2014年北京市继续在13个涉农区县全面开展“一事一议”财政奖补工作，中央和市级奖补资金达到2亿元，主要集中支持低收入村和美丽乡村建设。北京市制定了《关于完善本市村级公益事业专项补助制度的意见》，从2014年起，在原市级财政给各区县村级公益事业专项补助资金总量的基础上再增加50%，专项补助侧重向低收入村、山区村和人口大村倾斜，已备案区县村级公益事业专项补助最高达47万元。⑤ 以房山区为例，2014年其一事一议财政奖补项目资金达3625万元。其中，财政资金2900万元，村级自筹725万元。开展35个项目，受益

① 北京市农村工作委员会网站，http：//www.bjnw.gov.cn/cxyth/jcssjs/201412/t20141224_345295.html。

② 北京市农村工作委员会网站，http：//www.bjnw.gov.cn/cxyth/jcssjs/201404/t20140416_332297.html。

③ 北京市农村工作委员会网站，http：//www.bjnw.gov.cn/cxyth/jcssjs/201410/t20141015_342470.html。

④ 北京市农村工作委员会网站，http：//www.bjnw.gov.cn/cxyth/ggshsy/201407/t20140710_338095.html。

⑤ 石建红：《两亿元奖补农村“一事一议”》，《京郊日报》2014年8月22日。

人口达 3.5 万人。[①] 实施一事一议财政奖补政策，解决了多年来农民想办而办不了的事，改善了农民的生产生活条件，促进了农村发展和农民增收，推动了城乡公共服务均等化。

（七）农村环境建设及节能改造持续发力

2014 年，北京市制定了《提升农村人居环境推进美丽乡村建设实施意见（2014～2020 年）》，首次提出了“美丽乡村”的建设目标。将以每年不低于 15% 的村庄推行美丽村庄建设为目标，通过滚动发展，达到 2020 年“美丽乡村”全覆盖。“美丽乡村”是农村环境及基础设施等内容相集成的农村发展项目，具体内容包括推进农村地区减煤换煤、农村电网改造、农宅抗震节能改造、农村污水处理、村庄绿化美化、村庄环境综合整治、农村医疗卫生服务、保护传承农村历史文化以及建立长效管护机制和制度等。[②] 从“三起来”（让农村亮起来、农民暖起来、农业资源循环起来），到“新三起来”（土地流转起来、资产经营起来、农民组织起来），再到“美丽乡村”建设，北京市针对农村地区的政策投入维持了较好的持续性和大的力度。这对于持续缩小城乡差距，促进城乡融合发展均有重要的作用。密云县干峪沟村等 3 个村、海淀区稻香小镇稻田等景观入选 2014 年中国最美休闲乡村、中国美丽田园。北京市还加强传统村落保护与发展，组织编制传统村落保护和发展规划。围绕 APEC 会议等重要活动，综合开展小城镇、村庄和河道环境整治，改善农村环境。

结合北京大气污染防治的现实需求，以及提高农村地区生产生活环境质量的要求，北京市在农村地区大力开展了多种形式的基于农户层面的节能减排工作，主要涉及对农户散烧劣质煤的减煤换煤及建筑节能等。以怀柔区为例，2014 年为节能减排及保障 APEC 会议环境质量，该区重点对京承高速通往雁栖湖生态发展示范区的 4 条公路沿线两侧农户、村集体公共服务场所

---

① 北京市农村工作委员会网站，http://www.bjnw.gov.cn/cxyth/tzgg/201403/t20140327_331267.html。

② 赵语涵：《“美丽乡村”2020 年京郊全覆盖》，《京郊日报》2014 年 5 月 13 日。

及3个重点村实施减煤换煤工作。此项工作涉及8554户农村住户，共推广无烟煤炉具8583台套，减少使用劣质煤3万吨。此外怀柔区将优质燃煤替代补贴政策范围扩大至村委会、公共浴室、幼儿园、学校等村集体公共服务场所。除重点开展APEC会址周边的减煤换煤工作之外，怀柔区2014年还在全区范围内采取多种措施促进农村地区节能减排。对534户农村住户实施取暖“煤改电”工作，减少劣质煤使用1600吨。对5000户农户实施农宅抗震节能保温改造工程，推进1293户农户实施山区搬迁工程，实施农民住宅保温节能，减少劣质煤使用8586吨。对9个镇乡4.8万户农村住户实施液化石油气下乡工程，减少劣质煤使用24000吨。[①]“送气下乡”工程每户居民全年核定供气量不超过6瓶，每瓶15公斤，政府补贴50元，居民只需支付70元。怀柔区正在逐步建立起由充装站、气瓶集散中心、移动式储瓶柜构成的液化气三级供应服务网络。[②] 2013年采暖季，房山区农村地区共完成减煤换煤21.6万吨，2014年计划的农村地区减煤换煤22万吨的任务也顺利完成。[③]

北京市2014年对《北京市建筑节能管理规定》进行了修订，形成了《北京市民用建筑节能管理办法》。该办法对农村集体建设及农民自建农宅的节能要求、管理做出详细规定。今后农村集体组织统一规划、建设的三层以上建设项目，须达到绿色建筑一星级标准。针对农村自建住宅，经住房城乡建设行政主管部门认定，符合北京市节能标准、采用清洁能源的农宅，可以按照规定给予农宅改造补贴。除市级补贴外，各区县还出台相应的补贴政策，提升农民进行农宅节能改造的积极性。据统计，2006年以来，北京市通过多种途径已累计完成近40万户的农宅节能改造。[④]

① 北京市农村工作委员会网站，http：//www.bjnw.gov.cn/cxyth/tzgg/201406/t20140604_335460.html。

② 北京市农村工作委员会网站，http：//www.bjnw.gov.cn/cxyth/ggshsy/201404/t20140417_333227.html。

③ 北京市农村工作委员会网站，http：//www.bjnw.gov.cn/cxyth/jcssjs/201411/t20141119_344019.html。

④ 赵语涵：《京郊农民建节能房可享双重补贴》，《京郊日报》2014年7月18日。

（八）农村社区社会化管理成效显现

对于北京而言，农村社区，特别是城乡结合部农村社区的现代化管理，是城市文明向农村扩散的重要途径，是促进城乡公共服务均等化的重要载体。它既可以被视为农村现代化的推手，也可以被视为未来城市化的预热，对诸如城乡结合部等半城市化地区还可起到深化城市化的作用。因此，无论是对远郊农村还是对近郊的城乡结合部而言，推动农村社区社会化、现代化管理均具有重要现实意义。

北京市无论在市级层面还是区县层面，均在该领域进行了大量探索和实践。2014 年，北京市启动石景山城市管理体制改革试点，网格化社会服务管理体系覆盖 90% 以上的社区村庄。丰台区针对城乡结合部等城市化过渡期的农村社区，采取多种形式进行社区服务管理模式的创新。通过建立乡级社区服务中心，实现了社区服务区、乡、村三级联网；整合公共服务资源向各村延伸，将居家养老、医疗服务等整合到社区服务中心，实现“一站式”服务。依托区、乡、村三级社区服务中心引导社会资源向各村倾斜，通过政府购买服务的方式将计生医疗、便民服务等市场化服务延伸和引导到农村社区。丰台区筛选出西局村、白盆窑村等社区服务基础好的农村社区作为服务示范社区，适时向全区推广。目前，丰台区已创建典型示范社区 16 个。[①] 密云县也出台了创新性的举措，制定并实施了农村地区网格化标准体系，形成针对农村地区的社会服务管理网格化细则，这在北京市尚属首次。通过这一体系，密云县将生态建设与服务和保障民生一并纳入业务标准体系，有效对城乡环境、生态资源、公共设施进行监督和治理。它以数字化信息管理为平台，对网格划分、人员配置、运行管理、监督考评等 45 项综合管理和业务内容进行了全面规范。农村地区网格化管理是一种重要的创新，政府能够主动发现，及时处理，提高政府对地区的管理能力和处理速度，将问题解决

① 北京市农村工作委员会网站，http：//www. bjnw. gov. cn/cxyth/ggshsy/201407/t20140702_337123. html。

在民众投诉之前。[①] 密云县还推动农村社区服务站规范化建设，推广融党员服务、民政助残、计生卫生、劳动社保、政策惠农、农林水电、土管建设、综治维稳和其他服务等基本功能于一体的“一站式服务”。2014 年，密云县共有 103 个村开展了规范化建设，全部统一形象标识、统一窗口设置，整合 9 个方面服务功能，科学合理设置服务项目。[②] 通州区投资 1.2 亿元对 183 个老旧小区实施安防改造，建设 15 个乡镇综合指挥平台，完善立体化治安防控体系，提升城乡居民安全感。[③] 顺义区牛栏山镇 2014 年投入 450 万元，在 20 个村建设便民服务站，服务站设置了就业和社会保障、社会事务、文化体育卫生、流动人口服务和社区综合服务 5 个岗位职能，为村民提供养老保险、合作医疗、计划生育等 67 项服务，村民日常生活中需要办理的大部分事项都可以在村里解决。[④]

（九）城乡社会保障和公共服务的均等化取得新进展

由于现有的社会保障城乡各自封闭运行，其保障水平和标准各异。这种差异放在全国层面来看，有其合理性，是二元体制惯性和二元结构硬约束在社会保障领域的具体表现，也是社会保障发展过程中一个不可逾越的阶段。但对于北京而言，较高的城市化水平和相对较小的城乡收入差距使其有条件尽早逾越这种城乡差距，实现社会保障体系的城乡一体化运行。农村较低的社会保障水平会侵蚀农民的财富积累，拉大城乡居民的实际可支配收入差距，降低农民的投资和消费倾向，大病往往也是农村地区致贫返贫的主要原因。2014 年，北京市的城乡社会保障水平不断提高，特别是在城乡均等化方面取得了新进展。

2014 年，北京市城镇居民基本医疗保险人均筹资提高至 1000 元，新农

---

① 范俊生：《密云首建农村地区网格化标准体系》，《北京日报》2014 年 2 月 17 日。

② 北京市农村工作委员会网站，http://www.bjnw.gov.cn/cxyth/tzgg/201405/t20140515_334566.html。

③ 孙华良：《通州投亿元提升居民安全》，《京郊日报》2014 年 2 月 17 日。

④ 张颖：《顺义区牛栏山农村便民服务全覆盖》，《京郊日报》2014 年 12 月 9 日。

合的人均筹资也提高到不低于1000元，实现了与城镇水平的平齐。2013年新农合筹资标准为人均680元，其中个人缴费100元。考虑目前农村居民的个人缴费标准占农民收入比重已高于城镇居民，本次提高的320元将全部由市、区财政分担，个人缴费标准不变。① 在大病保险方面，国家卫生和计划生育委员会发布了《国务院医改办关于加快推进城乡居民大病保险工作的通知》，要求2014年6月底前全国各省份须全面启动城乡居民大病保险试点工作。为此，北京市出台了《北京市城乡居民大病保险试行办法》，大病保险政策于2014年1月1日开始实施。城乡居民2014年由基本医疗保险报销后符合规定的高额费用，可进行大病保险的二次报销，最高报销比例高达60%，上不封顶。② 以顺义区为例，2014年前11个月，顺义区新农合资金支出1.8亿元，补偿受益21.28万人次。其中，重大疾病补偿受益6835人次，补偿金额5823.28万元。领取报销金额万元以上有3698人，同比增加123人。新农合制度至少缓解了3698个家庭11649人因病致贫、返贫问题，对于农村居民减轻医疗经济负担发挥了重要作用。③

除医疗保险的城乡标准在逐步看齐，2014年北京市也开始将一些原来城市独享的社会保障政策向农村地区普及。城镇就业困难人员享受的岗补、社补开始逐步向农村延伸，用于安置就业困难人员的公益性岗位也在农村推广试点。北京市围绕城乡统一的目标，研究制定鼓励城乡劳动者自谋职业、引导城乡就业困难人员灵活就业的社会保险补贴政策。制定并实施城乡统一的鼓励用人单位招用就业困难人员岗位补贴和社会保险补贴政策，帮助“一产”企业发展，不断扩大吸纳就业规模，使一部分农村劳动力成为“一产”企业正式员工，将其纳入城镇社会保障体系。④ 考虑到农民面临较多的自然灾害风险，抗风险能力较弱，密云县完善灾害事故补偿机制，为全县7

① 吴迪：《北京医保人均筹资将提至千元》，《北京日报》2014年1月24日。

② 刘欢：《城乡居民大病保险今年全国推行，6月底前全面启动》，《北京日报》2014年2月10日。

③ 北京市农村工作委员会网站，http：//www.bjnw.gov.cn/cxyth/shbz/201412/t20141230_345501.html。

④ 袁京：《城乡劳动者自谋职业将可享社补》，《北京日报》2014年4月2日。

万户农房投了房屋保险。①

在交通、教育等公共服务领域，北京市在城乡一体化方面也有持续性的进展。长期以来，北京市公共交通被分割成市区和郊区两个体系，地面公交中市区内线路之间、市区与市郊线路之间、市郊线路之间票制票价不统一，计费方法不统一。郊区出行成本相对较高，同城不同价，有悖于以城补乡和城乡一体化发展趋势。2014 年北京市实施的公共交通票价改革，实现城乡一体、同城同价，利于郊区便捷出行。② 继 2012 年和 2013 年兴建 45 所城乡一体化学校后，北京市 2014 年再建 20 所城乡一体化学校，并侧重建设九年一贯制和十二年一贯制学校。20 所学校总共将提供学位 35980 个，使优质教育资源覆盖面进一步扩大。这 20 所新校布局仍分布在北京的城市发展新区、生态涵养区和功能拓展区。输出优质资源的区县包括海淀、丰台、石景山、西城、东城、通州、顺义、朝阳 8 区。③

二　北京城乡一体化进程中存在的问题

（一）农业生产呈现波动，农民增收渠道有待拓宽

2014 年，北京市全年粮食播种面积 12 万公顷，比上年减少 3.9 万公顷。粮食产量 63.9 万吨，下降 33.5%；粮食亩产 354.7 公斤，下降 12.0%。蔬菜及食用菌、干鲜果品、肉类等主要农产品产量均出现下降。全市农业观光园总收入 24.9 亿元，下降 8.9%。设施农业实现收入 51.3 亿元，下降 10.6%。④ 农业生产呈现明显波动，对农民增收致富造成负面影响。下一步需要进一步拓宽农民增收渠道，稳定增加农民收入。

---

① 张珊珊：《密云投 13 亿办民生实事》，《北京日报》2014 年 2 月 25 日。

② 杨汛：《北京公共交通将实行计程票制城乡一体同城同价》，《北京日报》2014 年 9 月 24 日。

③ 贾晓燕：《今年建 20 所城乡一体化学校》，《北京日报》2014 年 1 月 9 日。

④ 《北京市 2014 年国民经济和社会发展统计公报》，http：//news.xinhuanet.com/local/2015－02/12/c127488665.htm。

（二）集体经济发展活力不足

整体来看，北京市农村集体经济发展活力不足，且两极分化严重。2013年集体经济收入同比下降 4.2%，2014 年上半年主营业务收入同比又下降 31%。集体净资产收益率连续三年徘徊在 4% 左右，仅略高于同期银行一年期存款利率水平。北京市农村经济发展虽不乏明星村，但整体水平不高，且两极分化严重。根据农村经济统计数据，2014 年上半年农村经济总收入最高的村是朝阳区高碑店乡高井村达到 27.5 亿元，最低的是平谷区熊儿寨乡东长峪村仅为 4 万元，二者相差 68824 倍。2014 年上半年村均经济总收入虽然达到了 5956 万元，但同时全市还有 2053 个村收不抵支，占总村数的 51.8%。截至 2013 年底，郊区农村共有账内集体资产 5049 亿元，负债 3297 亿元，净资产 1751.5 亿元。人均负债 10.4 万元，城市功能拓展区人均负债 47 万元，城市发展新区人均负债 6.2 万元，生态涵养区人均负债 2 万元。[①] 全市集体资产收益率普遍低于同期银行存款利率。产权改革后的集体经济管理架构虽搭建完成，但运作极不规范，资产、负债等方面的重大理财决策监督不够科学。

（三）城乡关系短板制约首都功能优化

进一步强化首都核心功能，疏解首都非核心功能，将是未来北京城市发展的主线。而一系列首都功能优化调整的方方面面均面临城乡关系短板的制约。全面建成小康社会，难点在农村，潜力也在农村。对于北京而言，落实城乡规划，优化首都空间和功能结构，治理城市病，强化首都核心功能等诸方面，难点在农村，潜力也在农村。

在城市病的治理方面，城市病的一些现象和难解之题源于不良的城乡关系或城乡互动阻滞，需要在城乡统筹领域拿出切实举措才能根治。北京的环

① 北京市农村工作委员会网站，http://www.bjnw.gov.cn/cxyth/zhjj/201405/t20140522_334976.html。

境建设，农村还存在诸多短板，如农村散煤燃烧、农业面源污染、农业生产耗水量大的问题，等等。城乡规划还存在脱节，面临两张皮的情况，城市规划仍居于主导地位，规划实践距离过渡到城乡规划的层面仍尚待时日。城市管理也存在城乡分割，包括已经被城市建成区包围的城乡结合部地区，其城市管理以及公共设施的维护等仍处于城乡分割的状态中。北京市建设用地本应不超过平原地区面积的45%，而实际占比已达50%，农村集体建设用地盲目新增450平方公里以上。北京市规划委分析，集体建设用地过快增长，四环至六环农村集体土地缺乏管控，导致违法建设、环境污染、安全隐患等问题突出。因此，农村土地开发和管理难题得不到突破，会极大地弱化和冲击北京城市功能布局和未来优化的可能性。

（四）城乡结合部问题解决任重道远

城乡结合部地区存在的各种治理难题仍没有根治性的方案和快速低成本解决办法。现有的诸多措施均是治标治表难治本。从根本上看，北京市对城乡结合部的改造和管理，仍显得比较被动，表现在出台的被动式的举措多，往往是问题积累到一定程度，影响到城市整体功能发挥或已成为不得不解决的热点问题时，才出台应急式方案、采用运动式的方式来解决。城乡结合部60个重点地区划定是继之前50个重点村改造之后，形成的新一批重点地区。看似是历史的重演，其实可以从中窥见城乡结合部的治理和再生逻辑。

从朝阳、海淀等第一道绿色隔离带地区遗留问题丛生的现状可以看出，城乡结合部地区问题成形于城市扩张和特定功能区建设中基于成本的考虑，而对城乡统筹有意无意地回避或忽视。当初的低成本处理方式最终需要城市付出城市治理和改造的高成本。随着北京治理城市病的紧迫性日益提升，城乡结合部问题日益凸显便是明证，而城乡结合部50个重点村的改造所付出的高额成本也显示出该问题解决的难度和复杂性。只要城市的边界不断地扩张，在解决既有的城乡结合部问题的同时，新的城乡结合部问题便会伴随城市扩张不断地在边缘重新生长出来。城乡结合部问题未来的解决之道，可能非一日之功，也无法毕其功于一役。首先是通过城乡统筹避免新的城乡结合部问题的产生，而对于存量部分，最大的可能性是随着资源和政策的持续性投入，按照地理圈层结构渐进式和波浪式地解决。这既需要城市当局拥有巨大的决心，也需要其具备足够的耐心。在这一过程中，如能将政府与农民的意愿相结合，形成政府与农民的激励相容，可以加速变革的进程。

（五）高城镇化率下需进一步提升城镇化质量

2014 年 2 月，北京市统计局、国家统计局北京调查总队发布报告显示，2012 年北京城镇化率已达 86.2%，与高收入国家城镇化水平接近，产业结构也与高收入国家基本一致。目前，北京城镇化水平仅比上海低 3.6 个百分点，居全国第二位。[①] 单从数字来看，北京城镇化率综合实现程度已与高收入国家看齐，但应该看到北京的城镇化质量仍有待提高，其城市化内涵依旧与高收入国家存在显著差距。这突出表现在过快的城镇化发展速度下遗留的大量问题，而这些问题往往容易被较高的城镇化水平的数字所掩盖。按照国家统计局的口径，城镇化并非按户籍来划定，而是按照享受城镇服务设施的常住人口来统计。而位于北京近郊甚至深入城市建成区内，仍存在大量城乡结合部及未转居农业人口，这类地区交错于城市中，但现代城市规划、城市管理仍较少进入，甚至城市基础设施和公共服务也滞后于周边地区；这些人身份尴尬，处于城市和农村的体制夹缝中。但按照目前的统计口径，他们已然是城镇化人口，但却不是完整意义上的均质化的城镇化人口。较高的城镇化率综合实现程度显示北京的城镇化已进入成熟完善阶段，未来的城镇化方向应是着重提升城镇化的品质，分类深化近远郊城镇化进程，而不应单纯再追求城镇化率数字的增长。北京的城镇化应该分成两个层次来推进：一是城乡结合部的改造；二是生态涵养区及远郊区县的城镇化提升。城乡结合部地区的改造已在持续推进中，生态涵养区等远郊区县的城镇化，应通过靠本地小城镇和新城带动，不断提升质量。城镇化过程中还应保护农村地理空间和农业生产空间，农村地区作为北京整体市域空间的有机组成部分，

① 涂露芳：《北京城镇化率 86% 全国第二》，《北京日报》2014 年 2 月 9 日。

应强化其对城市主体功能空间的维护、限制建成区机械式增长、生态涵养等功能。

三 北京城乡一体化发展展望

（一）城乡结合部建设进入提升期

城乡结合部发展水平是影响北京城市化质量的重要因素。提升城乡结合部建设和管理水平，是今后一个时期促进城乡一体化发展的重要途径。市政府已计划编制实施城乡结合部建设三年行动计划。城乡结合部建设进入了提升期。下一步，城乡结合部建设的重点包括：（1）通过轨道交通项目建设，完善城乡结合部路网，提高城乡结合部基础设施服务水平。（2）加快建设第一道绿化隔离带（简称“一绿”）地区“郊野公园环”，推进环状休闲绿道前期工作，提升城乡结合部环境品质。（3）加强城乡结合部和绿化隔离带地区治理扩大“一绿”地区城市化建设试点，推动“二绿”地区统筹城乡建设用地试点，逐步建立运行管理的长效机制。

（二）改革和创新将成为推进新农村建设的主要动力

建设社会主义新农村，提升农村地区经济社会发展水平是一个长期的过程，技术创新、体制机制创新和制度改革将成为新农村建设的主要动力。具体体现在：（1）以科技为支撑，促进节水技术示范与推广，加快发展高效节水农业，积极创建国家现代农业示范区，提高农业生产效率。（2）以“新三起来”为抓手，优化农村资源配置效率，带动农村改革深化。全面推进土地承包经营权确权登记颁证工作，支持农村金融创新、农业合作社发展。（3）通过专项规划，扶持农村经济薄弱地区发展，带动低收入村发展。（4）创新城镇化投融资体制，通过国家级新型城镇化试点，集约利用集体土地，吸引本地农民就地就近城镇化，打造一批功能定位清晰、配套设施完善的特色小城镇。

（三）绿色发展成为推进城乡一体化的新常态

转变发展方式，实现绿色发展，将成为引领城乡一体化的新常态。要根据主体功能区划，积极推动生态涵养发展区绿色发展，推进延庆、密云国家生态文明先行示范区和主体功能区试点建设，支持门头沟创建国家可持续发展试验区。继续抓好新型农村社区试点建设，推动美丽乡村建设，改善乡村风貌和发展环境。抓好农业废弃物资源的循环利用，促进农业源污染减排。

（四）首都非核心功能疏解中需同步考虑增加农村集体经济的替代性发展空间

北京目前正在着力破解城市病，疏解非首都核心功能，打造“高精尖”的经济结构。为此，北京将不断出台限制性措施，将不符合首都功能定位的产业（企业）转移出去；同时《北京城市总体规划（2004～2020）》正在进行修编，其目的是从人口资源环境角度为首都城市发展划定边界，其中重要的一环便是通过多规合一，将面临失控的农村建设用地纳入总体规划中。从可预见的将来来看，这一系列措施会在一定程度上影响北京农村经济，特别是依靠集体土地租赁的农村集体经济组织的未来收入增长。因为众多中小型且不符合首都核心功能定位的工业企业就栖身于集体经济构建的工业大院中，随着对这类企业的逐步淘汰退出机制的完善，相关集体经济组织的租赁性收入会受到一定影响。长期看，将农村建设用地纳入多规合一的城乡规划的总盘子中考量，会提升农村地区的发展品质，增强发展的可持续性。但从短期看，这一措施必定会使农村地区面临各种“限制”，包括集体建设用地的空间限制、用途限制、引入业态限制等，短期内会使习惯于进行粗放型租赁经营的众多集体经济经营主体受到巨大影响。因此，亟须在调整优化农村土地利用格局的同时，加速将农村集体经济的发展纳入更高的层面予以考量，给农村集体经济组织更大的替代性发展和经营空间。

B.2

北京市推进城乡一体化发展的实践与思考

马亚西　刘东　张侃*

摘　要：2015年2月，习近平总书记视察北京并发表重要讲话，明确了北京的城市战略定位，提出了建设国际一流和谐宜居之都的目标。在新的发展阶段，北京如何贯彻落实总书记重要讲话精神，深入推进城乡一体化发展，确保实现到2020年率先形成城乡发展一体化新格局的目标，是一个重要课题。本文在梳理相关概念及探索北京市城乡一体化实践的基础上，对推进城乡一体化深化发展提出了思路建议。

关键词：城乡一体化　城乡结合部　探索实践　思路建议

* 马亚西，北京市委研究室郊区处处长，经济学博士，副研究员，研究方向为农村金融。刘东，北京市委研究室郊区处主任科员，经济学硕士，研究方向为区域经济。张侃，北京市委研究室郊区处主任科员，工学硕士，研究方向为城市规划。

一　对城市化、城镇化、城乡一体化等概念的认识

（一）关于城市化与城镇化

1. 二者同源

城市化或城镇化都来源于英文单词“Urbanization”，都被国内广泛使用。城市化概念最早于1867年由西班牙人塞达（A. Serda）提出，现已被国际上广泛接受使用。对于城市化的概念，国内外学者分别从人口学、地理学、社会学、经济学等角度予以阐述。其最基本的内涵是：一个国家或地区的人口由农村向城市转移，农村地区逐步演变成城市地区，城市人口不断增长的过程。

2. 联系区别

所谓城镇化，严格来说是中国学者创造的新词汇，其出现要晚于“城市化”。学界公认是20世纪80年代由辜胜阻为首的一批学者最早提出并坚持使用这一概念，目的是强调我国城市化道路的不同。

在我国，城市系统包括市和镇两个部分，它们都是国家通过一定法律程序设置的行政单元。因此城市化与城镇化在我国本质上是一致的，只是城镇化被认为更符合中国实际、具有中国特色。

两个概念的不同，实质上是不同发展模式的争论：面对数量巨大的农村转移人口，学界长期以来有“以大城市为主”的“城市化”观点和以“中小城市、小城镇”为主的“城镇化”观点。如今，“城市化”更多被学界使用；“城镇化”更具有官方色彩，包含政策性含义。

3. 表述变迁

城镇化是一个历史范畴，也是一个发展中的概念。党的十五届四中全会《第十个五年计划建议》正式采用“城镇化”概念以后，党的十六大（逐步提高城镇化水平，坚持大中小城市和小城镇协调发展，走中国特色的城镇化道路）、十七大（走中国特色城镇化道路，按照统筹城乡、布局合理、节约

土地、功能完善、以大带小的原则，促进大中小城市和小城镇协调发展）、十八大（坚持走中国特色新型工业化、信息化、城镇化、农业现代化道路）都延续了这一说法，并不断充实完善其内涵。当前，中央提出的走新型城镇化发展道路，重点是在“新型”两字上做文章。

（二）关于城乡一体化与城镇化

1.“城乡一体化”概念的提出与发展

新中国成立后，我国长期实行了重工业优先发展战略，集中全社会的人力、物力、财力优先用于重工业发展，并优先保障城市经济发展。与此相配套的一系列措施，如压制农产品价格以赚取剪刀差、在城市实行粮食定量供应、城乡实行严格的户籍管理制度等措施，限制了农业生产力的提升，阻碍了农民自由进城，强化了城市与农村隔离的“城乡二元结构”，造成了城镇化进程发展缓慢。

改革开放以来，国家逐步确立城乡统筹发展的新理念，着力破除城乡二元结构。城乡一体化的主要目标和核心理念，是在有城有乡、城乡并存、共同繁荣的条件下，以消除二元体制机制为手段，缩小乃至消除城乡之间因体制或制度原因而存在的多方面差距。

2. 城乡一体化与城镇化的相互关系

第一，“城乡一体化”不等于“城乡一样化”。城乡一体化更不是要消灭农村，即便是实现了城乡一体发展的西方发达国家，也仍然保留着农村的景观、文化、生活方式等特色。所不同的是经过长期发展，他们有条件实现公共服务体系和设施的城乡均衡配置。

第二，城镇化是实现城乡一体化的必经之路。在推进城镇化过程中，应该“城镇化”的是农村居民享受的公共服务和社会福利，而农村的风貌、土地利用方式和文化特色要继续保留，要让“农民”成为一种职业而非身份。最终实现的城镇化，应当是全市人民无论生活在什么地方，无论从事什么职业，都能够公平地享受到“一体化”的社会公共服务，即城乡一体化。

第三，城乡一体化是一个长期的历史过程。实现城乡一体化的目标，最根本的仍然是加快发展。城乡一体化的实施应当随着新型工业化和城镇化的发展而推进，因而需要一个长期的历史过程。在此过程中逐渐改变城乡二元分割的传统结构，并向着城乡一体的现代化结构转变。

3. 北京仍然要坚持推进新型城镇化

北京作为我国一级行政区，市域范围内既有高度城市化的中心城区，也有有待进一步城镇化的广大农村地区；既有适宜城市化发展的平原地区，也有适宜建设小城镇和新型农村社区的山区。在实际操作层面，二者要区别对待。2008 年北京市委制定的《关于率先形成城乡经济社会发展一体化新格局的意见》，提出了加强统筹规划和分类指导，协调推进中心城区、新城和小城镇发展，构建现代城镇体系的目标。

（三）关于新农村建设与城乡一体化

2005 年，党的十六届五中全会通过《十一五规划纲要建议》，提出要按照“生产发展、生活宽裕、乡风文明、村容整洁、管理民主”的要求，扎实推进社会主义新农村建设。由于科学发展观的一个重要内容是“经济社会的全面协调可持续发展”，统筹城乡发展是其中重要的组成部分，因此建设社会主义新农村是贯彻落实科学发展观的重要举措。推进城乡一体化与新农村建设是思路一脉相承、措施不断深化的过程。

二　近年来北京市推进城乡一体化发展的实践与探索

北京市委、市政府始终高度重视推进城乡一体化发展，在统筹城乡发展上进行了一系列积极探索。一是对山区，围绕解决农民收入问题，增强生态涵养功能，建立了生态补偿机制，加大对山区的投入，引导山区农民在保护生态环境、建设生态环境的过程中实现就业增收。二是对郊区，制定了一系列强农惠农富农政策，加大向各郊区投资转移的力度，提升基础设施和公共服务设施水平，推进社会保障城乡对接。三是对城乡结合部地区，开展了一系列城市化试点，探索了重点村改造、绿化隔离带建设、土地储备开发、重点工程及大项目带动、新农村建设等 5 种主要模式。

（一）重点村改造

2010 年 2 月，北京市全面启动城乡结合部 50 个重点村改造工程。这是市委、市政府做出的重要决策，是推进首都可持续发展的战略部署，是城乡结合部城市化进程的重要探索。要改造的 50 个重点村，是各区的人口资源环境矛盾最突出、问题最典型、社会影响最大的村庄。目前，旧村拆迁基本完成，回迁安置房建设正在稳步推进，区域环境得到明显改善，集体产业发展、促进农民转移就业和新型社区建设等工作也在同步进行。同时，在改造过程中也存在一些问题。

一是群众利益诉求、政府政策取向、企业盈利动机交织在一起，多方利益博弈其中，矛盾复杂突出。重点村建设是利益重大调整的过程。由于眼前瓦片租赁收入的利益巨大，农民较少顾及自身的长远利益。这些长远利益的实现，涉及转变农民的生产生活方式，也涉及历史遗留问题的处理，涉及现行政策矛盾和新旧政策的统一，还涉及发展阶段的制约，解决起来难度很大。二是资金平衡问题十分突出。50 个重点村城市化工程计划 2 年完成，用 2 年的时间来解决好需要 20 年甚至 40 年才能解决的问题，就需要付出巨大的成本。近年来，国家财政政策由适度宽松转为稳健，融资门槛更高，融资成本更大，融资难度大幅增加，加之房地产调控政策对重点村已经制订的资金平衡方案产生一定影响，加剧了资金平衡的问题。三是进一步推进难度很大。分析尚未启动的重点村，不是规模大、成本高、政策平衡难的村，就是与所在区重点建设区域不吻合的村，还有个别的村取决于中央单位和国家重点工程建设进程，需要各部门的协调配合，需要基层创造性地开展工作。

（二）第一、二道绿化隔离带建设

绿隔建设起始于 20 世纪 90 年代初。2000 年，北京市启动了第一道绿化隔离带工程，2003 年又做出了加快第二道绿隔建设的重大决策。迄今为止，已在绿化建设、旧村改造、产业升级等方面取得重大进展，对推进城乡结合部地区农村城市化进程和统筹解决农民问题起到了重要作用，同时，也产生了一些发展遗留问题。

一是旧村拆迁与新村建设问题。目前，北京绿化隔离带建设与规划预期仍存在较大差距，存在一定程度上的规划失效。二是农民就业与保障问题。主要表现在，绿化项目解决就业能力有限，规划产业用地建设项目进展缓慢，农民就业安置十分困难；大多数处于40～50年龄段的农村劳动力缺乏就业能力，有的只能依靠瓦片经济维持生活；依靠乡政府托底安置（发放待岗费）造成乡政府沉重的财政负担。三是绿地维护与管理问题。绿地补偿标准虽然经历了多次调整，但随着经济的快速发展，劳动力、苗木、水电和其他所用材料等价格提高，绿化建设和养护成本逐渐增加，现行的养护标准已不能满足绿化建设和养护管理的需要。四是集体资产经营管理面临多重限制。绿隔地区处于城乡结合部，区域优势突出，但是由于受到种种因素的制约，集体资产管理面临着诸多特殊的难题。突出表现在产权不清晰、受到规划审批本身的制约、资产经营的统筹机制未能有效建立等方面。

（三）土地储备开发

北京市第一轮大规模土储始于2009年，市国土局推出“千亿元土地储备开发”，计划每年投资于土地储备的金额达到1000亿元。截至当年12月30日，全年北京市土地储备开发投资累计实现1165亿元。继2009年超额完成首轮千亿元土地储备计划后，2010年北京市再次启动1000亿元土地储备投资计划，土地储备投资开始向新城、重点功能区、小城镇产业建设项目以及50个重点村倾斜。土地储备开发保障了土地供应向以改善民生为核心的公共服务领域倾斜，向新城、南城、西南部地区、生态涵养发展区和新农村建设倾斜，对改变城市面貌、推动城市化进程做出了积极的贡献。但土地储备开发也存在以下主要问题。

一是拆迁难度加大影响储备开发项目完成开发计划。随着城市建设的大规模开展、北京房地产市场的发展和近年来拆迁政策的调整，拆迁补偿标准呈逐年上升趋势，但被拆迁农村居民对拆迁补偿价格的心理预期仍然较高，拆迁难度加大，继而导致土地储备开发实施难度加大，影响项目完成开发计划。同时对于应该搬迁却拒不搬迁的被拆迁人，司法裁决资源有限，且历时较长，执行难度大。拆迁难已成为目前影响项目推进的最主要因素。

二是土地一级开发缓慢。目前，土地一级开发工作进展缓慢，导致土地出让、产业开发、建设管理进程滞后。主要原因是控规未批复影响土地一级开发进程。由于受到区域控规未批复影响，已启动项目的手续办理无法推进，制约项目资金回笼及后续开发。另外，日趋收紧的信贷政策、复杂多变的市场情况，导致开发融资偿贷受限，也成为制约土地开发进程的主要因素。

三是基础设施建设与一级开发时序存在不匹配。在现行投资体制下，土地一级开发负责投资建设项目范围内的城市支路及路下管线，而城市主、次干路则由市政府和区县政府分别实施。目前，城市主、次干路与城市支路建设时序存在不匹配问题，影响项目市政条件的配套及项目供应。

（四）大项目带动

近年来，包括亚运会、奥运会、中关村扩区、北京经济技术开发区扩区等在内的大项目、大工程、大功能区以及房地产开发项目等对全市城镇化起到了巨大的带动作用。这种模式主要根据 2004 年 7 月 1 日实行的北京市建设征地补偿安置办法（北京市政府 148 号令）的规定，即“征用农民集体所有土地的，相应的农村村民应当同时转为非农业户口。应当转为非农业户口的农村村民数量，按照被征用的土地数量除以征地前被征地农村集体经济组织或者该村人均土地数量计算”。在实际操作中，出现了开发商甩项、甩地、甩人的情况，部分农民失去转居机会，农民利益没有得到有效保证。

（五）新农村建设

这种模式兼顾了农民增收、环境建设和产业发展等问题，对难以按城市规划开发建设的地区来说，具有重要的借鉴价值。同时也必须关注五个问题：一是必须具备特定的区位条件；二是必须考虑特定的市场需求；三是必须有可靠的资金来源，特别是在基础设施建设方面，除了乡村集体自筹资金外，还需要公共财政给予一定的支持；四是集体土地性质没有改变，不能同步解决农民转居、社会保障问题，产业升级需要规划给予相应政策方可实施；五是改造后的房屋一方面需要加强社会管理，防止流动人口无序涌入，同时评估价格大幅度上升，未来按城市规划实施开发的成本增加，拆迁难度增大。

三　新时期推进北京市城乡一体化发展的思路建议

新的形势下，传统的农村城市化模式已经面临土地指标、相关政策、利益平衡等多方面因素的制约，已经不可持续。推动北京市城乡一体化发展，必须改变传统的政府主导、开发商建设模式，逐步探索出一条符合北京市实际的农民主体、政府引导的新路径。

（一）坚持分类推进、分步实施的总体策略

从地理空间上讲，针对城乡结合部、郊区农村和山区农村，应因地制宜，采取不同的路径。对于山区农村，应以保持传统的生产、生活方式为主，政府通过加强对这些地区的基础设施和公共服务建设，使山区农村享有和城市大体均等的基本公共服务。对于郊区平原，应根据城市总体规划和区域控制性详细规划的要求，结合新城建设，以小城镇建设为重点，推进城乡一体化发展。对于城乡结合部地区，进一步加大改造调整的力度。

（二）把握积极稳妥、有序推进的基本原则

一方面，对于原有已经启动的绿隔建设、重点村改造和土地储备区域，坚持按照既定思路稳步推进，防止踩急刹车引发风险。其中，对已经研究确定为城市化试点的乡镇，尽快明确政策支持的具体方式；对已经实施土地储备、能够实现资金平衡的乡镇，加快推进。

另一方面，对于尚未启动拆迁建设的区域，要大胆探索城市化的新模式，努力突破土地、资金、政策等方面的发展瓶颈，探索适合北京实际的多

元城市化推进模式，实现农村集体、政府、市场和社会等多元力量参与、多方共赢的目标。

（三）把解决城乡结合部问题作为工作重点

目前，北京城乡结合部范围已由五环路延伸至六环路外的周边区域，主要涵盖朝阳、海淀、丰台、石景山四区中心城边缘带以及与昌平、通州、大兴、顺义、房山、门头沟接壤地区。

北京城乡结合部既是城市经济发展的重要功能拓展区，也是首都生态屏障建设的重要组成部分。在空间分布上，呈现与规划市区第一、二道绿化隔离带建设范围相叠加的特征。按照城市总体规划要求，当前这一地区约有1/3的土地面积要用来实现城市市区绿化隔离带目标。因此，自20世纪80年代中期开始至2004年前后，市区绿化隔离带建设成为推进北京市城乡结合部发展的重要建设任务。

从推进城乡一体化的全局角度看，城乡结合部地区由于其人口资源环境矛盾最为突出，因此应把解决城乡结合部地区的问题作为重点来抓。从近年来工作实践看，市委、市政府推进城镇化的重点工作也是围绕城乡结合部来部署和展开的。推动下一步城镇化工作，仍然要紧紧抓住城乡结合部改造这一重点问题，集中政策资金和人力物力，下大力气把这一地区的人口集聚、环境脏乱、产业低端的问题解决好。

（四）把推动农民主体的城镇化作为主攻方向

长期以来，在以征地转居为主要方式的传统城市模式中，农民常常处于不利和被动的地位。各级政府成为城镇化的主体，农民成为城镇化的被拆迁、被上楼、被转居的配角。推进城乡一体化，应该逐步转变政府作为主体、农民“被城市化”的模式，坚持主体下沉，由农民当主体，坚持市级规划、区级谋划、乡级统筹的工作思路，加强制度设计和政策引导，赋予农民集体产权，让农民成为利益主体、责任主体和市场主体，同步享受城市化发展成果，实现生产方式、生活方式和思维方式的改变。

（五）把解决历史遗留问题放在优先位置

多年来，种种原因，导致我们在推进城镇化过程中，产生了大量的遗留问题，成为农民集体上访诉求较多的焦点。其中，就包括第一道、第二道绿隔遗留的不少问题。新的形势下，推进城镇化工作、开展新一轮平原植树造林，应该把历史遗留问题放在优先位置予以解决。防止出现在遗留问题一大堆还没有解决的情况下，又通过上新项目、推新工程产生新的问题。在工作安排上，建议市委、市政府组织相关部门，对第一、二道绿隔的遗留问题进行集中梳理，制订分类解决的具体方案，以解决第一、二道绿隔问题为突破口，统筹解决城乡结合部发展、植树造林、农民权益保障等问题。

（六）把解决农民社保问题作为工作切入点

推进城乡一体化，一个重点问题就是要解决好农民的社保问题。我国原有的城乡二元结构，形成了城市居民和农村居民的两种解决方案。在我国农村，土地在很大程度上承担着最低社会保障的功能。在新的形势下，北京推进城乡一体化工作，需要把如何解决农民的社保问题作为工作切入点，系统研究，统筹解决。近年来，北京市城乡居民的社会保障在全国范围内率先实现接轨。但是，在城镇化过程中，农民社保问题仍然是一个农民特别关心、政府特别关注的重点问题。在解决农民社保问题上，尤以超转人员的社保问题最为突出。

随着北京市城乡一体化建设的深入推进，北京市征地超转人员总量明显上升，预计到2015年底将达到14万人。在超转人员保障上，市民政局和各区反映比较集中的问题是，保障资金存在制度性缺口、生活补助标准偏低、看病就医不便和基层保障压力过大。

解决这些问题，一是尽快提高超转人员的接收标准。结合北京市经济发展现状，为确保超转人员获得长久可持续的社会保障，必须尽快提高超转人员的接收标准。生活补助费的接收标准，应不低于北京市当年最低基本养老金标准，同时不设上限。二是适度提高超转人员生活费的支付标准。根据党的十八大及十八届三中全会精神，坚持以人为本推进征地拆迁工作，就必须适度提高超转人员生活费的支付标准，并明确规定今后的调标比例。三是取消“社区首诊”的强制性规定。当前“社区首诊”在全市推广极度困难的情况下，从方便超转人员就医的角度出发，不宜硬性规定超转人员必须实行“社区首诊”，应通过市场行为来鼓励而不应通过政府行为来强制。因此，建议取消“社区首诊”的强制性规定。四是对全市超转人员进行统一管理。根据市政府 148 号令明确规定“市民政部门负责超转人员管理工作”的要求，将散落在民政部门之外管理的超转人员全部收回，由民政部门统一管理。

（七）把土地政策创新作为突破口

在推进城镇化进程中，农村土地管理和利用是一个重大课题，它不仅直接关系到广大农民的切身利益，更直接影响到城镇化能否顺利进行。根据北京市 2011 年度土地利用现状变更调查成果，全市土地总面积为 16407.71 平方公里，其中国有土地面积为 3150.66 平方公里，占土地总面积的 19.20%；集体土地面积为 13257.05 平方公里，占土地总面积的 80.80%。

全市集体土地中，集体建设用地约为 1539 平方公里，主要为镇、村农民集体经济组织两级所有。在使用形式上，主要有村级集体经济组织自用、乡镇统筹规划利用、区县重大项目和工业园区使用 3 种形式；在具体用途上，主要分为经营性的集体产业用地、福利性的农民宅基地、公益性的基础设施和公共服务设施用地 3 大类。全市集体建设用地中，集体产业用地约 477 平方公里。在空间分布上，主要集中在城市发展新区，面积 301 平方公里，城市功能拓展区和生态涵养发展区分别为 110 平方公里和 66 平方公里。在用途上，以发展工矿仓储业和商贸服务业为主。总体来看，由于历史等众多因素，北京市农村集体建设用地总量大、布局散，利用强度和效益有待进一步提高。

推动城乡一体化工作，要把集体土地特别是集体建设用地利用好，通过盘活集体建设用地为北京发展赢得新的发展空间和要素支撑。统筹利用好集体建设用地，一是统筹制定城乡发展规划。北京市城市总体规划编制较早，随着北京市城乡经济社会的不断融合，先期确定的农村地区建设空间已不能满足当地经济社会发展需求。要结合城市总体规划的修改，把农村集体建设用地利用规划纳入全市总体发展规划之中统筹考虑，逐步做到与国有土地一体规划、一体开发、一体利用。二是研究明确农村集体建设土地开发利用的具体政策，允许农村集体经济组织和农民在符合规划和用途管制的前提下，利用自有土地发展符合首都职能和区域功能定位的自持型产业。三是应本着“同地同权同价同责”原则，探索建立城乡统一的建设用地市场。通过完善农村集体建设用地权能，研究集体经营性建设用地入市涉及的收益分配、抵押融资、税费收缴、集体资产管理、农民社保等方面相关配套政策措施。探索依托现有国有建设用地市场、集体建设用地市场化的运行机制，促进城乡土地资源要素高效集约利用。

参考文献

1.《十八大以来重要文献选编（上）》，中央文献出版社，2014。
2. 汪冬梅：《中国城市化问题研究》，中国经济出版社，2005。
3. 张文、李明：《城市化定义研究》，《城市发展研究》2000 年第 5 期。
4. 姜爱林：《中国城镇化理论研究回顾与述评》，《城市规划汇刊》2002 年第 3 期。
5. 张占耕：《中国城镇化的动力、本质和对策》，《区域经济评论》2014 年第 1 期。

B.3

北京市区县城乡一体化水平评价及比较

袁蕾*

摘　要：根据调整后的城乡一体化评价指标体系对北京全市以及13个尚有农村地区的区县进行评价和横向、纵向对比。对评价结果的分析比较表明，北京全市以及各个区县的城乡一体化总体水平仍然很低，但总体比2012年有所提高，远郊区县城乡一体化水平提升较多。并根据影响城乡一体化水平的3个关键指标从提高农业生产率、增加农村固定资产投资和提高农民收入3个方面提出了对策建议。

关键词：北京　城乡一体化　评价　区县

2014年，根据《中国城乡一体化发展报告（2012～2013）》中新调整的城乡一体化评价指标体系，评价与比较分析了北京市和各区县的城乡一体化水平，并与历史数据进行了纵向对比分析，以掌握北京市城乡一体化发展的现状及变化规律，为相关政策制定提供借鉴。

一　城乡一体化评价指标体系和指标权重

2013年，我们调整了城乡一体化的评价指标体系，在遵循城乡一体化

* 袁蕾，女，北京市社会科学院城市所副研究员，研究方向为城市经济与城乡发展。

的发展要求和内涵的前提下，充分考虑指标的可获得性，舍弃了一级指标“基础设施与公共服务一体化”之下的两个不进行常规统计因而难以长期跟踪比较的指标（“城乡千人拥有医生数比”和“城乡污水处理率比”）。调整后的城乡一体化评价指标体系如表1所示。

表1　城乡一体化评价指标体系

	一级指标	二级指标
城乡一体化程度	经济发展一体化	农业与非农业劳动生产率比
		城乡固定资产投资比
	居民生活一体化	城乡居民收入比
		城乡居民家庭电脑拥有量比
	公共服务一体化	城乡最低生活保障标准比

所有指标均选用乡与城的比值，指标值越高则反映该项目一体化程度越高，除“城乡固定资产投资比”指标之外，其他指标的目标值均为“1”。

采用专家打分的主观赋权法确定指标权重，详见表2。

表2　北京城乡一体化评价指标的权重

	农业与非农业劳动生产率比	城乡固定资产投资比	城乡居民收入比	城乡居民家庭电脑拥有量比	城乡最低生活保障标准比
权重	0.20	0.15	0.20	0.15	0.30

二　2013年北京市区县城乡一体化水平评价结果

利用上述指标体系，系统评价北京全市和13个区县（除去东城区、西城区和石景山区3个没有农村的区）2013年的城乡一体化水平，原始数据如表3所示。

表3　2013年北京城乡一体化评价原始数据

	农业与非农业劳动生产率比	城乡固定资产投资比	城乡居民收入比	城乡居民家庭电脑拥有量比	城乡最低生活保障标准比
全　市	0.114	0.107	0.455	0.673	0.917
朝阳区	0.090	0.016	0.595	0.887	1.000
丰台区	0.064	0.030	0.540	0.821	1.000
海淀区	0.072	0.020	0.537	0.960	1.000
房山区	0.087	0.411	0.514	0.828	0.862
通州区	0.171	0.170	0.532	0.811	0.793
顺义区	0.240	0.156	0.531	0.750	1.000
昌平区	0.131	0.060	0.516	0.636	1.000
大兴区	0.317	0.254	0.499	0.851	0.793
门头沟区	0.107	0.156	0.495	0.663	1.000
怀柔区	0.099	0.246	0.503	0.533	0.862
平谷区	0.230	0.586	0.512	0.784	0.793
密云县	0.167	0.571	0.498	0.494	0.862
延庆县	0.203	0.579	0.498	0.586	0.827

资料来源：《北京市统计年鉴2014》、《北京区域统计年鉴2014》以及市、区县民政部门资料。

经加权计算出的各个区县的城乡一体化指数和3个分领域的发展指数见表4。

表4　2013年北京市区县城乡一体化发展指数

	城乡一体化指数	#经济一体化指数	#居民生活一体化指数	#公共服务一体化指数
全　市	0.506	0.111	0.548	0.917
朝阳区	0.572	0.058	0.721	1.000
丰台区	0.548	0.049	0.660	1.000
海淀区	0.569	0.049	0.719	1.000
房山区	0.544	0.226	0.649	0.793
通州区	0.588	0.171	0.652	1.000
顺义区	0.590	0.204	0.625	1.000
昌平区	0.472	0.101	0.568	0.793
大兴区	0.629	0.290	0.651	1.000
门头沟区	0.502	0.128	0.567	0.862
怀柔区	0.496	0.162	0.516	0.862
平谷区	0.592	0.383	0.629	0.793
密云县	0.551	0.341	0.496	0.862
延庆县	0.563	0.365	0.536	0.827

（一）城乡一体化总体水平分析比较

利用新的评价指标体系计算得出的北京市总体城乡一体化指数为0.506。三大领域中，公共服务一体化指数最高，平均为0.917，居民生活一体化指数次之，为0.548，经济一体化指数最低，仅为0.111。

13个区县的城乡一体化指数大部分高于全市水平，其差别较大，可以分为三类：

第一类为大兴区，城乡一体化水平最高，为0.629；

第二类包括朝阳区、丰台区、海淀区、房山区、通州区、顺义区、平谷区、延庆县和密云县9个区县，城乡一体化水平高于0.5，在0.5～0.6之间，高于全市平均水平；

第三类包括门头沟区、昌平区和怀柔区3个区，城乡一体化水平低于0.506的全市平均水平。

与2012年相比，北京市城乡一体化指数有小幅提高（2012年为0.472）。三大领域一体化指数均有提高。

除丰台区和密云县之外，大部分区县城乡一体化指数都有所提高。其中远郊区县城乡一体化水平提升较多，怀柔区和延庆县提升幅度最大，其次是房山和通州两个区。区县之间的差距有所缩小，反映在图1上表现为2013年的城乡一体化指数折线比2012年更平滑。

（二）城乡经济一体化水平分析比较

2013年北京市城乡经济一体化指数极低，仅为0.111。13个区县之间差异较大，其中，近郊3个区的城乡经济一体化指数仅为0.05左右，城乡经济的差距约为20倍。远郊区县尤其是山区城乡经济一体化指数相对而言较高，但是最高的平谷区也仅为0.383，城乡经济差距仍然较大。

与2012年（0.106）相比，全市的城乡经济一体化指数基本没有变化。房山区和延庆县城乡经济一体化指数提高较多，该指数房山区提高了42%，延庆县为 30%。门头沟区、平谷区和密云县城乡经济一体化指数都有所下降，其他区县城乡经济一体化指数变化不大（见图 2）。

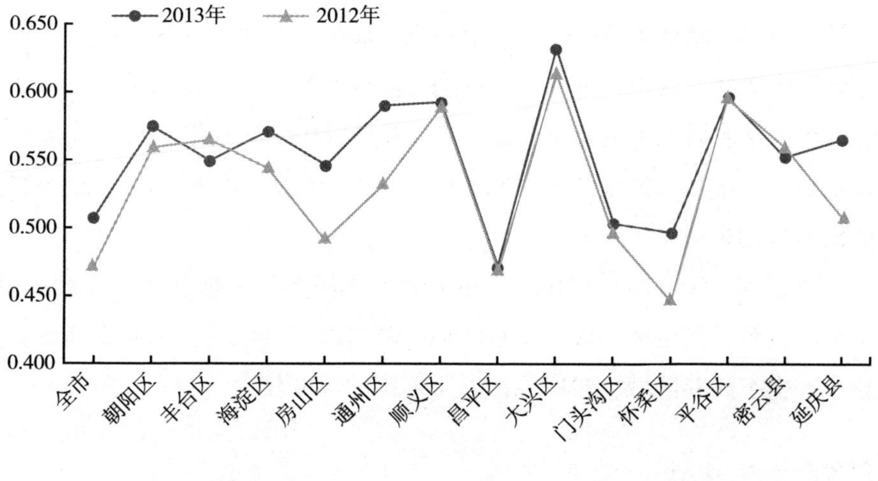

图 1　2012 年与 2013 年北京市区县城乡一体化指数比较

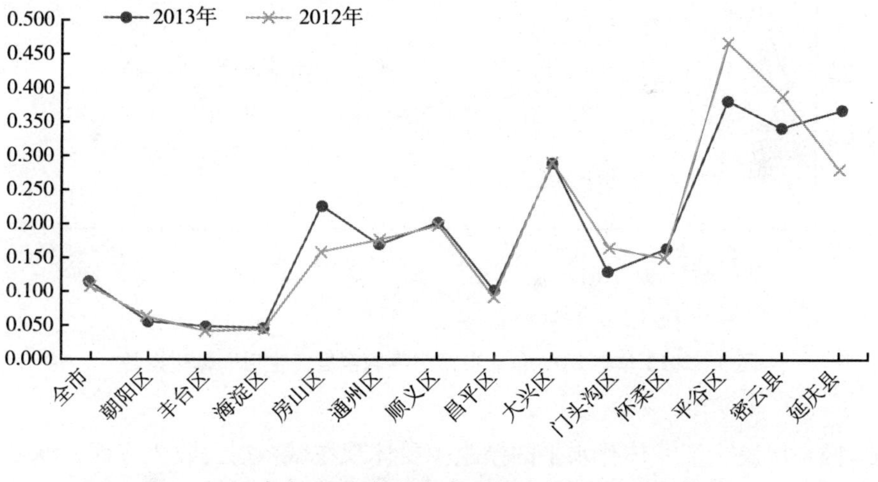

图 2　2012 年与 2013 年北京市区县城乡经济一体化指数

城乡经济一体化水平低主要表现在农业与非农业劳动生产率的差距极大，在远郊区县，城乡固定资产投资的差距相对较小。

（三）城乡居民生活一体化水平分析比较

2013 年北京市城乡居民生活一体化指数为 0.548，城乡居民生活水平差距不到 1 倍。与城乡经济一体化指数相反，城乡居民生活一体化指数由近郊向远郊逐次下降。其中，近郊 3 个区的城乡居民生活一体化指数较高，朝阳区和海淀区城乡居民生活比都超过 0.7，城乡居民生活水平趋近。远郊区县尤其是山区县城乡居民生活水平差距较大，差距最大的为怀柔区，城乡居民生活比为 0.516。

与 2012 年（0.515）相比，全市的城乡居民生活一体化水平小幅提高。除丰台区城乡居民生活一体化指数明显下降之外，其他区县均有提高或者变化较小。生态涵养区城乡居民生活差距缩小的幅度较大（见图 3）。

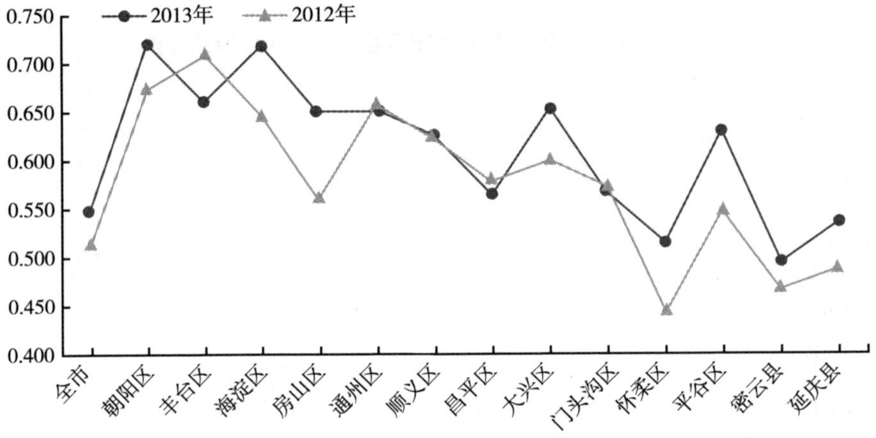

图 3　2012 年与 2013 年北京市区县城乡居民生活一体化指数

城乡居民生活一体化水平的差距主要体现在城乡居民收入方面，城乡居民在耐用消费品使用方面的差距相对较小。

（四）城乡公共服务一体化水平分析比较

由于数据获取困难，城乡公共服务一体化指数仅有“城乡最低生活保障标准比”一项指标。2013 年北京市城乡公共服务一体化指数为 0. 917，城乡公共服务水平基本达到一体化。比 2012 年的 0. 824 有了较大幅度的提高，主要原因在于通州区继朝阳区、丰台区、海淀区、顺义区、大兴区之后，成为第六个实现城乡低保一体化的区县，并且门头沟区、怀柔区和延庆县也都提高了农村低保标准，使得城乡低保标准之间的差距缩小，最终全市的城乡公共服务水平趋于一体化（见图 4）。

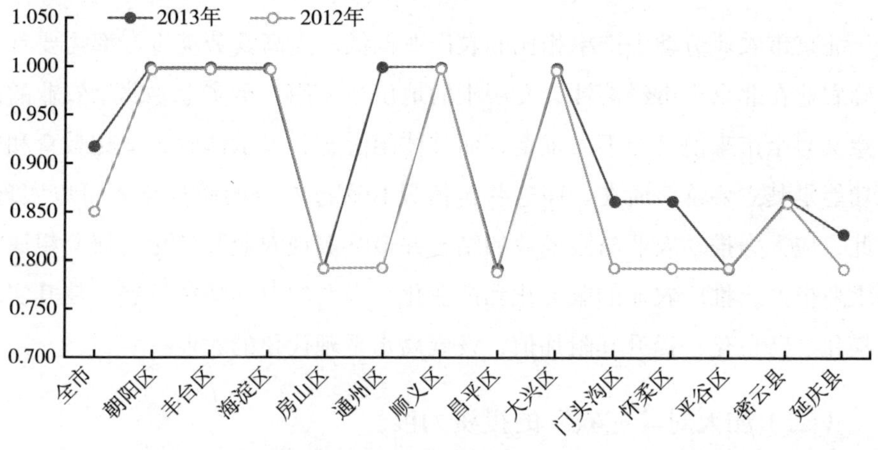

图 4　2012 与 2013 年北京市区县城乡公共服务一体化指数

三　结论与对策建议

通过对上述城乡一体化评价结果的分析比较，可以得出如下结论：（1）北京市城乡一体化水平仍然较低，城乡一体化总指数仅为 0. 506，城乡差距约为 1 倍；（2）与 2012 年相比，北京市城乡一体化指数小幅提高，其中城乡经济一体化指数基本没有变化，城乡居民生活一体化指数小幅提高，城乡公共服务一体化指数相对提高较多。除丰台区和密云县之外，大部分区县城乡一体化指数都有提高。其中远郊区县城乡一体化水平提升较多；（3）城乡一体化指数内部结构与 2012 年相似，城乡经济一体化指数过低，城乡经济发展差距很大，农业与非农业劳动生产率之比和城乡固定资产投资比相差不大，都仅为0.1；城乡居民收入比为0.455。这三项指标是影响城乡一体化水平的主要因素。

因此，提高北京市城乡一体化水平必须从提高农业劳动生产率、增加农村固定资产投资和提高农民收入3个方面共同努力。

（一）通过服务化与产业化提高农业劳动生产率

北京市农业劳动生产率相比非农产业偏低。提高其劳动生产率需要首先明确农业在北京全市经济社会发展中的地位与作用，事实上，北京农业的经济意义对全市来说已经不太重要，而其休闲游憩、展示体验、文化教育和生态功能是其主要价值所在。而这些价值只有通过农业的服务化才可以实现。因此，应大力推动农业与服务业的结合并最终实现农业服务化。摒弃粗放型的农业生产，推广农业的服务化和产业化，强调农业的特色发展，使其实现规模化、特色化，提升其附加值，发展高水平现代化的农业。

（二）加大对“三农”的投资力度

高水平服务化农业的发展需要高的资本投入，必须以政府为主导，调动社会资金参与农业升级改造，提高农业发展水平。

加大对农村基础设施和公共服务的资金投入，为农村发展提供良好基础。由于评价指标设置较为单一，本文尚未完全反映城乡公共服务差距，事实上，农村的基础设施仍然不健全，公共服务未完全覆盖。应加大农村教育投入力度，提高农村医疗卫生服务水平，增加农村公共文化、体育设施等必要的服务设施，满足农民发展需求。

（三）加大政府扶持力度提高农民收入

农村居民人均纯收入包括家庭经营性收入（农业生产等）、工资性收入、转移性收入和财产性收入4部分。北京市农民收入的主要来源为工资性收入和财产性收入。

工资收入是北京市大多数农民家庭收入的主要来源。政府应该通过相关就业政策与就业支持来保证农民的就业。比如及时、准确地向农民提供就业信息、在产业园区发展和新农村改造中创造农民就业岗位，制定补贴、税收减免等政策鼓励用人单位吸纳本地农村劳动力，加强职业培训和技能培训，促进农民就业。

保护农民权益、提高其财产性收入。土地是农民最大的财产，积极探索创新农村土地流转政策，保护被征地农民的合法权益，允许农民以多种方式参与土地的开发经营等政策措施可以使农民更多地获得土地收益。另外，大力发展农村集体经济，盘活集体资产，增加农民的股息、红利等财产性收入。

参考文献

1. 袁蕾：《北京市区县城乡一体化水平评价研究》，《中国城乡一体化发展报告·北京卷（2013～2014）》，社会科学文献出版社，2014。
2. 李永进、张士运：《北京现代化报告2009——北京城乡一体化进程评价研究》，北京科学技术出版社，2009。
3. 北京农村经济研究中心：《北京城乡一体化发展的研究与思考2009》，中国农业出版社，2010。

B.4

北京市城乡结合部地区管理研究

杨宝山　梁 艳　俞金铭　万婷婷　任国锋　赵 鑫　王 伟　高小龙*

摘　要：城乡结合部是城市空间扩张、市区与郊区交错分布的地带，它既是首都发展最有潜力的地区，也是各种利益、矛盾和问题叠加的地区，伴随城市化的迅速推进，城乡结合部管理问题更加凸显。本文总结梳理了近年来北京在加强和改进城乡结合部管理方面所做的探索，在此基础上提出了解决城乡结合部管理问题的对策。

关键词：城乡结合部　城乡一体化　城市管理　社会治理

城乡结合部是指城市市区与郊区交错分布的接壤地带。城乡结合部问题是国内外大型城市城市化进程中普遍存在的阶段性问题，是北京市“大城市病”的集中体现，也是北京市加快现代化进程的突破口。加快破解城乡结合部发展问题，对于深入落实首都城市战略定位，推动国际一流的和谐宜居之都建设具有重要意义。对此，北京市委、市政府非常重视，近年来实施了多种措施，取得了大幅度的进展。

* 杨宝山，北京市民政局研究室主任，主要研究方向为城市管理、社会治理；梁艳，北京市民政局研究室副主任，主要研究方向为社会政策；俞金铭，北京市民政局研究室副主任，主要研究方向为社会政策；万婷婷，北京市民政局研究室干部，主要研究方向为社会政策；任国锋，北京市民政局研究室干部，主要研究方向为城市管理；赵鑫，北京市民政局研究室干部，主要研究方向为社会福利；王伟，北京市民政局研究室干部，主要研究方向为社会福利；高小龙，北京市民政局研究室干部，主要研究方向为社会政策。

一 近年北京市在加强和改进城乡结合部管理方面所做的探索

为解决结合部地区多方面的管理问题，近年来，北京市采取“双管齐下”的方式，一方面对部分重点区域实施整体拆迁改造，为解决管理问题打好物质基础；另一方面在尚不具备整体改造条件的区域通过调整管理力量和管理方式，逐步缓解现有问题。以上两种方式仍属于针对问题表象的阶段性、临时性措施。要彻底改善城乡结合部地区管理，还需要重视根源性因素，实现体制层面的政策突破。

（一）进行整体改造重建，为解决管理问题提供物质基础

为缓解城乡结合部地区在人口控制、土地利用、环境维护、社会维稳等众多方面的问题，主要采取重点村改造的方式，重新调整结合部地区用地布局和土地利用方式，大规模转化结合部地区农民身份为居民，重新构建基层管理体系。

1. 推进区域拆迁，解决违建泛滥问题

应对违建泛滥问题，结合部地区对未改造区域实施整体性的拆迁重建，重新设计区域建筑、绿化、产业布局。从现有结合部地区改造经验看，两个关键的要素是资金保障和拆迁腾退秩序的维护。

其一，政府大力支持，多方筹措资金。目前拆迁、重建资金的主要来源包括：在改造完成后将实际使用土地建筑房屋的单位；用于资金平衡的商品房上市交易；市区两级政府财政支出。如某村土地开发总成本测算55亿元，其中，将在改造后地块上建设员工宿舍用房的某高校承担40亿元，商品房地块上市收回成本5亿元，其余近10亿元由市区两级政府各承担50%。从现有经验看，拆迁重建资金得到了较好的保障，特别是各区级政府大力支持结合部地区改造，通过预支财政资金、鼓励金融机构贷款等多种方式加强资金保障。但拆迁资金还存在普遍性的缺口，主要是居民“农转非”需要补

缴的社会保险、养老保险等资金。计划中这部分资金将来自改造地块上市交易收入，但由于集体土地上市交易仍存在众多障碍，各管理部门规定不一，全市层面政策缺乏统筹，大多数正在改造的乡镇都尚未很好地解决这一问题。

其二，联合执法、创新方式，保障拆迁秩序。由于拆迁腾退工作涉及人口数量众多，在拆迁、安置过程中的社会秩序问题必须密切关注。为确保拆迁工作秩序，很多乡镇中的各级管理部门包括公安、交通、工商、城管、消防、卫生等共同设立联合执法队，开展联合拆违与综合执法行动，上下密切配合，横向沟通协调。另外，有些乡镇设法改革调整拆迁工作流程，如采用先安置后拆迁的模式，即建好新楼以后，再进行动迁，村民搬走后再拆除旧建筑物，避免了群众因失去住宅不得不在外租房周转期间要面临的房租上涨、交通不便等各种问题。

2. 发展优势产业、完善就业服务体系，提高居民就业率

其一，保障产业用地面积，调整产业用地布局。

城乡结合部地区土地和产业改造过程中，各区域普遍面对的一个问题是新规划中的产业用地远少于现有产业用地，如某区规划中的绿化隔离地区现有产业用地 51.1 平方公里，规划批准的产业用地仅 18.6 平方公里（已包括按绿地面积 3% ~5% 的上限计算的绿色产业用地），现有产业用地面积是规划面积的 2.7 倍，这意味着严格按规划发展产业，单位土地产出至少要达到现状产业用地的 2.7 倍以上，农村经济才能维持现有的规模。为此，结合部地区一方面严格按照规划保障产业用地建设面积、防止回迁安置用地挤占产业用地；另一方面采取多种手段调整产业用地布局，发展特色产业，设法促进产业转型升级。如朝阳区某乡为了保障农民权益，维护地区稳定，调整产业用地以解决农村劳动力就业安置。根据实际情况，区政府与市级各相关委办局共同研究拟订了产业用地的规划调整方案，并经市规委批准，新增 8 公顷左右的产业用地，由乡集体自主开发经营，产生的经济收入及可提供的就业岗位用于劳动力安置。又如丰台区某乡为满足区域产业发展需求和经济效益最优化，申请将产业用地地块与规划绿地地块位置对调，合理有效利用土地资源，寻求产业最大化、可持续发展。

其二，完善就业服务体系，推动农转非人群充分就业。

在重点村改造过程中，各乡镇都很重视就业服务体系的完善，采取发展产业扩大就业机会、开辟公益性岗位提供基本就业保障、开展培训宣传增强就业能力、奖惩结合优化就业氛围等做法，推动农转非人群充分就业。在资金方面，部分乡镇已经明确，每年由集体经济组织固定拨付就业服务资金，用于鼓励安置劳动力就业、促进个人创业以及就业前后的相关培训工作。在硬件方面，一些乡镇提出要充分发挥就业工作服务站的作用，调动社会、企业和个人的积极性，逐步为有就业意愿的人员寻找岗位、安置就业。在提供培训方面，大多数乡镇针对本地区已有的产业或即将建设的产业用工需求，对村民进行定向的岗前培训，提高村民就业竞争力。

3. 保障绿地面积，改善区域环境

很多结合部地区位于北京城市规划中的绿色隔离地带。总的来看，经过近几年的工作，已改造的结合部地区绿地面积明显增加，各类观景公园不断建成，部分乡镇为缓解绿化、居住与区域发展的矛盾，还创新方法，通过增加住宅小区绿化、将绿地与产业发展相结合等方式实现区域可持续发展。

其一，保障规划绿地面积，进行公共绿地建设和住宅区绿化。

大部分乡镇遵照原有城市土地规划，较好地完成了平原造林、观景公园建设等各类规划绿地任务。总体来看，截至 2014 年底已完成绿地改造 14.21 平方公里，中关村森林公园、北坞郊野公园等一批公园面向公众开放，南水北调团城湖调节池项目已启动建设。在一些规划绿地面积相对比较分散的乡镇，为保证重建后绿地总面积符合土地规划要求，一些地区创新建设思路，将绿地分散到新建的住宅小区中，并按照中心城区标准进行统一的绿化规划设计、建设和管理，极大地提升了居民生活居住的环境品质，为吸引高端人才、发展现代产业提供了保障。

其二，将绿地建设同产业发展相结合，带动经济发展。

有条件的乡镇都很重视将绿地建设同本地规划的产业发展相结合。如花乡白盆窑村在区域改造前拥有华北地区知名的白盆窑花卉市场，汇集了北京及周边城市的盆花物流，还担当着整个北方地区的盆花集散重任。在改造后，为满足绿地建设要求，花卉市场商户集中地面积不断缩减。面对商户流失、产业发展受限的情况，村委会及时调整了绿地建设用地位置，把绿地建设与花卉产业发展相结合，在四环路边按规划绿地面积3% ~5%建设花卉产业园，不但提高绿化景观品质，更有助于传承区域传统产业，缓解村民就业压力。

4. 强化基层力量，提供基础性公共服务

其一，完善城市总体规划，确保基础设施建设同城市中心区接轨。

为了保障结合部地区市政基础设施和基本公共服务的提供，还进一步完善城市总体规划，将城乡结合部地区的基础设施建设纳入城市管理体系。已有部分结合部乡镇提出，在拆迁建设中涉及的市政基础设施、配套学校、幼儿园等公共项目，要全部纳入政府投资。通过基础设施建设和公共服务的完善，逐步将城市公共服务向城乡结合部地区覆盖，提高群众的生活质量和水平。

其二，调整基层区划设置，强化基层社会管理与服务力量。

伴随着土地地块的改造，一些结合部乡镇灵活调整基层组织的管辖范围，并采取直接补充人员物力、吸纳社会力量共同参与管理等多种手段充实基层管理队伍。如一些乡镇按照全域便于城市化管理、便于社区资源配置、便于社区居民自治的原则，对全地区社区范围进行了重新调整。

（二）在已建成区域调整管理力量和管理方式，逐步缓解现有矛盾

针对一些暂时不具备整体拆迁改造条件的区域，乡镇政府主要从控制人口、控制违建和加强管理等几个方面调整管理方式，聚焦源头管理，尽可能逐步缓解现有矛盾。

1. 聚焦源头控制，防止区域人口无序过快扩张

其一，监控生活资源，限制人口聚集。一些村镇提出要通过水、电、气的资源管理，约束结合部地区的无序扩张。具体做法是，对群租房聚集区域，加大资源管理力度：一是实行生活资源利用的总量控制，一旦判断该区域生活资源消费量对应的人口数量，明显地超过了该区域房屋可承载的人口

数量，就适当采取断水、断电等方式加以控制，严防非法的“地下群租房”；二是统筹控制新增水、电等基础设施建设，基层管理部门要对新增基础设施的数量、位置进行及时登记，发现不符合标准、私自建设的基础设施，要会同消防等部门要求整改或拆除，建立基础设施建设申报制度，严控无限制地增加水、电等设施。

其二，管理出租房源，严防非法群租。为避免居民将自己并不居住的房屋以违法建设的形式建成群租房，吸引流动人口、破坏社会秩序，一些乡镇采取政府趸租的方式，将村民暂不居住的房屋纳入保障性住房范围，政府根据市场价格给予一定补偿，用于重点项目人员周转、产业园区高端人才宿舍等。这种做法一定程度上使村民获得稳定收入，又满足了区域经济社会发展的需求，缓解了保障性住房资源紧张问题，同时也便于统一管理，杜绝了以往承租人员复杂、管理难度大等问题。

2. 高度重视、部门联动，严厉打击违建工程

在近年来北京城乡结合部地区的探索中，对违建的处理逐渐倾向源头控制，即在违法建设的施工阶段进行及时劝阻和强制阻止。具体手段包括：各级、各类管理部门组建土地管理联合巡查队，在违建开工建设的阶段及时发现，及时劝阻制止；对劝说无效的违建工程，采取控制施工用水用电接入的形式加以制止。

3. 加强软硬件管理，维护社会秩序

其一，加强精细化、预防化、常态化管理。各乡镇极为重视维护结合部地区社会和谐稳定，通过安排预案、主动预防等方式，在群众性事件发生前做好控制，取得了良好成效。多数乡镇均成立了维稳领导小组，与上级政法委、公安局、城管、法院建立了多方联动、多方协调的工作机制，制定预防和应对突发事件的处置工作预案并建立矛盾纠纷联合排查调解机制，做好重点人户籍排查工作，对不稳定因素提前研判，掌握舆情动态。各乡镇还特别重视加强政策宣传，通过设立宣传栏、发放宣传袋、致村民一封信、入户讲解、设立答疑咨询点、公布热线电话等方式，及时向群众宣讲政策。对已经发生的扰乱社会秩序事件和重点矛盾纠纷，由上级政府领导分片包干，推动

问题解决。

其二，通过社会文化宣传建设实现和谐发展。许多乡镇已经认识到了社会文化宣传的作用，加大了文化建设的力度，并将文化建设同其他实际工作相结合，塑造地区和谐发展、积极向上的文化氛围。如昌平区某村提出口号“制度管人管死人，文化管人管灵魂”，将文化建设与和谐家庭创建、流动人口管理、环境整治、治安维护等工作紧密结合，通过搭建平台、评比表彰，将和谐家庭的创建与物质、精神奖励挂钩，充分调动村民的参与积极性，使和谐理念深入民心。

二　当前北京市城乡结合部地区管理中存在的问题

（一）结合部地区经过多年整治，资金缺口仍然突出

目前在重点村改造中普遍存在资金短缺问题，这主要是由失地农民补缴社保等农转居所需资金尚未落实到位造成的。在前期资金测算阶段只涉及拆迁腾退及安置房建设资金，并未涉及整建制农转居资金需求，因此现有的资金安排只能满足拆迁腾退、安置房建设及相关补偿资金，后续资金尚无来源。原定的通过土地上市收回成本和金融信贷机构提供资金等做法，在实行中面临各种各样的困难。目前结合部地区改造已进入过渡期，腾退工作完成后，回迁、产业等方面资金缺口大。结合部地区的管理是长期问题，不可能通过一次性的拆迁改造投入就全部解决，特别是当前重建后区域普遍面对的农转居后无力补缴社保、产业建设无钱推进、市政基础设施建设投入仍然不足等，都需要后续资金投入。

（二）各地措施难以复制推广，整体改革推进速度不够

目前结合部地区改造依据的是“一村一策”，即相关的优惠政策理论上都适用于每一个结合部乡镇。但由于市级层面没有明文说法，这种整合还没有达到预期效果。首先，各区县对拆迁改建工作说法不一，区政府层面的文

件很多村民不认可，特别是相邻区县在拆迁补偿标准上不统一，造成很多矛盾，影响改造进度和社会秩序，需要市一级乃至更高层面的政府出台正式的政策和管理办法。其次，受上级部门管理权限分割的影响，有些部门答应给予的优惠，另外一些部门在审批中不予办理；有些市级管理部门建议实行的措施，央属单位态度不积极。如部分区域内国有单位及宿舍的腾退和管理缺乏硬性规定，各方协商迟迟难以达成共识，目前还在等待相关政策。又如结合部地区在改造之初就明确了建设资金的解决方式是向土地要钱，市级层面上提出了“政府不在土地出让中获利”的承诺。但土地交易实际发生后，核定成本之外的土地溢价，全归相应管理部门所有。

（三）影响结合部地区长期发展和管理的核心障碍仍未破除

调研反映出，目前对现存结合部地区的管理创新，更多属于增量管理范畴，而存量管理部分还缺乏可行的调控手段。总体上看，目前影响结合部地区长期发展和管理的核心障碍，如土地利用体制问题、各级各类管理部门协调机制问题等，都还没有得到妥善解决。首先，土地上市空有规划，没有能够普遍推开的细则，操作过程过于复杂，影响区域发展。在一些发展较早的结合部地区，集体所有的土地上盖起了楼房，住户有村民、非村民，还有部分楼房办理了房屋所有权证，已经属于商品房性质。按照过去国有和集体土地不同的处理方式，这部分土地的再建设难度极大。村民作为集体经济组织成员应享有集体土地的权益，而集体土地上建筑性质复杂，相应的拆迁政策、补偿标准、拆迁过程要求不一，很难在全体村民之间达成共识。因此，目前影响土地上市的主要原因有二：一是上市过程中审批流程过于漫长，各级各类单位对土地上市手续的要求复杂多样；二是居民认为拆迁收益过少不愿搬迁，致使上市土地无法清理。其次，土地利用体制的障碍直接影响了产业项目推进速度。拆迁开始后，集体房屋出租收益锐减，为弥补集体经济损失，新的产业亟待建立。但原有规划中可利用的产业用地又被民房占压，导致产业项目进展缓慢、集体经济收入大幅降低、劳动力就业形势严峻。拆迁腾退原有集体产业后，集体经济受损，更加无力满足改造所需的资金需求。

许多乡镇反映，规划中的产业项目正在办理报批、立项等相关手续，办理时间相对较长，需要各级政府关注和支持。集体产业项目普遍推进缓慢，主要原因之一就是各部门依据的办事规则和办法各不相同，需要办理的证件过多，对集体经济与产业园施工企业合作的形式和时间也有种种限制，极大地影响产业项目建设进度。最后，结合部管理创新的主要推动力量是上级政府打破常规进行直接指挥，而能够长效运作、横向纵向协调畅通的管理机制尚未建立。总结经验，目前几处创新试点成效较好的地区，都得到了市一级领导和相关国家单位的高度重视，如北大肖家河改造工程由市一级领导带队指导、区主管副区长和北大主管副校长担任总指挥，清华八家村区域则由清华大学和区级领导共同负责等。由于上级领导重视，基层管理部门相应地投入大量人力，在改造、建设和后续管理创新工作过程中出现问题时，各部门沟通协调相对及时，灵活调整的空间也比较大。而对一些面积相对不大、问题相对不明显的乡镇，管理部门重视程度不够，一些很小的规划调整迟迟不能实现，产业发展问题、社保补缴问题迟迟无法解决，在一些地区，小问题甚至已经被拖成了大问题。

三　加强和改进北京市城乡结合部管理的思路与对策建议

解决城乡结合部问题以及由此衍生出来的人口资源环境矛盾，重点在“乡”的部分，难点在“城”的部分，基本方向是城市化，根本途径是城乡一体化，核心是要用城乡一体化推动城市化，依靠城乡一体化和城市化发展来逐步化解矛盾、解决问题，推动更高层次的发展。城乡结合部管理创新是一项多主体推动、多目标导向、多任务支撑的系统工程，应把握住影响结合部地区发展的根源性障碍，加强中长期规划设计，破除城乡二元结构，同时针对结合部地区当前面临的具体问题完善体制机制，强化改革力度，发挥农民主体作用，探索逐步缓解结合部经济、社会、人口、环境各方面的矛盾，最终实现结合部发展的突破。

（一）抓住根源性障碍，以发展带动管理水平的提高

城乡结合部的管理问题，从根源上看是功能定位不清晰、缺乏长期稳定发展规划的问题。结合部地区情况复杂，要在加强整体规划的基础上，重视区域差别，组织系统对策，实现可持续发展。

1. 重视中远期规划设计，明确土地开发方式

要借助北京城市总体规划修改的契机，从落实城市战略定位、建设国际一流和谐宜居之都的角度研究制定城乡结合部地区专项规划，进一步明确这一地区的空间范围、功能定位、发展重点、任务措施等内容。将城市建设规划、产业发展规划、社会发展规划以及绿化隔离带建设规划等统筹衔接，编制城乡结合部开发建设和管理规划。特别是要做好城乡结合部交通、环卫、能源、给排水、园林绿化等专项规划，并严格按规划实施。规划，应特别关注以下两方面问题，解决目前城乡结合部地区用地的结构性矛盾，应对集体土地上市过程中的各类体制障碍。

其一，根据区域功能布局，统筹城乡用地空间，解决结构问题。

应变绿带为绿团，灵活放开结合部绿化区域的空间限制。划定生态敏感区进行严格保护，对生态不敏感地区可进行指标上的空间置换，适当降低区位较好、发展动力强劲区域的规划绿地规模，将其置换到生态敏感地带或通风廊道等绿色空间内。要对各区县新兴功能区和新产业布局进行通盘考虑，根据区域功能布局，及时调整结合部土地利用类型规划，统筹城乡用地空间。要从强调表面的土地利用类型控制转向强调土地内在的活化，也就是取消对绿地利用方式的限制，只要满足绿化条件，允许绿地土地进行适度的农业耕作和观光旅游业开发。要积极保留农业用地，发展现代农业和以休闲为核心的第三产业，积极发展郊野公园，促进结合部发展。

其二，引导集体建设用地参与城市化建设，解决建设方式问题。总结推广大兴西红门、海淀东升等试点经验，研究制定农村集体建设用地特别是经营性建设用地集约利用办法，推动农村集体建设用地高效利用。农村宅基地是农村集体建设用地的重要组成部分。为从根本上解决宅基地统筹集约利用

问题，建议在一些土地性质不过分复杂、社会秩序较好、管理力量相对充足的地区，先期开展农村宅基地统筹利用试点，把分散的农村集体经营性建设用地按比例入股或置换到重点园区，通过股权收益和分红让农村集体分享到重点园区开发建设的长期收益，探索路径、总结经验、适时推广。

其三，完善和落实功能区建设与产业发展规划，解决发展路径问题。坚持首都战略定位，走“高精尖”的路子，进一步推进各类功能区和产业区的开发建设，强化功能区的辐射带动作用；在结合部地区积极培育特色产业，使这些区域加入全市产业带之中，实现产业、区域、生产要素的关联互动；集约地发挥优质资源作用，实现城乡结合部产业升级，实现可持续发展。要优化发展环境，走内涵发展、集约发展之路，下大力气推动产业优化升级，提高生活性服务业发展水平，提高发展的质量效益。处理好“舍”与“得”的关系，制定调整产业和疏解功能的负面清单，下决心清理不符合核心区战略定位的产业，解决产业功能过度聚集的问题。

2. 打破城乡二元结构，推进城乡一体化发展

要在市级乃至更高一级政府层面上推动立法改革，明确城乡居民享有平等的社会保障权利和发展机会，明确城乡地区享受平等的市政基础建设扶持，明确城乡土地利用拥有平等的市场机会。城乡结合部管理创新要解决“城市能不能建立在集体土地上，农民能不能在自己土地上享受市民待遇”的问题，全面破解土地、产业、社会保障、行政管理等方面的二元矛盾，跨越二元制度体系在城市与农村之间形成的沟壑。

建议在破除二元结构的立法改革的过程中，重点应放在深化农村集体经济产权制度改革，充分吸收已有改革经验，建立健全农村集体经济股份制转化的流程规范上。

乡村集体经济组织是把农民组织起来，加强基层自治、自主参与城乡结合部建设、实现共同富裕的重要载体。目前全市村级集体经济产权制度改革已完成了97%，而尚未完成改革的区域就集中在城乡结合部。另外，城乡结合部恰恰是乡村集体资产数量巨大的区域，更需要加大改革的力度。目前，产权的市场化是发展的必然趋势，在产权制度改革过程中，需要平衡好固化

产权与自由进出、内部继承转让的关系，促进产权交易进一步扩大。

农村土地资产的经营要处理好原集体经济组织和股份合作组织的关系，最终实现乡域统筹集体产业用地利用，需要在“确权与合作”的原则下建立新型集体经济体制，即社区股份合作或双层经营体制。当然，社区股份合作制只是一定阶段的集体经济组织的形式，随着发展的需要，还会出现其他的组织形式，甚至可能出现完全股份制的集体经济组织。

面对这种趋势，结合部地区需要研究不同性质集体经济组织分类登记的条件，需要厘清集体股份合作组织与现状的农村集体经济的各类组织形式定性定位的关系，需要探讨村级治理体系中股份合作组织与村党支部、村委会的关系，特别是要重视股份合作组织的相对独立性，建立民主、自主和独立的决策与经营管理机制，健全内部约束监督机制。

建议分离目前由集体经济组织承担的社会职能。村级承担公共服务、基础设施建设的责任需要在城乡一体化的大框架下解决，基础性公共建设和服务投入仍由政府承担。

3. 抓住京津冀协同发展的机遇，逐步疏解人口

其一，在京津冀一体化的大背景下，疏解非首都核心功能，引导鼓励周边城镇发展。抓住国家加快推动京津冀协同发展的战略机遇，以首都经济圈发展规划的编制和实施为契机，重点在北京周边选择若干区位和资源禀赋较好的县级城市，同步规划建设成职住平衡的卫星城镇，打造疏解首都功能、产业与人口的集中承接地，分散城乡结合部的承载压力。部分与河北接壤的结合部地区也可同相邻区域协商，合理疏散人口、安排住宅与产业建设，推动形成外来人口进京的缓冲区，弱化北京“人口高地效应”。

其二，合理利用价格手段调控生活成本、严格监控生活资源的使用，促进结合部地区流动人口向外疏解。要合理利用价格手段调控人口生活成本，加快北京市政公用事业价格形成机制改革，尽快形成市政公用产品的价格形成机制，坚持、完善提高公交地铁票价的政策措施，通过价格手段调控人口规模。具体到结合部地区，应严格监控水、电、气基础设施建设，限制生活资源的使用。

（二）完善体制机制，针对结合部地区具体问题落实重点措施

针对北京市城乡结合部地区在现阶段改造和管理工作中，存在的土地规划不合理、基层管理力量薄弱、资金投入无保障等问题，应主要从以下几个方面落实重点措施，既要强调一村一策的灵活性，也要积极寻求突破性创新政策的不断推广。

1. 调整近期规划，合理分配住宅、绿化与产业地块

在实际工作中，不少地区缺少详细控制规划或规划操作性不强，导致绿化、拆迁、产业发展等工作推进困难。解决这类问题，建议从提高规划的针对性和实用性入手，结合重点区域建设和试点工作开展，采取一村一策、一乡一策的办法，系统研究制定完善重点区域、试点地区的详细控制规划。

一要及时调整住宅安置用地规划面积，解决当前居住需求与住宅供应间的突出矛盾。针对目前结合部地区回迁房与商品房比例不当、土地低效建设、土地总量不足的问题，对结合部地区常住人口和流动人口规模进行总体性摸底排查，结合未来趋势预测，根据结合部实际人口规模核定建设用地规模，结合其他人员管控措施，缓解土地总量与居住生产需要之间的矛盾。总结借鉴海淀区唐家岭、太舟坞、西北旺和朝阳区平房乡的成功经验，在“符合规划、盘活存量、只租不售”的原则基础上，针对城乡结合部城镇建设用地少、蚁族北漂数量多、住房需求大、矛盾问题多的实际情况，积极创新租赁住房的土地供应方式，探索在农村集体建设用地上建设公共租赁住房的新途径，推动解决来京务工人员、新就业群体不断增长的住房需求。

二要以促进结合部经济、社会全面发展为目标，继续推进整区域拆迁改造工作。特别是要适当提高农民新村容积率，满足农民安置需求；适当提高产业用地容积率，增强集体安置劳动力能力。推进城乡结合部“一绿”地区城市化试点和“二绿”地区集约利用集体土地试点，探索农民搬迁上楼、产业转型升级、农民整建制转居、拆迁建绿等方面的经验，实现区域内安居乐业有保障、减人增绿促和谐的目标。要从试点中探索出工作经验、发展规律和管理机制，明确实施主体、改造方式、资金筹集渠道、安置补偿，通过

调整规划、政策支持等方式，对建筑密集、管理不到位的区域进行拆除，为改善地区生态环境、优化人口结构、提高土地资源利用率做出有益探索。在以上试点中，建议市级相关部门在资金配套、土地使用、转工转居指标、安置房政策、市政建设等方面给予必要支持。

三要试点征地制度改革的具体措施，解决被动城市化问题。重点研究解决土地收益分成，乡镇土地定向出让、自征自用，特别是一绿地区土地收益优先解决该地区城市化等问题，研究并探索结合部地区集体土地流转的多种形式，包括集体土地征用、征收、出租、入股等多种方式参与城市建设开发的途径，给予农民集体土地商品化开发的合理权利。积极探索城乡结合部地区通过不征地或少征地的方式，推动城市化的新路径。

2. 充实基层力量，处理好“责”、“权”、“利”的对应关系

城乡结合部地区镇街分治、村居共存的管理现状导致管理重叠、职责不清、盲点盲区多、管理力量不足、手段不多等问题比较突出。建议在学习总结外省市有益经验和北京市先进做法的基础上，开展乡镇（街道）和村庄（社区）管理体制改革创新试点，进一步理顺城乡结合部地区管理体制机制。采取职能下沉方式，集中职能、下放职责事权，将城乡结合部地区社会管理事务全面交由属地监督管理，实现权随事走，费随事转。

村支两委是城乡结合部地区最基层的管理主体。要从三个方面充实基层管理力量：一是强化社区居委会自治功能，理顺基层政府与居委会的关系，理顺原有村集体经济组织同转居后城市社区居委会的关系，行政管理要同文化建设与自律管理分开；二是要重点规范社区管理基础设施建设，加强一线工作队伍建设，吸收居民以自愿形式加入日常管理和秩序维护工作中来；三是针对结合部地区普遍拆迁改造的工作现状，处理好社区与物业公司的关系，使其在服务居民、治安管理、秩序整治等方面发挥作用。

3. 加大财政经费投入力度，多渠道吸引社会资本进入

其一，实施适度倾斜的财政政策，强化承载能力建设。一是以提高基础

设施承载能力为目标，稳步扩大市区两级财政在城乡结合部的投资规模和投资比例。二是以提高公共服务能力为目标，将城乡结合部公共服务和社会管理资金纳入市区两级财政预算，按照“费随人走”原则，研究出台公共服务设施和社会管理人员的配置标准。三是以改善人居环境为目标，整合现有的棚户区改造、绿隔建设、平原大造林、减煤换煤行动、污水和垃圾处理、河湖水系综合整治等政策和资金平台，强化财政资金使用效果。

其二，研究设立城乡结合部产业引导资金，促进产业转型升级。建立健全城乡结合部产业发展引导机制，发挥区域功能定位和“三规合一”对产业的导向作用，推动形成重点功能区为主体、高端制造业和现代服务业为核心的现代产业体系和空间格局，不断提高单位土地投资强度和产出效益，以辅助解决结合部地区拆迁改造后产业用地不足、集体经济组织利益受损的问题，推动城乡结合部产业转型升级、促进整体发展。

其三，积极搭建城乡结合部发展融资平台，多措并举解决资金不足难题。在加大财政投入基础上，研究制定城乡结合部地区社会资本进入与退出机制，积极探索市区两级财政共同出资，搭建城乡结合部发展融资平台，探索发行城乡结合部建设地方债券，创新资本投入及回报机制，以此来引导和撬动国有企业和社会资本参与城乡结合部基础设施的建设运营，进一步发挥财政资金的杠杆效应和撬动作用。金融资本进入“三农”领域动力不足、渠道不畅、机制不活，要研究制定实施办法和试点工作方案，探索建立抵押资产处置机制。同时，结合城乡结合部重点地区环境整治工作，借鉴棚户区改造融资经验，积极开展统贷统还等融资试点工作。

参考文献

1. 黄利军：《我国城市边缘区公共管理体系的整合研究》，重庆大学硕士学位论文，2007。
2. 段成荣、朱富言：《“以房管人”：流动人口管理的基础》，《城市问题》2009 年第4期。

3. 宋健、何蕾：《中国城市流动人口管理的困境与探索》，《人口研究》2008 年第 5 期。
4. 谢宝富：《中国城乡结合部地区政府管理体制创新初探》，《政治学研究》2010 年第 1 期。
5. 王娟、常征：《中国城乡结合部的问题及对策：以利益关系为视角》，《经济社会体制比较》2012 年第 3 期。
6. 格拉夫梅耶尔：《城市社会学》，天津人民出版社，2005。

B.5

北京市公共交通票制票价改革研究

周正宇　陈燕凌　许　焱　徐晓燕*

摘　要：在北京市2014年改革公共交通票制票价的过程中，市交通委会同市发展改革委等有关部门以及公交地铁企业、科研机构，认真回顾了本市公共交通行业发展情况，纵向梳理了本市公共交通票制票价历史沿革，横向借鉴了国内外城市经验，客观评价了本市票价水平，科学分析了票制票价改革的必要性。在此基础上，确定了多乘坐多付费、实行计程式票制的主要改革思路，特别是为推进城乡一体化发展统一了全市地面公交票价政策

关键词：公共交通　票制票价　改革

在北京市2014年改革公共交通票制票价的过程中，市交通委会同市发展改革委等有关部门以及公交地铁企业、科研机构，认真回顾了市公共交通行业发展情况，纵向梳理了北京市公共交通票制票价历史沿革，横向借鉴了国内外城市经验，客观评价了北京市票价水平，科学分析了票制票价改革的必要性。在此基础上，确定了多乘坐多付费、实行计程式票制的主要改革思路，特别是为推进城乡一体化发展统一了全市地面公交票价政策。

* 周正宇，北京市交通委员会党组书记、主任，教授级高级工程师，工学博士；陈燕凌，北京市交通委员会研究室主任，教授级高级工程师，工学硕士；许焱，北京市交通委员会研究室副主任，高级工程师，工学博士；徐晓燕，北京市交通委员会研究室干部，经济师，经济学硕士。

一　北京市公共交通行业发展情况

北京市高度重视公共交通发展工作，将优先发展公共交通作为推进首都交通科学发展的重要举措和缓解城市交通拥堵的治本之策，并给予了优先发展的支持政策。2007 年以来，北京市公共交通投入巨大、发展较快，广大市民得到了较好的公共交通服务。

（一）公共交通投入情况

据统计，2007 ~ 2013 年，北京市公共交通固定资产投资总额 2172 亿元，公共交通运营补贴总额 937 亿元（见图 1、图 2）。

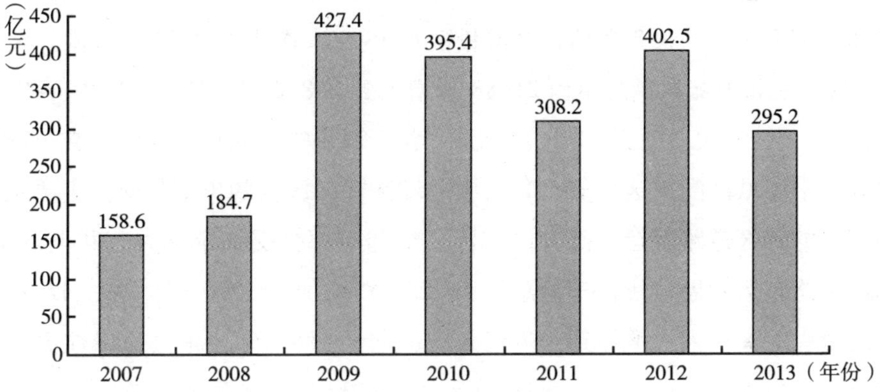

图 1　2007 ~ 2013 年公共交通投资情况

（二）公共交通发展情况

随着投资安排优先、财税扶持优先、设施用地优先、路权分配优先等一系列支持政策的落实，北京市交通建设快速推进，既有轨道交通运输能力不断提升，地面公交线网也持续调整优化，公共交通客运量迅速增长，公共交通发展成为市民最主要的出行方式。

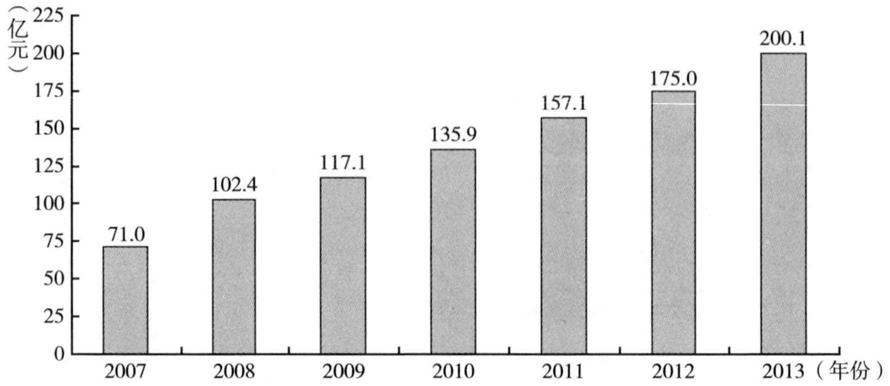

图2　2007～2013年公共交通补贴情况

2007～2013年，轨道交通运营线路由5条增加到17条，增长2.4倍；运营线路里程由142公里增加到465公里，增长2.3倍；运营车站由93座增加到277座，增长2.0倍；客流量由6.55亿人次增加到32亿人次，增长3.9倍。地面公交车辆总量由21688辆增加到26852辆，增长23.8%；客运量由43.9亿人次增加到53.1亿人次，增长21.0%。北京市地面公交包括主要服务中心城区的市区公交、联系中心城区和郊区县的市郊公交、主要服务郊区县的郊区道路客运三部分，市区公交和市郊公交又统称为公共电汽车。郊区道路客运发展较快，车辆总量由2293辆增加到3260辆，增长42.2%；客运量由1.6亿人次增加到4.7亿人次，增长188.0%，市民比以往更愿意乘公交、更多乘公交，公共交通出行比例由34.4%增至46.0%，北京市已经进入公共交通主导城市交通的时代。

二　北京市公共交通票制票价沿革

1971～2014年，北京市6次调整公共交通票制票价，其中5次提价、1次降价。总体来看，自1996年至2014年，北京市公共交通票价先提后降，2014年执行票价和18年前相当，轨道交通票价还是2元，地面公交票价还是0.5元左右。

表1为北京市历次调整公共交通票制票价的概况。图3反映了北京市轨道交通票价变化情况。

表1　北京市公共交通票制票价历次调整情况

年份	轨道			地面公交		
	票制	票价	票种	票制	票价	票种
1971年	单一票制	0.1元	单程票	市区单一、郊区计程	0.05元起，郊区0.05元进制	单程票+月票
1987年	跨线收费	0.2~0.3元	单程票、联合月票			
1991年	单一票制	0.5元	单程票、联合月票	计程票制	0.1元起，0.1元进制	单程票+月票
1996年	单一票制	2元	单程票、联合月票	市区单一、郊区计程	0.5元起，郊区线路0.3元进制	单程票+月票+季票
2000年	跨线收费	2~5元	单程票、联合月票、地铁专用月票	市区单一、郊区计程	普通车1元起步，空调车2元起步	单程票+月票
2007年	单一票制	2元	单程票、一卡通、福利票	市区单一、郊区计程	市区1元起步，市郊空调线路2元起步	单程票+一卡通(4折)

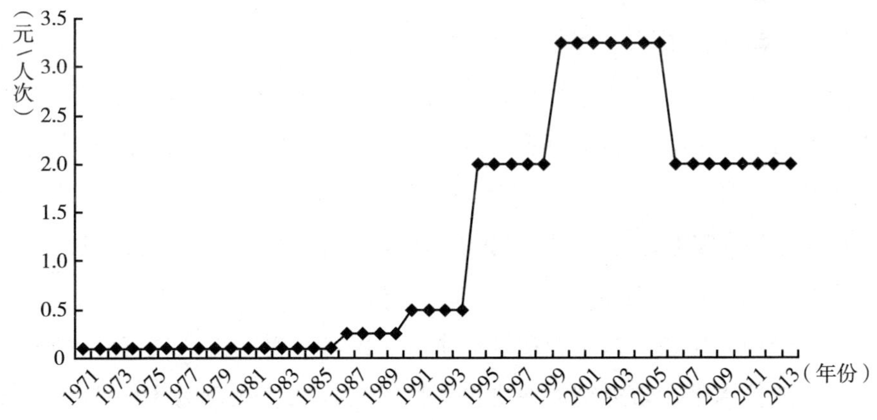

图3　北京市轨道交通平均票价水平变化情况

2007 年 1 月 1 日至 2014 年 12 月 27 日，市区公交线路普票票制票价为：单一票制线路每乘次 1 元；分段计价线路 12 公里以内 1 元起价，每增加 5 公里加价 0.5 元；现金购票无折扣优惠；刷卡乘坐市区公交线路享受普通卡 4 折、学生卡 2 折优惠。2007 年 10 月 7 日至 2014 年 12 月 27 日，北京市轨道交通（不包括机场线）采用单一票制，票价 2 元。2008 年 1 月 15 日至 2014 年 12 月 27 日，持市政交通一卡通乘坐市郊公交线路在原票制票价（10 公里以内 2 元起价，每增加 5 公里加价 1 元）基础上实行成人 4 折，学生 2 折优惠（其中：延伸至市界外的线路，市域内路段实行成人 4 折，学生 2 折优惠）；现金购票乘车不优惠；各远郊区县境内客运线路，实行同折扣优惠。

三 国内外城市公共交通票制票价

为借鉴国内外经验，梳理分析了上海、广州、天津、西安、香港、台北、东京、首尔、巴黎、伦敦、柏林、斯德哥尔摩、莫斯科、纽约、法兰克福等 15 个城市的轨道交通及地面公交票制票价。

（一）轨道交通票制票价

国内外城市的轨道交通票制主要有三种：分段计价、分区计价、一票制。亚洲城市多按里程分段计价，即占用公共交通资源时间/距离越长付费越多，同时为保护长距离出行者利益，普遍采用票价递远递减原则；欧美城市基本按分区计价或一票制。国外票种能够较好地针对不同人群组设计票种，满足不同年龄层、不同出行目的、不同出行区域、不同出行时间等多样化的出行需求。

各城市均考虑各自的企业运营成本、居民可承受能力、政府财政压力等因素确定票价水平，轨道交通费用占居民可支配收入比例为 3% ~10%。而北京的这一比例为 3.9%，低于大多数国内外城市。

在运营补贴方面，除香港地铁外，其他城市均有政府补贴，补贴水平从

表 2　国内部分城市轨道交通票制票价

城市	票制票价
北京	单一票制:全路网 2 元
天津	计程票制(按站数分段):2 元起步,最高票价 5 元
深圳	计程票制:4 公里 2 元,4 ~ 12 公里每 4 公里加价 1 元,12 ~ 24 公里每 6 公里加价 1 元,24 公里以上每 8 公里加价 1 元
广州	计程票制:4 公里 2 元,4 ~ 12 公里每 4 公里加价 1 元,12 ~ 24 公里每 6 公里加价 1 元,24 公里以上每 8 公里加价 1 元
上海	计程票制:6 公里 3 元,每 10 公里加价 1 元

20% ~70% 不等，北京补贴水平为 47%，处于中等偏高水平。国外的城市轨道交通补贴资金来源多渠道，包括：税收、政府购买服务、彩票收入等方式，目前北京公共交通补贴资金来源以财政补贴为主。

为了减轻高峰时段轨道运营压力，部分城市推出了错峰票价以调节乘客出行时间。东京、法兰克福、纽约对平峰票价相对高峰票价打不同程度的折扣，鼓励错峰出行。上海限制持社保卡的 70 岁以上老人高峰时段乘坐绝大部分公共交通。为提高公共交通吸引力，香港、台北、首尔出台了一些接驳换乘政策，主要体现在换乘票价的优惠上。为照顾长距离、多次数刚性出行者，部分城市还推出了多乘车多优惠的政策，如上海和广州。

国外多个城市已建立了动态调价机制，轨道交通票价会根据某一机构进行测算或由运营企业进行申请，通常调价频率为一年一次或两年一次。

（二）地面公交票制票价

国外城市地面公共交通票制一般为一票制，国内为一票制与里程计价相结合（见表 3）；政府补贴地面公共交通的比例从 20% ~90% 不等，北京市地面公共交通补贴比例达到了 85%。

表 3 国内部分城市地面公交票制票价

城市	票制票价
北京	单一票制:1 元。 计程票价:市区公交,12 公里 1 元起价,每增加 5 公里加价 0.5 元。市郊公交:普通车 12 公里 1 元起价,每增加 5 公里加价 0.5 元;暖风车 10 公里 1 元起价,每增加 10 公里加价 1 元;空调车 10 公里 2 元起价,每增加 5 公里加价 1 元
天津	单一票制:1 元、1.5 元、2 元。 计程票制:1.5 元起价,基本运价率每人每公里 0.1 元
深圳	单一票制:2 元、2.5 元、3 元。 计程票制:2 元起价,每 2.5 公里加价 0.5 元
广州	计程票制:1 元、2 元起价,基本运价率每人每公里 0.078 元
上海	单一票价:1 元、2 元(以 2 元为主)。 计程票价:2 元起价,基本运价率每人每公里 0.2 ~0.25 元

以乘坐公共交通 10 公里所需成本为例，比较国内外主要城市公交地铁比价关系：国外城市公交地铁比价较高，基本在 0.8 ~1 的区间内；国内则主要在 0.5 ~0.7 的区间内，北京最低，公交地铁比价为 0.2。

四 北京市公共交通票制水平分析

与 2006 年调整公共交通票价前相比，北京市 2013 年轨道交通票价水平降低了 38%，地面公交票价水平降低了 8%。受近年来居民可支配收入持续较快增长等因素影响，轨道通勤出行费用占可支配收入的比例降低了 68%，地面公交通勤出行费用占可支配收入的比例降低了 48%。2006 ~2013 年，北京市居民可支配收入由 19978 元增至 40321 元，北京市轨道交通通勤票价支出占城镇职工可支配收入由 8.6% 降至 2.6%。

北京市轨道交通、地面公交票价水平都低于上海等国内大城市。北京市轨道交通票价、轨道交通费占收入比、平均运价率都不足上海等国内大城市的 50%。北京市地面公交票价也低于国内大城市，持一卡通乘车优惠的票价更是远低于其他城市，而政府补贴占运营成本比例却明显高于其他城市（见表 4、表 5）。

表 4　北京与国内大城市轨道交通通勤费用对比

城市	票制	人均年收入（2013 年可支配收入，元）	平均乘距（公里）	以当地平均乘距为计算标准			平均运价率（元/公里）
				单次出行票价（元）	轨道通勤月支出（元）	轨道交通费占收入比（%）	
上海	按里程分段计价	43851	13.7	4	174	4.8	0.29
深圳	按里程分段计价	44653	12.7	5	217.5	5.8	0.39
广州	按里程分段计价	42066	11.2	4	174	5	0.36
天津	按站数分段计价	32658	12.8	4	174	6.4	0.33
北京	一票制	40321	15.4	2	87	2.6	0.13

表 5　北京与国内大城市地面公交票价水平对比

城市	票制	票价（元）	优惠方式	政府补贴占运营成本比例（%）
上海	一票制、按里程计价	2～8	换乘优惠：1 元/次	35
深圳	一票制、按里程计价	2～10	刷卡优惠：根据票款给予6.5～8 折；换乘优惠：0.4 元/次	50
天津	一票制、按里程计价	2	刷卡优惠：9 折	—
广州	一票制、按里程计价	1～5	刷卡优惠：公交轨道刷卡累计达到 15 次后 6 折；换乘优惠：BRT 换乘公交免费	—
北京	一票制、按里程计价	1 元起步	刷卡优惠：4 折	87

五　北京市公共交通票制票价改革必要性分析

随着城市规模和人口规模的持续扩大，公共交通出行总量、结构以及运营成本发生了巨大变化。票价作为引导公共交通资源配置的重要杠杆，要适应公共交通发展的形势和要求，进行必要的调整。这主要体现在 3 个方面。

（一）低票价影响了轨道交通运营安全

前文述及，2014 年执行的轨道交通票价和 1996 年相当，18 年后票价还是 2 元。低票价吸引了大量原本骑自行车出行、乘地面公交出行的市民转而乘坐轨道交通，甚至吸引了步行出行者转乘轨道交通。轨道交通客流中，出行距离在 5 公里以内的乘客约占 10.8%，日均 94.5 万人次，10 公里以内的约占 32.7%，日均 286.1 万人次。10 公里以内出行，尤其是 5 公里以内出行，更适合由步行、自行车或地面公交承担。图 4 反映了轨道交通路网内进站乘客的乘距分布情况。

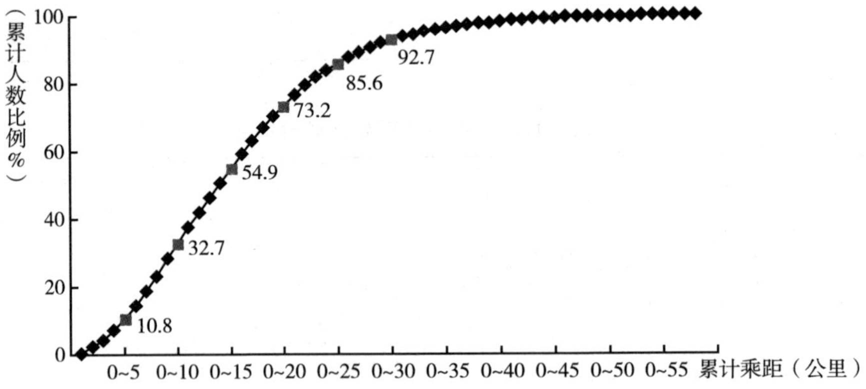

图 4　轨道交通乘客的乘距分布情况

低票价一方面导致轨道交通运营安全压力巨大，另一方面导致城市交通出行结构不合理。2013 年，轨道交通全网日均客运量达到 875 万人次，日最高客运量超过 1100 万人次，75% 的线路高峰小时满载率超过 100%，最大满载率超过 130%，10 条线路的 54 座车站在工作日早、晚高峰都要采取限流措施，站内车内环境拥挤，安全风险进一步增加。与此同时，地面公交年客运量总体呈下降趋势，2013 年客运总量比 2009 年（高峰年）下降了 6.4%。2007 ~2013 年，轨道交通出行比例由 7.0% 增长 20.6%，而同期自行车出行比例由 23.0% 降至 12.1%。

（二）单一票制没有体现多乘坐多付费原则

2007 年以来，北京公共交通发展提速，路网规模不断扩大，2013 年底，轨道里程已达 465 公里，是 2007 年 142 公里的 3.3 倍，乘客在路网中的乘车距离从最短的 400 米到最长的 88 公里相差 200 倍，但所付票款相同。地面公交单一票制线路中，长度大于 10 公里的线路有 302 条，最长线路长度超过 30 公里，但所付票款相同。以单一票制为主的票价体系难以有效适应公共交通网络化运营需求。

（三）公共交通可持续发展能力受到影响

2007～2014 年，公共交通票制票价 7 年未做调整，票价与成本的差距日益加大。票价水平与运营成本严重背离，财政补贴规模持续扩大，扭曲了乘客、企业、政府三方合理分担公共交通运营成本的机制，公共交通的可持续发展和服务能力受到制约。7 年来，为保障公共交通运力和服务，政府用于公共交通的补贴资金年均增长 19%，超过了财政收入的平均增幅，并呈快速增长态势。

（四）地面公交票制票价未实现城乡一体化

地面公交中市区公交与市郊公交、郊区道路客运票价不统一，计费方法不统一。计程票制中，市区线路按 12 公里 1 元起价，每增加 5 公里加价 0.5 元计价，而市郊线路有按 10 公里 1 元起价，每增加 10 公里加价 1 元计价的，还有按 10 公里 2 元起价，每增加 5 公里加价 1 元计价的。市区地面公交还有 65% 左右的线路执行每人次 1 元票价。郊区道路客运票价由各区县分别制定。随着城乡一体化进程的不断加快，市郊地面公交线路的逐步完善，市郊线路票价高于市区线路、同城不同价的问题日益显现，社会各方面对此意见较大。

因此，适当调整公共交通票制票价，逐步建立科学合理的公共交通票价机制，对促进公共交通整体运行效率发挥、服务水平提升和可持续发展至关重要。

六　北京市公共交通票制票价改革思路与原则

（一）总体思路

本次公共交通价格调整立足于落实首都城市功能定位、建设国际一流和谐宜居之都、推进城市治理能力现代化，着眼于缓解首都人口资源环境矛盾、破解城市发展难题，遵循城市运行管理及公共交通发展规律，适应公共交通网络化运营要求，统筹平衡社会可承受能力、行业发展和政府财力，理顺公共交通票价机制，建立符合特大型城市现代交通体系要求的公共交通票制票价体系，促进公共交通资源合理配置，提升公共交通运行效率和服务水平，增强公共交通可持续发展能力。

（二）调整原则

1. 坚持公益性、公平性原则

坚持公交优先发展战略，保持公共交通领域政府资金投入力度，不断提升公共交通服务能力和水平。保持政府对公共交通运行的适度补贴，发挥公共交通的价格优势，引导市民选择公共交通出行，改善交通出行结构。保持原有对老年人、学生、残疾人、解放军士兵等人群优惠政策不变，增加对公共交通依赖度较高的通勤人群的优惠政策。改变单一票制，实行计程票制，多乘坐多付费。

2. 坚持安全性、便捷性原则

统筹考虑地上地下公共交通的功能和特点，保持合理比价关系。发挥价格杠杆作用，引导短途出行选择地面公交，中长途出行选择轨道交通，提升公共交通系统运行效率，降低安全运营风险。实现城乡一体、同城同价，推动线网优化调整，促进便捷出行。

3. 坚持可承受性、可持续性原则

处理好政府与市场的关系，理顺政府、企业、乘客关系，统筹考虑

各方可承受能力。按照政府管建设管发展、企业管运营管服务、乘客受益承担原则，逐步使票价水平反映公共交通运营成本。完善政府投资、政府补贴、价格政策的联动机制，激发企业经营活力和动力，逐步形成政府市场有分工、企业经营有活力、服务提升有保障的公共交通发展良性机制。

（三）轨道交通票制票价改革主要思路

轨道交通实行计程式票制，体现多乘坐多付费的原则；平均票价水平应基本覆盖简单运营成本；对于经常乘坐轨道交通的乘客，适当考虑其每月轨道交通支出总额，给予一定的折扣优惠。

（四）地面公交票制票价改革主要思路

为推进城乡一体化发展，统一全市地面公交票价政策，以公里为单位实行计程票制。为合理引导客流并考虑地上地下交通服务功能特点及效率，按照与轨道交通 1∶3 左右的比价关系，考虑地面公交票价水平。同时，对于持一卡通卡乘车的乘客给予折扣优惠。

（五）轨道交通和地面公交票价动态调整思路

鉴于北京市公共交通仍处于快速发展阶段，路网规模、客流情况及运营成本变化较大，为使公共交通价格逐步反映运营成本变化情况，理顺价格机制，参照香港等国内外城市票价管理经验，在票制票价改革的同时建立公共交通价格动态调整机制。动态调整幅度根据企业人工费用、企业燃料动力费用、居民消费价格指数、人均可支配收入等因素的变化情况确定。

在以上研究工作的基础上，北京市制订了新的公共交通票制票价方案。2014 年 11 月 27 日，市发展改革委、市交通委、市财政局印发了《关于调整本市公共交通价格的通知》（京发改〔2014〕526 号）。2014 年 12 月 28 日，北京市顺利实施了新的公共交通票制票价方案。

参考文献

1. 北京市人民政府：《北京城市总体规划（2004～2020年）》，2005年4月。
2. 北京市交通委员会、北京市发展和改革委员会：《北京市“十二五”时期交通发展建设规划》，2012年7月。
3. 国务院：《关于城市优先发展公共交通的指导意见》，2012年12月。

B.6

北京传统村落文化现状及保护对策研究*

苑焕乔**

摘　要：北京传统村落文化，作为中国文化遗产的重要组成部分，是地域文化和建筑艺术的物化档案。当前，北京市级传统村落有52个，它们是传承北京文化之根、承载居民乡愁的重要载体。在城镇化和新农村建设快速发展之际，本文围绕北京传统村落文化现状与保护问题等诸多方面展开研究，提出保护对策和建议。

关键词：北京　传统村落文化　现状　保护

一　北京传统村落文化保护成果

北京市多年来在明确文化中心功能定位基础上，在传统村落文化保护方面，获得可喜成果。

传统村落是指村落形成较早，拥有较丰富的文化遗产资源，具有一定历史、文化、科学、艺术、社会、经济价值，应予以保护的村落。传统村落文

* 本文为北京市社科基金项目“北京传统村落文化保护面临的主要问题及对策研究”（项目编号：14JDLSB001）和北京学研究基地项目“城乡一体化背景下北京历史文化名村发展现存问题及对策研究”（项目编号：BJXJD－KT2013－A07）的阶段性成果。

** 苑焕乔，北京联合大学北京学研究所助理研究员，研究方向为北京历史文化。

化是珍贵的文化遗产，不仅涵盖优秀的传统建筑，而且还蕴含着中华民族文化所特有的精神价值和丰富多彩的民俗文化，体现中华民族传统文化的生命力和创造力。当前，在首都文化大发展之际，保护传统村落文化具有重要的历史和现实意义。

（一）北京传统村落文化现状

北京传统村落文化，作为中国文化遗产的重要组成部分，是地域文化和建筑艺术的物化档案，记录了北京社会发展和历史文化的脉络。近年来，由于工业化、城镇化进程的加快，以及农民为满足改善居住生活条件的需要，京郊许多传统村落或拆除，或重建，或改建，传统风貌遭到严重破坏。

2012 年 8 月，北京市传统村落调查工作组，组织召开了专家评审会，邀请文物与保护、建筑与规划、民俗与文化等方面的专家，依照《传统村落评价认定指标体系（试行）》（建村〔2012〕125 号），对各京郊区县上报的 83 个村庄进行了质量审核，确定了门头沟区斋堂镇爨底下村、灵水村等 52 个村庄为国家级传统村落的建议名单。北京市现有村庄 3985 个，而传统村落仅有 52 个，占全市村庄总数的 1.3%，其中传统建筑比较丰富的村庄有 20 个左右。

北京市 52 个传统村落中，既有传统建筑风貌保存较好的村落，也有村落选址和格局保持传统特色的村落，以及非物质文化遗产传承较好的村落。有些传统村落具有上述一种或两种要素，个别村落三种要素都具备。北京市传统村落中，传统建筑风貌保存较完整的村落有 12 个，如：密云县新城子镇吉家营村、门头沟区斋堂镇马栏村等；传统建筑保存较好，村落格局保持传统特色的村有 20 个，如：房山区南窖乡水峪村、佛子庄乡黑龙关村和门头沟区斋堂镇的爨底下等村；非物质文化遗产传承较好的村有 11 个，主要有房山区石窝村、昌平区后牛坊村、密云县蔡家洼村、通州区张庄村等；传统建筑保存较好，同时非物质文化遗产传承较好的村落有 6 个，如：朝阳区高碑店村、房山区南窖乡水峪村以及门头沟区龙泉镇琉璃渠村等。

（二）北京传统村落文化保护成果

传统村落是北京市的稀缺资源，加强传统村落文化保护工作，既是传承地域文化之根、承载城市居民乡愁的重要基础，也是增加农民收入、改善民生的有效途径。近年来，北京市在保护传统村落文化方面开展了许多工作，取得了很多可喜成果。

1. 建立传统村落档案

按照住房与城乡建设部的要求，北京市农委组织相关区县主管部门，对已列入中国传统村落名录的13个村，按“一村一档”要求，对传统村落的村域环境、传统建筑、村落选址及格局、非物质文化遗产、文献资料、保护发展基础资料等内容进行了认真的现场调查和资料整理，以文字、图纸和照片等多种形式进行记录建档，中国传统村落档案制作工作已完成，不仅将档案成果上报了住房和城乡建设部，而且还反馈给区县、乡镇和村庄，作为村庄档案的重要组成部分。

2. 编制传统村落文化保护规划

为加强传统村落保护工作，北京市农委于2013年下半年启动了第一批中国传统村落保护规划编制工作，第一批9个传统村落中爨底下、灵水、琉璃渠、焦庄户、水峪等5村已编制完成保护发展规划。2014年，北京市农委又专门安排100万元，委托规划院所对门头沟区三家店村、黄岭西村、苇子水村及延庆县岔道4村编制保护规划。

3. 利用媒体和培训等方式，加强传统村落文化保护宣传工作

首先，依托报纸、杂志和网络等媒体渠道，对传统村落的历史沿革、传统建筑特色、文化内涵等进行宣传。

其次，组织专题培训。由北京市农委牵头组织传统村落文化保护发展培训班，邀请国内知名专家，结合乡土建筑及传统文化价值、传统资源档案制作、传统村落保护发展规划编制、文物保护利用、产业发展、防灾减灾以及相关案例分析等内容对区县和乡镇的主管人员以及传统村落党支部书记（或村主任）等人员进行了专题培训，提高了基层干部对传统村落文化的价

值以及保护发展的认知，增强了保护意识。

4. 传统村落民众生活得到改善

民生，简言之就是民众生活，主要是指民众的基本生存和生活状态，以及民众的基本发展机会、基本发展能力和基本权益保护的状况，等等。做好传统村落文化保护，一方面是为了传统文化的传承，另一方面是为了改善世代居住在那里的农民的生活状况。在有效保护传统村落文化的同时，通过修缮传统民居、文物古迹，改善基础设施和公共环境，发展观光休闲旅游和文化创意产业，最终使京郊农民提高收入，改善生活。

北京市传统村落，如：爨底下、灵水、琉璃渠和水峪等，这些传统村落文物古迹、基础设施及民居建筑等已得到修缮保护，其他传统村落也正在陆续修缮。在加强传统村落文物古迹以及传统建筑、井泉沟渠、古树名木等历史文化传承要素的修复和整治的同时，挖掘、整理传统村落非物质文化遗产，保护和利用好山水林田等自然景观和农村特色风貌。

（1）保护传统村落，通过传统建筑保护利用、防灾减灾设施建设、水电和卫生等基础设施完善，以及村落生态环境维护等民生工程，带动一大批相关行业的增长，稳定并扩大当地农民就业，同时也改善了传统村落民众的生存生活环境。

（2）利用传统村落民居建筑、文物古迹等文化遗产资源，发展休闲观光旅游和文化创意产业，扩大农民就业渠道，增加农民收入。中国疆域辽阔，自然地理环境多种多样，社会经济环境也不尽相同。在漫长历史发展过程中，各地形成了不同的民居建筑形式，这种传统的民居建筑深深地打上了地理环境的烙印，生动地反映了人与自然的关系。在中国各地民居中，北京传统民居建筑比较有特色。此外，传统村落文物古迹，也是游客观光游览之地。农耕文明时代，由于人们对超自然力的顶礼膜拜，庙宇建筑成为人与神灵沟通的场所，也是人们精神寄托的载体，如：关帝庙、娘娘庙等，旧日村民求财到关帝庙；求子到娘娘庙；求神护佑平安到观音庙等。对久居喧闹都市的人来说，到传统村落走一走，发思古之悠情，兴怀旧之遐想，可以享受回归自然、天人合一的田园生活。于是，传统村落文化遗产保护，带动了乡村休闲旅游发展，更给传统村落的农民提供了就业机会、增加了收入。

（3）保护和传承传统技艺，发展文化产业，拉动经济社会发展。北京历史悠久，有3000多年建城史，800多年建都史，传统村落拥有内容丰富、种类繁多的传统技艺，如：门头沟区琉璃渠村的琉璃烧造技艺、房山区水峪村中幡等，保护传承这些传统技艺，发展文化产业，对传承北京地域文化，拉动经济社会发展，具有重要作用。

5. 传承传统村落节俗文化，对于建立和谐社会、弘扬公共道德起着重要作用

我国传统节俗文化中蕴含着丰富的人文精神，需要大力挖掘和弘扬。北京传统村落节俗文化，是中华民族传统文化的精华，是民族精神的集中体现，也是人们集体认同的产物，在构建和谐社会和弘扬公共道德等方面发挥着重要作用。如：灵水村每年立秋日的“秋粥节”、村民共守“猪羊圈养”等乡规民约，是弘扬“解困济贫”、公共道德等传统“和”文化的代表。

6. 传统村落的革命纪念地、标志物及其所承载的革命历史、革命事迹和革命精神，成为青少年爱国主义教育的基地

密云县古北口的抗日烈士纪念碑、肉丘坟和抗战七烈士墓，以及顺义区焦庄户的地道战遗址、门头沟区马栏八路军晋察冀挺进军司令部旧址等，表现出中国人民为反对外来侵略、奋勇抗争、不怕牺牲的爱国主义精神，有利于传承中华民族优秀文化和优良革命传统。因此，京郊一些传统村落发展红色旅游，把革命传统教育与文化休闲结合起来，打造红色旅游线路和经典景区，既可观光赏景，也可了解革命历史，增长革命斗争知识，发扬革命斗争精神，培育青少年新的时代精神。

二　北京传统村落文化现存问题

目前，对于传统村落文化保护存在两个方面的问题：一是将传统村落文化传承给我们的子孙后代，需要谈保护；二是为了当代社会经济发展、民生的改善，需要谈利用。对于传统村落文化，如果只谈保护不谈利用，

保护将没有可持续性；如果只谈利用而不谈保护，传统村落文化将得不到传承。

近年来，北京传统村落文化的保护利用，对于传承北京地域文化，增加京郊农民收入、改善农民生活等，做出了重要贡献，但北京传统村落文化的保护仍存在许多亟待解决的问题。

（一）对传统村落建筑及其整体风貌的保护，亟须加强

（1）由于北京市绝大部分传统村落位于交通不便、经济发展相对落后的深山区，许多村民没有认识到自己所居住的传统民居建筑的真正价值，常常认为老房子就是“破烂儿”，因此，其保护意识亟待加强。

（2）改革开放以来，由于城市化进程的加快以及富裕起来的农民为改善居住条件，许多传统民居建筑被拆，并使用现代建筑材料翻新或修缮，因此，传统村落建筑风貌遭到不同程度的破坏。

（3）随着京郊文化休闲产业发展，许多传统村落的建筑修缮和复建得到政府和民众的重视，但当前无论是其文物古迹还是民居建筑的修建，普遍缺乏传统建筑专业人士的指导和监督，使得传统村落空间格局和整体风貌受到破坏。

（二）关于京郊传统村落，存在政府部门“多头管理”，资金渠道多但使用不统一等问题。同时，由于旅游地产公司等商业开发的介入，新的利益矛盾和冲突开始出现，这些都给传统村落保护和发展带来诸多问题

（1）国家级传统村落名录，是2012年由住房和城乡建设部、文化部、财政部联合公布的，北京市已有13个传统村落入选，当前北京市传统村落存在多头管理和资金多渠道且使用不统一等问题。

（2）随着“乡村游”的迅速发展，京郊传统村落的保护与利用，给当地经济发展注入了新的活力，使京郊农民收入大增。为此，京郊传统村落休闲旅游产业，吸引了旅游地产公司、区县相关部门和当地农民等多方资金投

入，同时，新的利益冲突与矛盾也开始出现。因此，亟须新的法规和政策等出台，来协调各方利益关系和矛盾冲突。

（三）一些传统村落原住民迁走，导致传统村落非物质文化遗产严重流失，无法活态传承

北京市传统村落不仅有物质文化遗产资源，而且还有内涵丰富的非物质文化遗产资源，如：琉璃渠村的“琉璃烧造技艺”、灵水村的“秋粥节”俗、爨底下村的“转灯会”和古北口村的“宫灯制作技艺”等。如果作为非物质文化遗产传承主体的原住民迁走，这些非物质文化资源将流失，无法得到活态传承。但由于京郊“乡村游”带来丰厚的收益，一些传统村落原住民迁走，村落商业化开发现象时有发生。随着城市化和现代化发展，传统村落的许多中青年进城务工以及对现代生活的追求，使传统村落非物质文化遗产传承后继乏人。

（四）传统村落存在建设性破坏

近年来，京郊乡村文化休闲旅游发展迅猛，一些传统村落在周末和“五一”、“十一”黄金周，前去休闲观光的游客爆满，不仅解决了京郊许多农民的就业问题，促进了农民增收，也拉动了当地经济发展。同时，一些闻名中外传统村落的农家乐，为提升接待能力，增加住房面积及在街巷建灶台等建设性破坏现象已出现。如：爨底下村一些农家乐接待户，为提升接待能力，在传统院落增建房子和在街巷胡同建小灶台等，使传统村落整体面貌受到一定程度影响。

（五）传统村落发展休闲旅游产业，其交通设施亟待改善

为适应京郊“乡村游”发展，亟须加强传统村落交通设施建设。例如：房山区南窖乡水峪村、门头沟区斋堂镇灵水村和密云县古北口镇许多传统村落，多位于交通不便的深山区，尽管由于适应休闲旅游发展，交通设施已有极大改善，但仍不能适应当前发展的需要。

三　北京传统村落文化保护对策

北京传统村落文化的可持续发展，需要解决现存问题，促进传统村落整体风貌、空间格局的保护，以及非物质文化遗产的传承等，因此，需从多角度考虑保护对策建议。

（一）加强宣传教育工作，增强广大干部和村民对历史文化村镇建筑遗产及其整体风貌的保护意识

要使广大干部特别是领导干部，充分认识到传统村落建筑遗产的价值及对其整体风貌保护的重要意义。北京市传统村落建筑及其整体风貌，是按照中国传统哲学“天人合一”思想，选择有利的地理风土、水文、气候条件，在选址、布局和造型等方面“背山面水”、“负阴抱阳”，按当时的具体条件和传统生活习惯进行创新，形成了独具特色的传统建筑，具有极高的审美价值和旅游价值，是研究中国建筑史、文化史不可多得的重要文化遗产。

作为传统村落的各级政府部门领导，需要首先转变观念，把保护京郊传统村落作为责无旁贷的责任，不能以牺牲珍贵的传统村落文化遗产资源，换取眼前的经济利益或自身的政绩。

还要依托电视、网络和报纸杂志等媒体，对传统村落的历史、传统建筑特色、文化内涵等进行宣传介绍，提高村民的保护意识。村民是保护和传承传统村落文化的主体，因此，要通过宣传、教育，传授保护知识等办法，帮助他们克服对传统村落文化的“自鄙”心理，珍惜祖先留下的宝贵文化遗产。

（二）在政府主导下，设立专门机构，进行统一管理并协调各方利益关系

传统村落文化保护工作，涉及中央和北京市级、区县及乡镇等建设、农业、文物、文化、财政等管理部门，为此，应在北京市政府主导下成立专门机构，统一管理传统村落文化保护工作，明确市、区县级相关部门管理职

责，统一使用保护资金，避免因管理部门多、权责不明确，而最终导致保护缺失等问题发生。

另外，随着京郊乡村游的迅猛发展，不仅传统村落农民而且许多旅游地产公司及相关单位，也纷纷投资传统村落，积极发展休闲旅游业，因此，北京传统村落的保护与发展，出现多方利益集团并存及利益纷争等问题，为此北京市政府需要协调好各方利益关系，尤其是要关注传统村落原住民的切身利益，否则将对社会和谐与稳定带来不利影响，传统村落保护与发展更无从谈起。

（三）出台《北京传统村落建筑遗产保护规范及其技术指导》等法规文件，用以指导传统村落文物古迹、民居建筑等的保护与修缮工作

北京作为全国文化中心，具有丰富的建筑遗产资源，而传统村落建筑是其重要代表。北京市政府出台《北京传统村落建筑遗产保护规范及其技术指导》等相关法规文件，使传统村落相关保护部门的管理与资金使用，能够“有法可依，有章可循”。同时，传统村落村民，在自己出资修缮民居建筑时，也能得到保护修缮技术指导和一定的资金支持。

另外，在北京传统村落建筑保护中，可借鉴日本等国家古村落建筑保护经验，不只对传统建筑进行保护，而且对传统建筑修缮技艺也加以保护，最终实现传统村落建筑的原真性保护。

（四）留住传统村落原住民，保护非物质文化遗产

原住民，即为一个地方原始的、原有的居民，又称本地居民。如果说乡土民居建筑、文物古迹等，是传统村落有形的物质文化遗产，那么传承当地历史传说、节日习俗、戏剧、舞蹈、传统技艺等非物质文化遗产的原住民，则是传统村落的活态文化。

非物质文化遗产是指各族人民世代相传的、与民众生活密切相关的各种传统文化表现形式（如民俗活动、表演艺术、传统知识和技能，以及与之

相关的器具、实物、手工制品等）和文化空间。北京市传统村落拥有地域特色鲜明，传承形式良好，至今仍以活态延续的传统技艺、节日民俗、表演艺术等形式的非物质文化遗产资源。传统村落的保护与利用，必须“以民为本”，不能大拆大建，更不能将村民全部迁走，坚持村落民众生活的延续性和文化的活态保护。同时，鼓励村民利用传统民居建筑发展农家乐，增加收入，让历史村镇保护成果惠及村民，这样，通过产业留住村民，传统村落非物质文化遗产才能得以传承。

（五）成立合作制餐厅，尽可能减少对传统村落的开发性破坏

（1）在京郊乡村旅游热背景下，需要采取有效措施，加大传统村落保护力度，认真贯彻“保护为主，合理利用，加强管理”的方针，制定严格的保护制度，并出台具体可行的保护措施。

（2）在目前北京的传统村落中，爨底下村发展休闲旅游起步早且最成熟，由于游客众多，农家乐为提升接待能力在街巷私建灶台等问题，可通过建合作制餐厅，来解决村落街巷“各处立灶、到处冒烟”，影响村落空间格局和整体风貌的问题。

（六）增加交通基础设施投资，开通直达传统村落的公交线路

为适应京郊“乡村游”发展，亟须增加交通设施建设投资，改善房山水峪村、门头沟灵水村和密云县古北口村等村落交通状况；开通北京市区直达村落的公交线路，增加周末及“五一”和“十一”黄金周的公交车次。

结　语

现今，传统村落保护已经成为国际化行动，几乎世界上所有文明国家都对“历史小城镇、古村落”进行成片保护，这是一种民族荣耀，只有好好保护它，才能使自己民族和地域文化走向世界。

北京传统村落，包含着从过去岁月传承下来的历史信息和文化遗产，是

北京千百年来历史进程和社会发展的见证，人们越来越认识到它们的多方面价值，因此，我们当代人有责任为子孙后代将它们妥善保护和世代传承下去。

参考文献

1. 苑利、顾军：《非物质文化遗产学》，高等教育出版社，2012。
2. 苑焕乔：《古文献里的中国琉璃之乡》，《前线》2013 年第 1 期。
3. 苑焕乔：《“举人村”之“秋粥节”》，《前线》2013 年第 6 期。
4. 苑焕乔：《京西古堡民居——爨底下》，《前线》2014 年第 8 期。
5. 百度百科网站，http：//baike. baidu. com/subview/752920/6797384. htm。
6. 顾森：《关注历史，关注传统，关注民生》，《民间文化论坛》2012 年第 3 期。
7. 于波：《关于北京市传统村落保护有关情况的汇报》，会议发言稿。

B.7

干峪沟村闲置农宅盘活利用期待制度创新*

刘永强　李宇**

摘　要：密云县北庄镇干峪沟村在农村闲置住宅盘活利用过程中积极引入社会资本，探索出了一条新路，具有非常重要的启示意义和研究价值。本文在对干峪沟村闲置住宅盘活利用情况进行深入调研的基础上，剖析入村企业、镇村集体、村民等参与主体的深层次诉求，挖掘和梳理出现行宅基地政策、规划定位、审批制度以及村庄治理方式等影响社会资本进入农村的障碍性因素，并试图为进一步深化农村改革、促进农民增收寻求可行的制度创新方式。

关键词：农村闲置住宅　宅基地　农村治理　村庄定位　制度创新

密云县北庄镇干峪沟村地处密云水库上游的山谷薄地之中，距市区四环路110余公里，是北庄镇人口最少的行政村，也曾经是个计划逐步自然消亡的穷山村。近年来，该村积极引进社会资本，整体盘活农村闲置住宅，不仅解决了农民就业增收问题，也为农村发展找到了一条新路。干峪沟村的探

* 本文是北京市政府研究室《农村闲置房屋盘活利用问题研究》课题报告，其中未标明出处的数据均为调研所得。

** 刘永强，北京市政府研究室农村发展处处长，经济学硕士；李宇，北京市政府研究室农村发展处干部，经济学硕士。

索，突破了很多城乡二元结构的制度藩篱，对我们进一步深化农村改革，具有重要启示意义。

一 闲置农宅盘活利用为贫困村带来新变化

干峪沟村地理位置偏僻，因缺乏主导产业和就业门路，近年来村里的青壮年劳动力和学龄儿童纷纷迁出，留在村里的多数都是耄耋老人，村庄一度被规划为自然迁出村。2012 年该村户籍人口 41 户 71 人，平均年龄超过 60 岁，常住人口不足 20 人。2013 年，该村利用村内闲置农宅，吸引社会资本共同开发“山里寒舍”乡村旅游，经过一年多的建设和发展，给穷山村带来了很大的变化。

1. 变资源为资本，闲置住宅派上了大用场

干峪沟村平均海拔高度 450 米，自然环境优美，村落风貌古朴。村内共有宅院 43 座，均为半个世纪以前的老屋，多数有近百年历史，一家一院，高低相间，错落有致，非常适合开展乡村旅游，特别是发展乡村酒店产业。

2013 年春，干峪沟村以这些闲置农宅为依托，成立了闲置农宅利用专业合作社，村民将自己闲置住宅的使用权按照合同约定价格流转给合作社，由合作社委托北京山里寒舍旅游投资管理有限公司统一经营。流转后的闲置房屋修旧如旧，保留了良好的原始风貌，同时还具备提供高水准住宿、餐饮服务的功能。

2013 年 8 月，项目一期 10 套院落修缮及配套完成，进入试营业阶段。由于独特的自然环境和明确的市场定位，当年 9 月便迎来第一个接待高峰，让农民迅速看到了盘活闲置农宅带来的新希望。2014 年以来，很多村民踊跃参加合作社，目前全村 43 处宅院中，已有 33 处宅院流转给合作社。

2. 变封闭为开放，乡村寒舍闯进了大市场

干峪沟村通过闲置农宅盘活利用，不仅引进了建设资本，同时也引进了管理人才，为农村资源要素进入市场打开了一扇窗。

资金投入方面。2013 年 4 月，村企合作以后，企业投入资金逾 4000 万

元，启动房屋维修改造、景观作物种植、中餐厅建设、全村无线 Wi－Fi 覆盖和 24 小时监控，向社员预付第一年租金，村里的各项基础设施也得到很大改善。下一步，企业计划再投入 6000 万元，使总投入达到 1 亿元，届时干峪沟村的村容村貌将会出现翻天覆地的新变化。

企业管理方面。山里寒舍实行企业化管理，对参与合作的农宅采取统一装修设计、统一市场营销、统一运营管理、统一接待培训、统一卫生标准、统一定价体系和支付系统，从一开始就实行了严格的品牌管理。

市场开发方面。山里寒舍聘请专业管理人才，大力加强市场推介，从一期经营情况看，获得广泛市场认可。目前，项目二期 20 处院落及西餐厅正在修缮建设，2014 年底可接待规模将进一步扩大。

3. 变单干为合作，农民增收拓出了新平台

“山里寒舍”项目对入社农户采取股份合作的办法，入社农户不仅拥有房屋租金收益和土地流转分红，同时还可以通过在村就业获得劳动报酬，大大拓宽了村民的增收渠道。

过去村民收入较为单一，如今村民的收入构成较为丰富。一是租金和流转费用。出资企业采取逐户签订租赁合同的方式，出租院落的村民根据院落大小每年可获得 5000～10000 元的租金，且每 5 年增加 1000 元。流转土地每亩每年可获得流转费 1000 元，每 5 年增加 5%。二是工资性收入。通过镇村协调，企业聘用村中中老年人从事力所能及的工作，如餐厅服务员每月收入 3000 元以上，保洁工作每月 1800 元以上，零工每天可获得工资 80 元。目前，该项目施工建设共吸纳北庄镇及周边乡镇劳动力 100 多人，经营管理吸纳本镇劳动力 40 多人，其中 6 人为干峪沟村劳动力。三是吸引本地青年回村就业，增强了农村的发展活力。目前，客房部主管、餐饮部主管、大堂经理均由北庄镇土生土长的年轻人担任，年收入可达 5 万元。

在项目开始之前，村民的收入来源主要依靠外出打工和出售一些果品，每户年收入基本不超过 10000 元。项目启动之后，预计人均年收入可达到 20000 元以上，总体收入水平比合作前翻了一番。

二　农村闲置住宅盘活面临制度障碍

干峪沟村闲置农宅利用是京郊“新三起来”① 的深入实践，为农村资源资产市场化开发利用趟出了一条新路。但在实际运作过程中，闲置农宅利用也遇到了一些管理制度方面的障碍，主要涉及宅基地政策、闲置房屋经营管理和村民组织方式等。这些深层次的制度障碍不仅影响到村民和企业的合作关系，甚至影响到企业继续投资的信心。

1. 现行宅基地管理制度不适应农宅商业运营

农村宅基地及其房屋是农民的主要生活和生产资料，近年来随着乡村旅游的蓬勃发展，广大农民利用闲置农宅发展农家乐旅游的情况十分普遍，与现行宅基地分配和管理制度产生矛盾。

首先，随着宅基地经济用途的逐渐扩大，申请讨要宅基地的情况明显增加。农村宅基地使用权制度产生于计划经济和城乡二元结构背景下，其历史可追溯到20世纪50~60年代。这项制度建立之初的主要目的是为解决农民住房需求，带有很强的“福利”色彩。2004年修正的《土地管理法》规定“农民集体所有的土地的使用权不得出让、转让或者出租用于非农业建设”。但事实上，随着市场经济的发展，农民住宅对外出租的现象在城乡结合部地区非常普遍，农宅实际用途逐渐多元化，其经济价值也越来越高，由此引发更多农户向村里申请讨要宅基地的情况。2013年以来，干峪沟村已有4户长期在村居住的农户向村集体提出申请宅基地的要求，另外一些长期不在村里生活的村民也出现回村讨要宅基地的现象。但由于该村的发展方向是逐步自然消亡，村里没有新的建设用地指标，宅基地的问题很难解决。

其次，由于出租农宅获利可观，宅基地收回和清退更加困难。按照《土地管理法》规定，“农村村民一户只能拥有一处宅基地”，非本村村民不能占有本村宅基地，但由于缺乏有效退出机制，一部分村民因继承等原因也

① “新三起来”是指以“土地流转起来，资产经营起来，农民组织起来”为重点的改革工作。

存在“事实上”占有或超标占有宅基地的现象。在干峪沟村主要存在两种情况：一种情况是已经离开本村但仍然占有本村宅基地，目前有3户；另一种情况是本村村民拥有两处以上宅基地，目前有8户。在农村，宅基地的管理适用《土地管理法》，但地上房屋的处置执行的是《物权法》。由于两个法律没有对宅基地退出及其房屋处置制定具体细则，农村宅基地退出很难操作。在农村宅基地经济价值不高的时候，这个问题还不突出，一旦宅基地经济价值增加，应该获得宅基地的村民得不到宅基地，相反不应该拥有宅基地的非本村村民却拥有宅基地，甚至还可以获得可观的收入，出现这种情况，必然引起村民不满。

最后，随着闲置农宅对外流转，涉及宅基地的权属纠纷明显增加。由于宅基地权属关系不够清晰，很多闲置农宅存在诸多利益主体，农民家庭内部涉及宅基地的矛盾纠纷也随之增加。在干峪沟村，随着过去漏雨漏风的闲置房屋变成了年入万元的“金饽饽”，由此引发的房屋和宅基地权属纠纷也日益增多，有时企业刚刚和留村老人签订的合同，马上可能因为老人在城里的子女甚至其他亲戚的不同意见而又要修改，造成企业与农民之间签订的农宅租用合同屡屡更改，进而影响项目修缮工程进度。

干峪沟村的现象不是个例。调研组在通州、昌平、密云、大兴等地调研时均发现了宅基地纠纷矛盾突出的现象，某区仅2003年至2013年就发生关于宅基地的行政诉讼150余件，其中10余件以政府败诉告终。目前，现有宅基地绝大部分是20世纪80年代之前获得的，90年代以后宅基地审批发放数量明显减少。在房屋价值不高的情况下，村民间能勉强保持相安无事。随着房屋收益增加，有宅基地农户和无宅基地农户之间相差悬殊，这已成为广大农民关注的焦点问题。

2. 传统村庄定位不适应乡村旅游发展

传统乡村主要是为农民在村生活服务的，其主要功能为自产自用，处于封闭状态。而如今，许许多多乡村早已打破封闭自用，逐步融入高度开放的旅游大市场，随之而来的村庄规划问题、旅游住宿审批问题和基础设施配备问题值得重新审视。

首先，传统乡村功能无法满足旅游发展需要。目前，绝大多数农村村庄的功能主要是为了满足本村村民生活需要，很少考虑乡村旅游发展。但随着乡村旅游的兴起，很多偏僻农村都办起了农家乐旅游，有的村进而发展成为民俗旅游专业村。在这种情况下，农村村庄的基本功能逐步由原来的生活功能向生活、生产等多种功能转化。相对而言，目前我们的村庄规划仍然局限在生活功能范围之内，其中资源配置、道路设置和农宅建设等各项指标都以满足本村村民生活需要为标准，这就必然造成乡村旅游发展与规划审批之间的矛盾。在现行行政审批制度中，规划审批又是其他多项审批的前置条件，规划部门的"乡村建设规划许可证"办不下来，一系列审批流程都难以推进。干峪沟村发展的目标是集餐饮、住宿等为一体的高端生态旅游项目，从项目开始就想走正规化的道路，但由于规划定位不够明确，其他各项建设都受到很大限制。

其次，农舍结构现状无法满足行政前置审批条件。按照现行审批流程，旅店业属于特种行业，开办宾馆旅店需公安部门出具"特种行业许可证"，然后进入消防部门审批流程，经过消防、卫生、环保等部门审批，才能够在工商税务部门进行登记，但这一切的前置条件是规划部门出具"乡村建设规划许可证"。农宅的出租在规划部门难以满足用途管制的界定，各审批部门相互"串联"，成为乡村旅店难以突破的第一道"关卡"。以消防安全为例，按照现有规划标准，干峪沟村宅院属于传统木质梁架结构的北方民宅，材料耐火等级低，无法满足现代酒店消防建筑结构材料的要求，也没有相应的规划许可。如果为满足审批要求拆掉木质梁架，无异于拆房重建，会有违干峪沟村闲置农宅利用的初衷和丧失其独有的"卖点"。

最后，基础设施水平无法满足游客接待的需求。目前干峪沟村的基础设施建设标准主要是满足本村村民需要，没有考虑旅游开发的问题。开发旅游服务以后，游客和工作人员大量增加，原有基础设施根本无法满足需求，需要进一步增加配套公共设施。比如水资源方面，干峪沟村和京郊许多民俗旅游村一样，自身水资源有限，现有水资源只能勉强维持本村村民生活需要，大规模进行旅游开发，水资源保障是个大问题。再比如道路、停车、厕所以及污水处理等基础设施，也明显不能满足大规模旅游发展的需要。京郊许多民俗旅游村都面临着基础设施不够完善的问题。对民俗旅游村的基础设施应该有一个基于长远发展的建设计划。

由乡村定位和功能变化所引发的一系列问题不仅仅是干峪沟村面临的问题。从市级层面统计，2013 年全市实际经营民俗旅游接待户 8530 户，共接待游客 3750 万人次，日均接待 10 万游客。其中部分农家乐没有营业执照，绝大部分无法通过住宿经营审批，这些问题如果处理不好将存在很大安全风险。

3. 现行农村治理方式不适应企业资本投入

干峪沟村的闲置房屋流转是由企业和村民直接签订租赁合同，村级组织在其中起到的主要作用是服务和引导。目前，在干峪沟村主要存在着 3 个利益主体：一是投资企业，二是入社村民，三是未入社村民。如何协调好这 3 方面的利益关系，对村级组织来说是一个需要解决的重大问题。

首先，党组织的引领作用需要加强。农村党组织是农村的领导核心和战斗堡垒，在农村的各项事业发展中发挥着不可替代的作用。应该肯定，合作以来干峪沟村的基层组织在闲置农宅利用中做了大量细致的工作，形成了今天的局面，但干峪沟村干部存在明显“老龄化”现象，面对项目发展中的利益纠葛，基层组织化解纠纷的手段不多，很多情况下只能交由企业出面解决。要进一步推动村企合作，需要村集体进一步提高统筹驾驭能力，在促进新型集体经济发展中付出更大的努力。

其次，合作社的主体地位尚待巩固。干峪沟村闲置农宅利用专业合作社是市场经营主体，其经营好坏直接关系到广大社员的切身利益。目前，离村村民和留村村民以及入社村民和社外村民之间的利益诉求还不尽相同，离村村民对在村居住村民缺乏信任，对村里开展的闲置农宅利用项目，一些村民误认为村干部在和企业谈判的过程中拿了“好处”，不支持村集体开展一些活动。村集体组织在村民与企业之间很难选择：如果替企业说话村民认为村干部吃里扒外；如果替村民说话，企业发展将遇到更大阻力。镇村党组织要发挥统筹协调作用，协调好二者利益关系，努力为合作社的发展创造条件。

最后，村级事务管理能力需要加强。目前，全村 43 处宅基地中尚有 10 处的所有者未加入合作社、签订流转合同。这些村民私自翻建和搭设的房屋矮棚与干峪沟村整体规划的村容村貌形成强烈反差，影响到该村的整体形象。发展之初，村里的基础设施建设、公共环境维护和社会治安管理等问题主要由企业来承担。随着“山里寒舍”项目的不断推进，外来游客增多，未入社的那部分村民势必出现“搭便车”的情况。这些村民可能会自己开办起农家乐，开始经营和兜售其他产品，进行恶性竞争。解决不好很可能会影响到合作社和企业苦心经营的品牌形象，甚至影响到签订合同的村民与企业的合作基础。这对村民和企业都是一个损失。

干峪沟村反映出来的问题，是京郊“空心村”普遍存在的问题。随着乡村旅游的深入发展，特别是社会资本的逐步进入，不同利益主体之间的矛盾纠纷也会进一步加剧。如何加强新形势下乡村治理，是新形势新任务给农村基层组织带来的新挑战。

三　深化农村闲置房屋利用制度改革

一叶而知秋。随着城市化进程的不断加快，大量青壮年劳动力离开农村，农村闲置房屋越来越多，村庄出现“空心化”现象在所难免。据不完全统计，全市农村闲置住宅大体在 20% 左右，边远山区总体超过 40% 。农民住宅是农民家庭的主要财产。党的十八届三中全会提出要赋予农民更多财产权利，推动农村闲置房屋有效利用。盘活闲置农宅是贯彻三中全会精神、深化农村改革的一个很好的突破口，是落实“新三起来”的生动体现。干峪沟村在农村闲置农宅利用方面探索出了一条新路。对发展中遇到的那些制度性的问题，我们应该坚持用深化农村改革的办法，通过深入推动“新三起来”，加快建立更加适应农村发展的制度体系。这不仅对山区村，对平原村的发展也将起到极大的助推作用。

1. 改革农村宅基地制度，拓展农民财产收入

现行农村宅基地管理制度的基本特征是一户一宅、无偿分配、永久使

用、限制交易，其主要功能是保障本村农民住有所居。但随着社会资本和市场机制介入农宅开发，农村宅基地的经济功能逐步增强，现行宅基地制度在分配、使用和退出方面遇到一些新的问题。干峪沟村的实践对我们进一步深化农村宅基地改革提出了新的期待。

一是落实农村宅基地的退出机制。近年来，农村人口身份变动很大，很多农民长期居住在城镇，有的农民已经在城镇购买第二套住宅，农村住宅长期处在闲置状态。但由于农村宅基地的正常退出制度还没有得到很好落实，很多农宅宁可闲置不用也不愿意流转他用。深化宅基地制度改革，关键是如何解决农村宅基地的退出问题。建议采取农村集体经济产权制度改革的办法，对农村宅基地进行一次系统的摸排调查，然后根据不同情况分类处置。对已经脱离农村集体经济组织的村民，原则上不再保留农村宅基地，其地上房屋可以给予适当经济补偿。对已经按照国家有关政策实施险村险户搬迁的农户，原有宅基地应一律收归集体所有，其地上房屋由农户自行拆除。对仍是本村村民，但已经不打算回村的村民，可以根据农民意愿，通过适当经济手段将宅基地收回。

二是完善农村宅基地的分配机制。近年来，各区县鲜有宅基地发放，很多村十几年没有发放宅基地，群众要求发放宅基地的呼声很高。但由于农村人口逐步减少，大面积增加农村建设用地指标的可能性不大。新的宅基地批不下来，旧的宅基地腾不出来，宅基地问题正在成为影响干群关系的一个新的导火索。干峪沟村遇到的问题是一个普遍性的问题。建议结合农村新一轮改革，重新核定农村宅基地分配标准，进一步改革完善农村“一户一宅”的宅基地分配制度，统筹解决农村宅基地问题。对农民超标准占用宅基地的，可以通过增加超标宅基地使用成本，建立超标宅基地有偿使用机制，减少农村宅基地纠纷矛盾，保证农民享有基本公平。在闲置房屋流转中提高组织化程度，防止一家一户无序对外出租房屋。要严格禁止采取“以租代售”的方式经营农民闲置房屋，坚决杜绝“小产权房”，坚决杜绝“违法建设”。

三是积极开展农宅流转利用试点。保障农民宅基地及其房屋的用益物权，是新一轮农村改革的重要内容，也是增加农民财产收入的主要依托。建议积极争取新型城镇化综合改革试点，进一步完善农村集体经济组织成员权制度，赋予农民住宅完整产权，保障农民宅基地用益物权。由于宅基地和地上房屋具有实际上难以分离的特性，建议将农村宅基地的所有权与使用权，房屋的所有权、使用权与潜在的经营权分别对待。在确保农村集体对宅基地所有权不变的前提下，允许农民对其合法闲置住宅开展抵押、担保和转让。对农户仍然居住的住宅，若无其他替代住宅，原则上仍以居住为主，不鼓励进入市场。

2. 明确乡村发展定位，提升乡村旅游管理水平

乡村旅游符合首都经济的发展方向，是城郊型农村经济的主要形态。目前，北京市乡村旅游发展势头很好，已经成为很多乡村增加农民经营性收入的主要渠道。但乡村旅游发展也面临着档次不高、法律缺失、安全不保的问题。不解决这些问题，乡村旅游发展很难持续下去。

一是明确村庄发展定位。按照现行的旅店业审批制度，只要规划部门不能出具“乡村建设规划许可证”，后续的所有审批都办不下来。像干峪沟村的闲置农宅盘活项目，不存在违法建设，也不存在“以租代售”的现象，但因不符合规划用途，无法获得“乡村建设规划许可证”。山里寒舍的好创意在现行的旅店审批制度面前，始终无法走上合法合规的正规经营道路。干峪沟村不是个例，目前面向旅游、休闲、养老等具有住宿性质的乡村闲置农宅盘活项目都无法通过现行的行政审批。建议规划部门按照新型城镇化的要求，进一步明确不同村庄的发展方向和功能定位，并根据不同村庄的发展定位制定相应的发展规划，突破目前的规划用途限定的前置条件，为闲置农宅盘活利用创造条件。

二是改革行政审批制度。目前京郊存在大量具有一些接待能力的农家乐和乡村旅店，这些旅店多数无法通过规划审批、取得“特种行业许可证”，更不具有消防安全许可。乡村酒店的特点是以院落为单位横向低密度住宿，与城市酒店纵向高层高密度住宿所需的消防条件并不相同，如果适当配备一定消防设施，可以达到消防安全标准。应该根据乡村旅游的发展需要制定相应的审批标准和审批流程。建议有关部门将乡村旅游与村庄经济社会发展规划统筹考虑，变“串联”审批为“并联”审批，取消互为前置条件。对已确定为发展乡村旅游的重点村庄，应该按照旅游接待的规模和标准，建立消防、卫生、环境等方面专门的审批和执法规章，配套相应的公共服务设施和旅游接待设施，不能“只让马儿跑，不给马儿草”。

三是规范乡村旅店经营内容。乡村旅游对外接待主要包括吃饭、住宿、售货和娱乐等几个方面，目前有关部门和协会组织正在通过星级管理的办法，试图加强对乡村旅游活动的管理。建议制定全市性乡村旅游等级标准，强化乡村旅店等级认定，公示工商和税务登记证照，进一步规范乡村旅游的经营活动，严格限制超范围无照经营，确保乡村旅游依法有序发展。

3. 改进农村治理方式，激发农村的内在活力

社会资本的不断介入和经营活动的深入开展，改变了农村原有的利益格局。如何协调好农民、合作社和企业之间的利益关系，促进农村经济持续快速发展，给新形势下农村基层组织提出了新的要求。

一是提高村级组织的统筹协调能力。伴随农村城市化和“新三起来”，传统农村的内在结构发生很大变化，一部分村民离开了农村，市场和城市的元素进入农村，很多像干峪沟村这样的农村逐步走出过去的自我运转状态，走上多元化发展之路。农村党组织作为广大农民的带头人，对这种变化要有新的认识。各级党委、政府应加强指导，进一步增强统筹驾驭全局的能力和水平，创新选人用人机制，积极开展农民利益服务协调工作，推动新型农村集体经济健康发展。

二是完善合作组织的利益分配机制。未来如干峪沟村闲置农宅利用专业合作社这样的农民专业合作组织在农村将会越来越多。要把新组建的专业合作社与原有集体经济之间的利益关系理清楚。新组建的专业合作社要对入社社员负责，可以根据股东大会的意见开展对外合作。合作社要加强财务管理，分配好村民股东收入和受托企业收入、公益支出和经营支出、当前利益和长远利益。维护社员的合法权益，让农民通过合作社获得更多收益。

三是创新村级事务服务管理方式。要处理好村民自治与专业合作社的关

系。专业合作社是局部利益的代表，村级事务作为全局则需要依靠村民自治进行管理。当合作社自身发展需要全体村民支持时，合作社可以提出各项工作建议，由村委会动员全体村民共同讨论，形成更大范围的思想共识。村级事务服务管理要兼顾到入社村民和未入社村民的诉求，平衡好合作社的经营发展与全体村民的居住生活，努力开创广大村民与合作社及投资企业和谐发展、互利共赢的良好局面。

参考文献

1.《中华人民共和国土地管理法》，2004。
2.《中华人民共和国城乡规划法》，2007。
3.《中华人民共和国物权法》，2007。
4.《北京市村庄规划建设管理指导意见（试行）》，市规发〔2010〕1137号。
5.《北京市农村消防安全管理规定》，北京市人民政府令第196号。
6. 陈锡文等：《中国农村制度变迁60年》，人民出版社，2009。
7. 牟玥：《中国物权法的制度结构分析——从继承角度浅论宅基地使用权的流转》，《法制与社会》2011年第1期。
8. 袁锦绣等：《农村宅基地使用权的消灭及重新再分配问题研究》，《湖南人文科技学院学报》2013年第5期。
9. 陈小君等：《宅基地使用权制度：规范解析、实践挑战及其立法回应》，《管理世界》2010年第10期。
10. 李丹丹：《古城浴火背后的消防执法之困》，《新京报》2014年4月1日。
11. 杨春勇：《浅议丽江古城消防安全工作现状及对策》，《法制与社会》2011年第9期。

B.8

首都住房保障体系的现状和对策研究

陈志　刘雷*

摘　要：本文对首都住房保障体系的现状和问题做了多层面、多方位的梳理，运用国内外相关资料结合首都实际，对如何更好地完善首都住房保障体系建设，做了认真的对策研究。

关键词：住房保障体系　决策　方法

一　首都住房保障体系的运行现状

（一）保障目标——层次多、范围广

首都住房保障供应体系按照“低端有保障、中端有支持、高端有调控”的总体思路来构建，低端有保障和中端有支持主要体现为：对没有支付能力的低收入家庭，通过发放租赁补贴或提供廉租房实现“应保尽保”；对有一定支付能力的城市低收入住房困难家庭，提供经济适用住房；对中等收入家庭，通过限价房制度满足其自住性住房需求；对中低收入家庭、新就业职工和符合一定条件的外地来京工作人员，通过大力发展公共租赁住房满足其住房需求；对本市买不起商品房又不能申请保障房的夹心层群体，提供自住型商品房满足其自住性、改善性住房需求。

---

* 陈志：北京房地产业协会副会长兼秘书长、北京市住房保障专家库成员。刘雷：北京房地产业协会调研部主任、房地产估价师。

2006～2013年北京市共建设各类保障住房5946.6万平方米，总计106.3万套，其中廉租住房2.4万套；经济适用住房15.8万套；限价商品住房22.2万套；公共租赁住房18.7万套；其他首都功能核心区保护性改造、城乡结合部整治、城市和国有工矿棚户区改造等各类安置住房47.2万套。

从图1和图2可以看出，在各类型保障房中，产权型保障房占的比例远高于租赁型保障房，从比例来看北京市现行的保障制度还是“以售为主”的保障方式。以售为主的保障方式存在一个不公的问题，住房保障本应按照先保障低收入人群再保障中低收入人群的保障次序，这样的次序应呈现的是租赁型保障房比例高于产权型保障房，即以租为主，而结果却截然相反。这种多层次、多方式保障目标带来的是保障次序的混乱，保障公平的失衡。

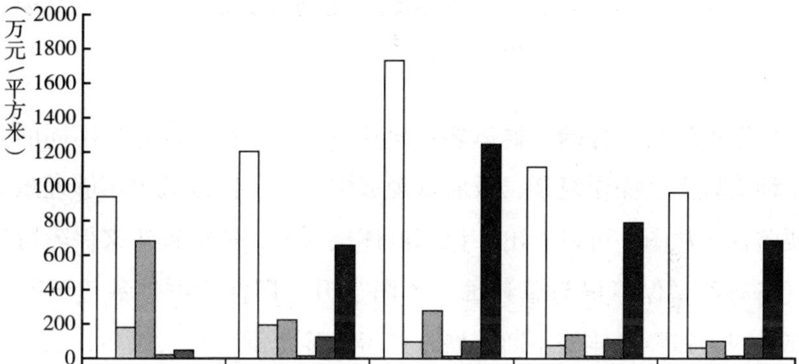

	2009年	2010年	2011年	2012年	2013年
□合计	938.2	1204.3	1726.8	1112.3	965.0
□经济适用房	181.8	190.5	96.1	74.8	57.9
■限价房	683.5	225.0	278.8	142.2	101.2
■廉租房	20.4	7.2	8.6	2.7	2.3
■公租房	52.5	122.5	97.7	107.1	117.3
■定向安置房	0.0	659.1	1245.6	785.5	686.3

图1　2009～2013年北京市各类保障房新开工面积

资料来源：2010～2013年北京统计年鉴及北京统计局数据。

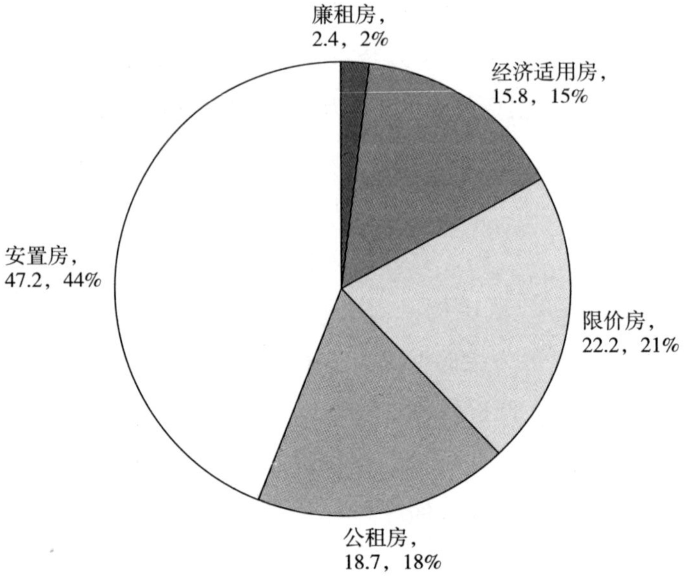

图 2　2006～2013 年北京市各类保障房新开工套数（万套）及比例

资料来源：历年北京市房地产年鉴。

北京保障房呈现的是群体多层次特点，虽然这样保障了不同的群体，但由于种类较多、操作复杂，政府管理成本较高，所以效果不够理想，社会也不便监督。从图 3 可以看出，保障群体层次多，使得近年来保障房累计备案量（各种类型保障房与总和量）不断上升，即保障群体数量不断增加。这主要是因为保障群体的不断扩展，使得保障范围广和层次多，从而出现保障群体逐年有增无减。

（二）保障制度——政策完善、形式转变和并轨机制

自 2007 年国务院印发《关于解决城市低收入家庭住房困难的若干意见》后，北京市相继出台了保障房相关配套性文件 200 余个，政策制度不断完善。

在政策体系不断完善的过程中，首都住房保障体系发生实质性的转变，随着经济适用房和限价房投资逐年降低，以公租房为代表的租赁型保障正在

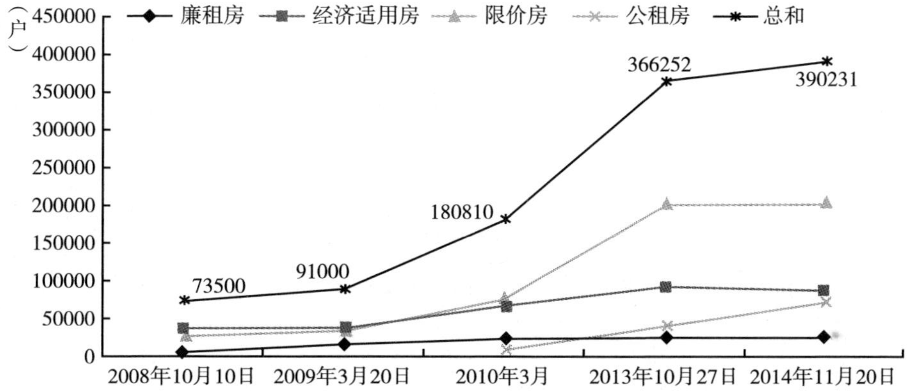

图 3　2008～2014 年北京市保障房累计备案量

资料来源：2008～2014 年北京市住房和城乡建设委员会官方网站数据，其中 2008 年的数量为北京市累计受理量，其余的为北京市累计备案量。2011 年和 2012 年数据缺失，但不影响分析。

逐渐取代产权型保障的主导地位，践行着“以租为主”的新型住房保障形式。

北京市第十四届人大常委会第十二次会议指出，在解决 10 万经济适用房、限价房备案轮候家庭住房困难问题后，不再新建经济适用房、限价房项目，这意味着经济适用房和限价房在未来几年内将会完全退出供应体系。2008 年公租房以解决“夹心层”住房困难问题被提出，到“十二五”期间要求大力发展公租房，保障层次和目标都发生了转变。

截至 2014 年 10 月底，北京已累计落实开工建设公租房项目 18.74 万套，累计竣工 2.7 万套，累计配租公租户数 4.2 万户，公租房租金补贴目前已发放 5400 余户，总计 3400 余万元。

保障形式转变的另一方面是保障形式的并轨。住房和城乡建设部、财政部、国家发展改革委于 2013 年颁布了《关于公共租赁住房和廉租住房并轨运行的通知》，旨在实行廉租房和公租房并轨统一管理。北京市已将廉租房和公租房并轨，今后也将取消经适房和限价房供给。由此来看，北京未来将实现“四房合一”的并轨方式，简化住房保障体系，便于政府统一化、规范化管理和公众的监督。北京保障房的并轨现阶段仅处于初期，统一管理仅有申请备案、租金定价、房源分配等方面的管理，还尚未达到保障房全链条的统一管理。未来北京要实现住房保障体系的全方位的并轨，即“目标并轨、政策并轨、建设并轨、对象并轨、补贴方式并轨、资金并轨、腾退并轨、管理并轨”等 8 个方面的并轨（见图 4）。

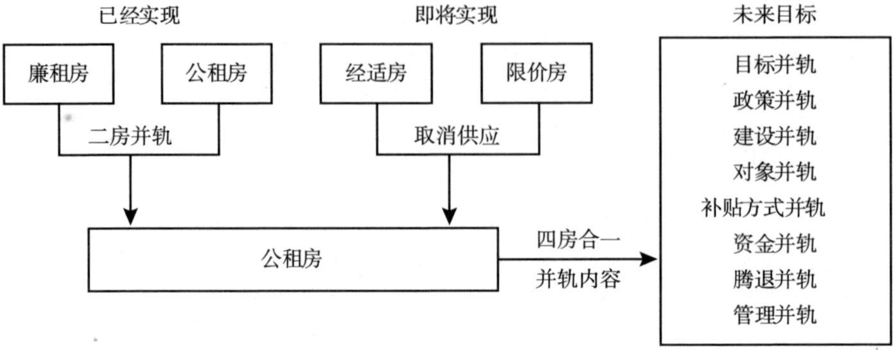

图 4　北京市保障房并轨发展过程

（三）保障运行机制——建立“建设、审核、分配、管理”四大体系

北京市围绕保障性住房“建设、审核、分配、管理”4 个重要环节，创新管理模式，完善工作机制，保证了各项住房保障制度措施落到实处。

建设管理方面。一是规划布局上，按照“大分散、小集中”的布局原则，以集中和配套建设相结合的模式确保 60% 以上的保障性住房项目毗邻公共交通要道。二是推进机制上，相关部门建立项目绿色审批通道，缩短审批时限；定期召开工作例会，加强工程调度，加快保障性住房建设速度，推进项目早落地、早开工。三是政策支持上，在土地供应、规划选址、资金筹集、手续办理方面，实行“四个优先”。

资格审核方面。一是建立了“三级审核、两级公示”的审核管理制度。将原来市里一个窗口受理申请调整为全市 314 个街道（乡镇）全部开设窗口，充分发挥街道、社区基层组织优势，提高工作效率和审核质量。二是建立了定期核查工作机制。市、区住保部门会同纪检、监察部门，对保障性住房轮候家庭开展定期核查，复核备案家庭的收入、资产和住房情况，严格准入制度。三是建立了全市统一的保障性住房审核信息管理系统，初步实现了与房屋交易、权属、住房公积金、民政、公安车管、社保、地税等系统数据的信息比对，提高审核准确性。

房源分配方面。采取轮候和按条件优先排序相结合的方式，实行政策、程序、房源、配租配售对象、摇号过程、摇号结果“六公开”。摇号过程主动邀请人大代表、政协委员和新闻媒体进行监督，摇号结果由公证部门进行公证，通过政府网站、新闻媒体对社会公示。

后期管理方面。一是加强年度资格复核，对于不再符合条件的廉租住房家庭，停发租金补贴或腾退住房，强化租后监管。二是加强保障性住房入住后检查，定期核查居住和使用情况，对于出租、出借、闲置等违法违规行为依法严肃查处。三是创新物业服务模式，试行业主入住前成立业主大会，组织开展物业承接查验试点，推行第三方评估制度，提高物业服务水平。

二　首都住房保障体系存在的问题

（一）保障目标不稳定、不明确

上文首都住房保障体系现状中提到，首都现有的住房保障目标无论是从住房制度改革发展历程来看，还是从相关的文件条例上看都存在波动性、不稳定、不明晰的问题。由于保障目标的笼统概括，使得保障层次和范围不断扩大、外延，保障人群有增无减，这加大了政府的住房保障压力。

（二）保障责任主体繁多、工作重叠

从目前首都住房保障相关机构设置来看，是以市政府领导，住房和城乡建设委员会、保障性住房投资中心、国土资源局、民政局为一级组织机构，各区县国土资源分局、各区县街道办事处为二级机构的组织构架。

表面上看，住房保障工作的领导权、管理权、组织权由市政府全权代理，实际上这种组织框架多为多头管理，既独立又交叉。

一方面是保障环节的责任主体繁多，如住房保障的总体政策和规划由住房和城乡建设委员会制定，资金问题由保障性住房投资中心解决，土地靠市国土资源局及各区县分局审批，受理审查则由民政部及街道办事处处理，这种分工机制使得各部门之间协调难度大，信息资源无法共享，让规划、土地、资金、运营等本应为统一体系、一气呵成的环节成为各自为政、分派独立，极大地造成整体规划与土地供应的不匹配，建设及资金注入的不平衡，各阶段工作管理的脱节。

另一方面是责任主体工作存在重叠交叉，如住房和城乡建设委员会及保障性住房投资中心都承担了保障住房建设的工作，住房和城乡建设委员会及民政部均负责受理审批，职责的界定不清加大了管理的难度，在北京现有保障房处于攻坚阶段的关键时期，该问题更为凸显。此外，现有责任主体的法律依据缺失，使得住房保障工作在工作进展、保障效率和保障制度上都存在不足。

（三）政府社会功能弱化

囿于计划经济思想，政府习惯将自己打扮成对公共服务负责的全能政府角色。但由于自身财力有限，其所声称要承担住房保障的责任，只是说为公民提供住房保障是政府的目标或意愿，而并没有落实为可问责的、具体的政府职责。政府的这种权责模糊，使得市场和企业在参与保障房实施过程中产生了种种矛盾和冲突。

1. 政府社会功能与市场经济功能的失衡

住房市场化中的三对矛盾致使社会功能失衡。在住房政策上，始终面临着三对矛盾，即住房市场化与政府职能之间的矛盾，住房的商品属性与投资属性之间的矛盾，住房发展的经济功能与社会功能之间的矛盾。这些矛盾中，住房市场化、住房的商品属性及住房发展的经济功能，都是市场经济功能的体现。目前对政府权责的界定模糊，使得住房的经济功能往往被重视，而社会功能经常没有引起足够的重视。

2. 市场经济功能尚未充分发挥

对市场力量利用不足也制约了保障能力。以廉租房制度为例，实物配租或租金补贴方式都受房源短缺制约，国内部分地区已经试行政企合作机制，如利用房地产中介组织提供廉租房房源信息交流平台，存量房的住房租赁市场供应仍是社会资金投入解决住房保障问题的最好方式。

但是北京仍主要依靠政府力量，以增量建设为主。北京市在住房公积金的运用、社会闲置房的政策性引导以及与企业合作共建等方面还存在很多不足，这主要源于政府追求经济政绩而不愿放权或割利，使得市场主体在追求自身利益时不愿参与保障房项目。

3. 政府权责界定不清晰，企业参与度不高

在保障房建设中，企业处于弱势一方，从而带来企业参与保障房的积极性不高、政府财政建设支出压力大的困境。

困境产生的第一个原因，来自政府在住房保障中过大的权力。北京现有的一些保障房项目，存在企业给政府垫资建房，政府违约剥夺企业资源，政府追求政绩而损害企业利益的现象。这种保障房投资财政来源的不明确，以及政府权力过大干预市场经济的正常运转，带来的便是保障房项目的偷工减料、自住房的违规户型、滋生腐败等社会弊病。

困境产生的另一个原因，是政府对住房保障的责任没有清晰界定。首先，保障房制度对政府责任的界定大多是笼统而模糊的，只有概念意义上的责任而没有具体的“质”和“量”的规定，因而是无法问责的。其次，政府履行责任的程度是量力而行，也就是视财力而定，但目前尚未建立可靠的公共财政制度，使得住房保障没有稳定的预算支持。所以，现实中的实际情形常常是，在某项公共服务“欠账”多年造成严重问题之后就集中“补课”，不仅是保障房，从基础设施、教育到医疗都是如此。四中全会提出的“依法治国”的方针，强调了法治社会理念，政府需要清晰界定自身责任，履行契约精神，对自身做到违法必究。

（四）保障房供需错配

1. 保障房供给滞后严重

北京市保障房的供给主要在于增量房的建设，如今城市承载力越来越有限，土地供应日趋紧张，特别是交通便利、配套齐全、有产业支撑的住宅用地更为稀缺。资源环境约束和建设土地供给之间的矛盾，制约着保障房的供给。主要体现在以下几方面。

北京市新增建设用地的数量受用地指标总量的严格限制，这种限制政策是长期的、不可松动的；存量土地的供给受到房屋拆迁的限制，由于北京城市不断地向外扩张，其北京市外围的土地价值也随之高涨，占有土地住房的业主对于拆迁意愿减小、诉求增大，客观上使得拆迁的难度加大，拆迁周期延长，这些都增加了存量土地供应的难度；保障房和商品房之间的配置会影响到地方政府的财政收入，在住房的经济效益和社会效益的权衡中，政府倾向于利益驱动下的利益选择，从而弱化了保障责任。

北京市公共财政方面，政府财政的支出有限与保障房建设的巨额投入之间的矛盾，使得供给滞后。以保障房的责任主体而言，其建设资金应由政府财政来解决，包括市政府的转移支付和区县政府自筹资金。《北京市统计年鉴》数据显示，近 4 年（2010 ~ 1013 年）全市保障房每年投资额为 235 亿元，这对于有限财政支出无疑是巨大的压力。另外政府对其他财政列支的不固定，未做到精细化管理，也加剧了保障房财政支出的困难。

保障房存量方面，北京现有市场的商品存量房开发不足，使得政府筹建增量房压力过大。从现有存量上看，北京现在大概有 6 亿多平方米的住宅房屋（不包括已经拿地但未开工的、开了工但未交付出售的），6 亿多平方米如果按一套 100 平方米计算，约为 600 多万套。2013 年，北京常住人口大约是 2100 万人，其中城镇人口 1800 万人，按户均 3 口人计算，城镇人口基本达到了户均一套房的水平，即总量基本平衡。虽然总量达到供需平衡，但现实却是存量开发和增量建设的不协调供给。政府仍旧以增量建设为主要供给模式，使得保障房在时间周期、资金投入和保障成果等方面效率都大打折扣。同时也加剧了政府自身的财政压力。

此外，近年来，在京中央国家机关为了在“形式上”符合要求，将申购经济适用房和限价房纳入了所属区县的管理程序，完成了相应的保障房建设任务。这种机关单位福利私有化带来“保障房”目标完成的假象，更是给本来就供给不足的保障房建设“雪上加霜”。

2. 保障房需求旺盛

当前，北京市已进入建设世界城市和全面实现小康社会战略部署的关键时期，十八大报告中明确提出了到2020年全面建成小康社会的目标，城镇居民住房问题已成为关系国计民生的重大问题。由于北京作为首都的特殊地位以及城市化加快推进等因素，城市发展过程中沉淀的中低收入居民家庭住房解困需求、人口快速机械增长带来的大量新增需求，城市建设和城乡一体化拆迁和房屋征收引发的被动性需求，新就业大学生和外来务工人员过渡性需求等刚性住房需求十分旺盛，且持续性强。

根据北京市2010年第六次全国人口普查资料，15～19岁群体为107万人，对于现阶段该群体也面临着步入社会的住房问题。从图5可以看出，近年来，北京市常住人口和常住外来人口都呈增长状态，这些都在一定程度上扩大了保障房的需求。

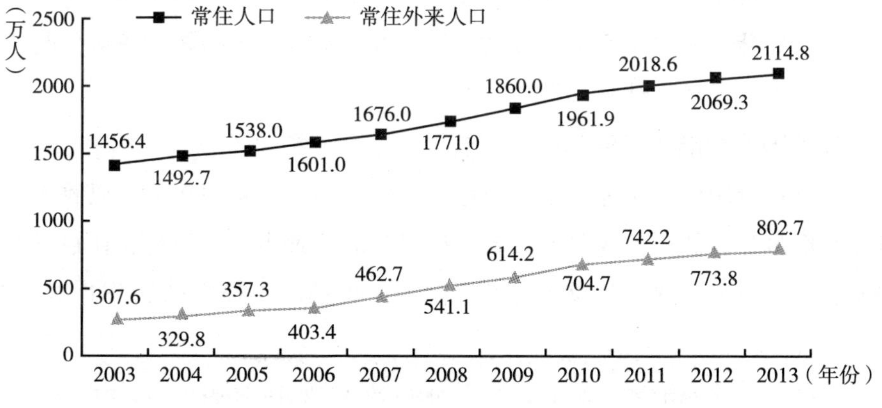

图5　常住人口和常住外来人口增长情况

资料来源：历年北京统计年鉴。

从需求上来看，2013 年全市各类保障性住房申请 5.3 万户，市级备案通过 4.7 万户，备案通过率为 88.68%，其中廉租住房备案通过 0.1 万户，经济适用住房 0.3 万户，限价商品住房 2.7 万户，公共租赁住房 1.6 万户。截至 2013 年底，北京市保障性住房申请资格审核累计通过 39 万户，累计配租配售共计 26.6 万户，轮候家庭达到 13.6 万户，保障性住房的供给和需求明显未达到均衡状态，供给滞后严重，需大于求。从保障总量上来看，算上定向安置解决的 18.42 万①户家庭，目前累计配租配售约为 45.2 万户，常住家庭总数约为 668 万户②，北京市住房保障覆盖率仅占城镇家庭总数的 6.74%，保障水平与我国“十二五”规划目标 20% 相差甚远，保障性住房建设进度迟缓，市场供应不足，保障范围及进度均没有达到预期，供给滞后于需求严重制约了保障的范围及效率。

此外，北京还尚未建立一套保障房信息管理系统（保障房和保障家庭的档案监测系统），使得保障范围界定存在困难。现有保障标准的不合理性，使得保障范围广、保障需求旺盛，最终结果是保障覆盖率离目标值相去甚远。

（五）住房保障分配合理性存在不足

保障房的分配在科学性和合理性上都存在不足。现有的保障对象准入条件单一、部分保障房建设标准过高和分配方法不合理等问题，使得分配这一原本是公平的行动，结果却滑向了不公平。

1. 保障对象准入条件单一

北京现行的住房保障体系是根据收入水平划分保障层次的，以收入为标准作为衡量是否获得保障以及受到何种保障的关键指标。但是，在缺乏对市场走势和居民收入状况的深入分析基础上产生的收入标准的划分并不科学，

① 《北京房地产统计年鉴（2011）》数据：2008～2010 年累计配售配租定向安置房 6.42 万套，《北京房地产统计年鉴（2014）》数据：2013 年配售配租安置房源 6 万套，2011 年及 2012 年数据参考“保障数据”文档。

② 北京市统计局 2010 年北京市人口普查数据。

形成的保障体系是一种跳跃式的、断层式的住房保障体系。

首先体现在保障对象的断层上，由于目前保障准入条件较为苛刻（见表1），出现了大量“内夹心层”和“外夹心层”①，应保而未保，进而导致分配的极大不公。以城六区的三口之家为例，根据北京市现行的准入条件，按理说家庭收入在3.46万～4.53万元且居住面积在30平方米以下的家庭有资格购买经济适用房，但是被廉租房准入条件排除在外的该家庭群体，仍有很大一部分没有能力购买经适房，一道收入门槛让本该享受住房保障权利的人群与住房保障绝缘。

表1　北京市城六区保障住房准入条件

保障方式	家庭年收入标准(万元)	家庭居住面积标准(平方米)
廉租房	3.46	22.5
经济适用房	4.53	30.0
限价房	8.80	45.0

对于“外夹心层”而言，收入标准准入简直是他们的噩梦，让他们彻底沦为“已保实未保”的人群。即使2008年增加了面向中等偏下收入人群的公租房政策，也仅解决了部分“内夹心层”群体保障机会不公的问题，但其他类型的机会不公依然缺乏有效的解决手段。

其次就是保障利益的“悬崖效应”，严格的收入标准，使得情况相差不大的家庭之间享受的保障福利相差甚远，这无疑会促使很多保障对象为享受同等住房保障福利放弃自我发展的机会，如主动放弃升职、延期结婚、放弃加薪，唯恐条件改善后丧失被保障资格，这种怪圈既挫伤整个社会劳动致富的积极性，又削弱住房保障对社会福利的总体提升。

此外收入的多样化、灰色收入和隐形收入使得申请审核时很难彻底摸清申请家庭的实际底细，有些高收入人群挤占了有限资源，成为“保不应保”

① “内夹心层”是指既不符合廉租房的条件，又无力购买经济适用住房和限价房的人群；“外夹心层”是指既不符合经济适用房和限价房的条件，又无力购买普通商品房的群体。

群体，这违背了住房保障的初衷，更破坏了保障利益分配的公平性。

2. 部分保障房建设标准过高

部分保障房建设标准过高是指保障房超出了满足生存需求为主的功能。保障房是对一部分生存和发展能力不足的社会成员给予一定的帮助，这种帮助是满足生存需求，而非之外的改善需求、享受需求等层次需求。建设标准过高使得建设成本加大，在一定程度上也削弱了保障房的保障效用。

部分保障房建设标准过高的另一个层面是产生福利固化。住房保障的初衷是增进社会公平，维护低收入群体的住房权。保障房的提供对于该群体来说也是一种社会福利的获得，由于保障房自身的属性又会带来福利的固化，其主要体现于福利带来的财富效应。其中产权型保障房的福利固化程度重于租赁型保障房，从北京现有的保障房相关政策来看，产权型保障房在一定年限后可以将其上市交易，获得不菲收益，其带来的财富效应十分明显。还应当指出的是，首都存在一些机关单位凭借自身的机构属性实现保障房福利的私有化。与此同时，财富效应的诱惑性也会产生一定程度的“悬崖效应”。

3. 分配方法合理性欠缺

北京现有保障房的分配方法实行的是统一申请、审核，各区县分配。这种僵化的分配方法在一定程度上违背了以人为本、可持续发展的原则。现实中存在那些工作地点与居住地址相距甚远的群体，因其僵化的分配方法使其无法获得就近分配的保障房，使其生活成本加大、生活便利性降低。脱离了以人的住房需求为主的分配方法，既违背了以人为本的核心，也使得住房保障的可持续性效果欠佳。

（六）住房保障全方位监督缺失

北京住房保障体系中的监督环节更多聚焦的是对保障对象、第三方企业的监督管理，而缺乏对政府行为的监督。由于政府监督领域的缺失，才会产生上文提到的企业承担过多保障责任、政府权力无边界、政府社会功能弱化等问题。四中全会中提出“依法治国”的方针，就要求监督环节的整体性、全面性。要实现政府、企业和保障对象同等法律地位的监督管理。此外，由于全方位监督缺失和惩治成本和力度不足，也致使北京住房保障体系中频繁出现保障对象退房难、企业偷工减料、政府滥用职权等违规违法现象。

三　完善北京住房保障体系的原则

住房保障目标：保障本市城镇居民基本住房权利，实现住有所居目标，根据国家有关法律法规，结合本市实际，逐步可持续地解决本市无房、低收入且无力独自解决住房问题的困难群体，以及在本市稳定就业的外来务工人员，为其提供支持和帮助，满足其基本居住需求。

为达到此目标，需坚持以下原则。

（一）依法原则

从各国保障性住房体系的发展历程来看，各国均通过立法将住房保障的各项政策和措施法制化，使住房保障能在全国范围内自上而下地实施，如美国的《住房法》、《住房贷款法》、《住房再贷款法》和新加坡的《新加坡建屋与发展法令》等，因此，法治化是社会保障制度实施的必由之路。通过法治化，才能够使保障性住房体系中各主体的权利、义务和职责明晰化，通过法律执行的连续性和稳定性，使保障性住房体系得以持续有效地运行。

北京住房保障体系的确立，首先，要完善住房保障立法，做到有法可依。这是解决城镇居民住房问题的重中之重，政府应尽快制定与住房保障有关的专门法律法规，提高住房保障的法律地位，明确住房保障的目的、目标，政府（住房保障主管部门）的权利、责任、义务，确定住房保障的融资方式和资金来源、税收减免政策；结合《城乡规划法》、《土地管理法》、《物权法》等相关法律法规制定保障性住房土地供应、土地规划细则，规定对城市政府与组织运营机构在住房保障工作实施状况方面的考评细则，制订保障性住房的发展与投资计划、建设标准、住房补贴实施管理办法，确定准入审核标准、退出机制等。

通过法律、法规的强制约束力要求政府（住房保障主管部门）依法进行投资、组织、运营、管理等活动，加大对弄虚作假、隐瞒家庭收入资产、人口和住房情况等欺诈行为的惩治力度，以此提高住房保障的运行绩效。要通过立法、制定配套的政策等措施，明确有关违法、违规行为的民事、行政、刑事责任，打击骗取、套取保障性住房的行为，遏制保障性住房分配过程中的腐败现象，促进保障房分配公开、公平、公正，保证保障性住房真正落实到困难群体和低收入群体身上，做到群众满意、社会认可。最终做到有法可依、有法必依、执法必严、违法必究。

（二）量力而行、尽力而为原则

长远来看，超前水平的社会福利，既不利于经济发展，也影响民生目标的最终实现。过高的福利保障水平，世界发达国家也未能实现。福利陷阱所造成的恶果，全球已屡见不鲜。我国人口多、底子薄，任何时候，都不能提过高的福利目标。民生领域如此，住房保障也不例外。住房保障的实施一定要坚持量力而行原则，一旦计划预算确立，就一定要尽力而为。解决群众住房问题，是一项长期任务。既不能消极等待，也不能好高骛远。既要积极作为，也要稳步推进。对于保障房建设来说，一定要有正确的目标、科学的规划。如果标准过高、摊子过大、步子过快，超越了社会发展阶段，超出了财政负担能力，会造成社会、经济发展的失衡，会严重影响政府的公信力。

（三）公平高效原则

1. 公平原则

对公平可以有两种不同的解读：一种是经济学意义上的公平，强调起点公平和规则公平，另一种是社会学和政治学意义上的公平，比较强调结果的公平。政府提供住房保障的目的显然是基于社会和政治的需要，所以住房保障的公平原则应包含以下两方面的含义。

一是作为社会保障政策的一部分，住房保障的优先顺序应该是，在无产权房前提下依家庭可支配收入对保障人群从低到高提供保障，即优先为最困难群体提供保障；但保障所造成的结果不应当使低收入层次的实际生活水平超过上一层次的实际生活水平。

二是如果因为政治或社会原因，必须同时为不同生活困难程度（在无产权房前提下，按收入水平、家庭困难程度等排序）的阶层提供住房保障，则保障在总体上应当能缩小而不是扩大贫富差距。也就是说，为困难程度高的群体提供的保障水平（折合为货币）应当高于为困难程度相对较低的群体提供的保障水平。

2. 效率原则

效率原则至少包括了两个方面的含义。

含义之一，将效率与公平看作对立面，住房保障意味着牺牲一定的效率来达到一定的公平，但牺牲效率必须有一定的限度。

首先，住房保障应当将对市场的扭曲程度限制在最低。只有让市场在资源配置中发挥作用，有效率的市场均衡才能达到。其次，提供住房保障不应当导致对公共资源的滥用。过低的价格可能会导致对公共资源的滥用，也可能变相地诱导人们对保障性住房的故意追求。同时，作为社会保障，保障性住房应当是为家庭困难人群提供的一种社会救济，也就是人们在无奈之下不得不接受的社会救助，如果制度设计导致人们故意追求保障性住房，就说明制度设计是背离保障初衷的。

含义之二，政府在提供公共服务时也存在效率问题，提供保障性住房也需要更有效率的机制。

首先，如果政府的征税权是受约束的，政府可用于提供公共服务的财政能力是有限的，那么根据帕累托效率①原则，是否将公共财力用于提供住房保障和提供到什么程度，需要将提供住房保障的边际效用与提供其他公共服务的边际效用相比较，以达到更高边际效用为取舍标准。其次，如何提供住

① “帕累托效率”，指的是资源分配的一种理想状态，假定固有的一群人和可分配的资源，从一种分配状态到另一种状态的变化中，在没有使任何人境况变坏的前提下，使得至少一个人变得更好。“帕累托最优状态”就是不可能再有更多的帕累托改进的余地。

房保障，包括保障性住房的筹资、融资、建设、运营和维护都应当考虑充分利用市场机制，从而达成更有效率的安排。

四　完善北京住房保障体系的对策

（一）设立独立的住房保障主管部门

北京可参考新加坡设立建屋发展局的经验，新加坡建屋发展局隶属于国家发展部，是一个独立的部门，其财政预算纳入国家计划。建屋发展局的基本职能包括实施政府制订的建屋计划、征用土地、拆迁旧屋、规划设计住宅、策划基础设施建设、安排承包商承建及负责公共住房的出租、出售和管理。

北京可设立独立的住房保障主管部门，提升该部门的权威性，住房保障主管部门是住房保障的绝对主体，其可以根据现有财力物力做住房保障预算和计划，统筹住房保障土地供应、资金筹集支出、新建保障房、盘活存量房、分配、运营、监督等一系列环节，协调民政部门、土地部门、城市规划部门等相关部门共同为住房保障服务。其计划预算及相关政策的出台需经过人大代表、政协委员的参与协商和认同，住房保障部门、保障对象、保障设施的各环节都需要新闻媒体、网络、所有公民等社会第三方监督。住房保障部门机构的设想如图 6 所示。

（二）完善保障房供地

一是坚持保障房供地的优先性和独立性。保障房用地应予以优先安排。行政权力在配置土地资源时，应当按照需要的缓急程度对于急需的利益优先供给。对于保障房用地需求，主管机关在同等的条件下可以在土地市场上行使优先购买权，收购土地纳于土地储备的范围内。

对比经营性用地的总体规模，保障房用地应该获得独立的法律地位，防止其因非盈利或非市场竞争能力而被财产利益需求所排斥。独立性是优先性

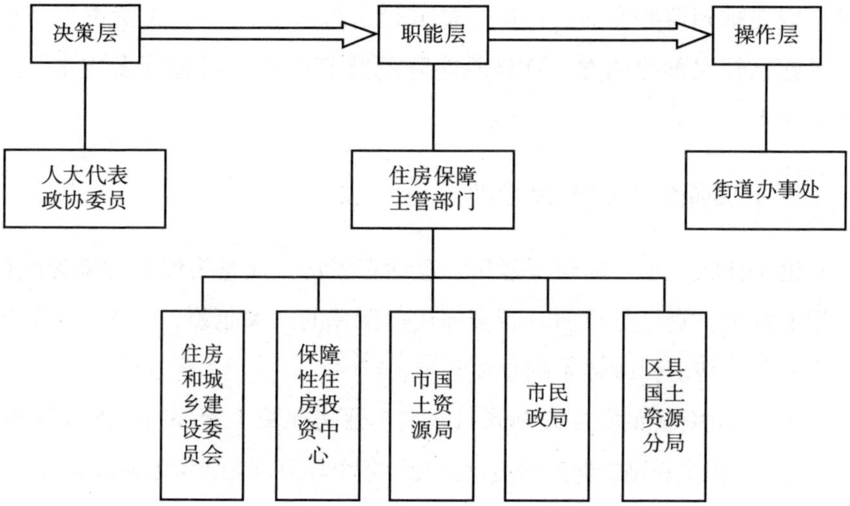

图6 北京住房保障部门机构

的前提，目的是破除城市建设用地中城市住房困难人口迫切需要基本住房而开发建设却供给不足的困境。住房保障主管部门和土地局等土地相关部门协商确定保障房用地数量后，土地管理部门必须坚持保障房用地独立性原则，优先提供保障房用地。

二是建立专门的保障房土地收储制度。市政府应构建专门的保障房用地收储制度。调整建设用地的法定性质分类，在经营用地与非经营用地的二元土地结构划分基础上，以保障房用地为核心，变革和扩充现行的公益用地法律制度，将保障房用地纳入土地储备的法定事由。

三是保障房土地存量与供量要匹配。土地供给供量和存量要匹配协调，保障房供给达到保障房过剩临界点时不能再通过新建保障房提供房源。

四是合理布局保障房用地。住房保障主管部门应合理布局保障性住房建设用地，以为保障对象提供生活便利为目标。虽然保障性住房供给的是城市低收入家庭，但并不意味着就可以随意安排他们的租房所在地。因为相对于高收入者，城市低收入者对城市公共基础设施的依赖程度非常高，他们需要依靠政府帮助住进保障性住房。因此，在安排保障性住房建设用地时，应安排到那些交通、医院、幼儿园、学校、超市、农贸市场等公共基础设施比较完善的地方。这样既能降低政府的配套设施开发成本，又能方便居住者。

（三）加强保障房资金管理

不论是征收土地、新建保障房、盘活存量房，还是为保障对象提供补贴等都需要资金。资金是目前政府实施住房保障的一大瓶颈，解决资金来源问题是完善首都住房保障体系的重要环节。

首先，住房保障的资金必须来自政府。住房保障主管部门在新建保障房、盘活存量房、租金补贴、保障房运营分配等各个环节首先要考虑财政支出。

其次，住房保障主管部门要做到财政支出显性。一方面为了财政支出公开透明，另一方面也体现了政府在住房保障方面的业绩，体现政府在住房保障各环节中依法行政、公平高效。

再次，住房保障主管部门要在法律规定的渠道内筹集资金。任何脱离法律规定渠道获得的资金支持都会导致住房保障某个环节出现不公平公正、谋私利、偷工减料等行为，违背依法行政原则。此外，不正常渠道的资金支持会使住房保障主管部门超出住房保障的计划和预算，导致住房保障后续环节难以公平高效地开展。

最后，住房保障部门在资金筹集中要贴息。“经济人”假设中指出，每个人都以自身利益最大化为目标，任何通过市场筹集资金的方式中政府必然要贴息，如若政府没有做到贴息，那必定是社会团体承担了这部分亏损。然而，住房保障是政府的责任义务，政府不应该让社会团体承担主要责任。

（四）优化保障方式

1. 按供给方式分两类

其一是新建保障房“代建制”。

新建保障房实行“代建制”，将保障房建设发包给社会第三方。

市场经济促使经济行为高效运行，住房保障主管部门可以通过招标形式将保障房建设发包给社会建筑单位，实行“代建制”，按市场规则运营，按市场价格向承包方购买，并且显化这部分财政支出。这种方式有以下 3 个优点。

一是可以明晰各方责任，住房保障主管部门、城规划部门、建设管理部门等可以监督发包方的建设行为，确保房屋质量。

二是可以显化政府财政支出。

三是在住房保障主管部门依法行政、公开公正的前提下，以招标的形式外包给社会第三方，可以在质量和成本上选择最优建筑单位，保证建筑质量，提高建设效率，降低建设成本。

其二是盘活存量住房。

高价收集低价出租，实施税收等财政优惠政策。

北京目前住房状况已经由紧缺转为过剩，虽然局部不均衡，但是，在总量上已经达到均衡，住房保障主管部门不需要太多增量而需要从政策和制度上进行调整达到供求均衡，这可以作为今后住房保障制度设计的重要方向。住房保障主管部门可将现有存量房利用起来，通过减免契税、营业税、个人所得税、简化交易程序等优惠政策收购市场上的存量房。这样可以一方面解决保障住房的房源问题，另一方面也可以适当减少建设一批面积小、标准低的保障住房，节约有限的土地资源。这样既解决保障房供给问题，同时这又是一个可能省钱、一定省地的方案。

2. 按保障形式分三类

一是配租型保障房。

租金补贴施行动态补贴、补差价而非补全价。

首先，租金补贴要实行动态补贴。随着经济发展，房屋租金、保障对象收入水平也在变化，住房保障主管部门应对租金补贴力度进行相应的动态调整。

其次，租金补贴要补差价。租金补贴要根据保障对象的收入水平，收入较高的租金补贴较少，反之，收入较低的租金补贴较多，实行差价补贴。

二是购置型保障房。

对购置型保障房实行共有产权方式并进行封闭管理。购置型保障房福利固化的程度重于租赁型的保障房。如果购置家庭可以自由地将其上市交易，能够获得不菲的收益，具有十分明显的财富效应。购置型保障房实行共有产权的方式能够比较好地解决财富效应问题，避免政策性补贴不合理而导致转化为个人财富。对购置型保障房应实行完全封闭的管理，如果已经享受购置型保障房的家庭需购买其他合适的住房，必须由住房保障主管部门回购，参照同地段、同品质普通商品住房市场价格（扣减一定的开发利润）和购房人产权份额比例（购置型保障房的购买价款占市场价格的比例为购房人产权份额）作为购置型保障房回购价格。

还要兼顾实行以租代买。租住公租房一定年限的保障人群可以通过“以租代买”的方式退出租赁型保障房，转而购买购置型保障房。有一定支付能力的保障群体可以直接进入购置型保障房范围。住房保障主管部门可制定政策鼓励保障对象以租代买，保障对象可将各年租金累积起来作为以后购买保障房（购置型保障房）的首付，中途保障对象更换保障房时可以保留过去累积的租金。以租代买的形式鼓励了保障对象缴纳租金，提高保障对象的购房支付能力，解决住房保障的梯次问题，这些最终被购买的保障只是由出租型转为出售型，而不是形成这类家庭的财产性收入。

三是租赁补贴。

鼓励保障对象到市场上租房。

有一定收入能力的保障人群，愿意放弃轮候出售型保障房且承诺按时缴纳租金和物业费时，政府可鼓励其向市场租房并为其提供租金。这样既可以满足该人群对舒适度的追求，也缓解了政府保障房房源的压力。

相对于实物补贴，租金补贴更加符合公平性和效率性的住房保障目标。

第一，有利于实现住房保障的公平性的目标。补贴的方式可以使国民平等的住房权利得到较为公正的实现，可以根据保障对象的实际收入水平和住房需求实行差异化和分层次的保障，更充分体现住房保障政策的公平性。

第二，对住房市场扭曲较小。货币补贴避免了对住房市场的直接干预，不会给市场运行带来障碍，不会产生降低市场效率的副作用；货币补贴可以准确反映住房的区位价值，可以引导保障对象合理使用资源；此外，货币补贴不会将保障性住房与住房市场割裂为两个体系。

第三，提高资金的利用效率、有效利用现有的资源。投入同样的资金数额可以解决住房困难的家庭数量，相比于用实物的方式，用补贴的方式可以覆盖的面要大得多。

第四，退出机制是可控的。一旦保障对象收入增加不再符合保障范围时，只需取消补贴即可实现退出。

（五）住房保障分配

1. 保障对象的划分

首先要无房，其次再以收入水平、家庭困难情况等排序。

保障房的分配是体现公平的重要环节，特别是起点公平。因此，对保障对象范围的划分，要解决过去按收入划分标准引起的保障对象个体模糊、对线上人群不公的问题，应该在保障对象积极申报前提下，按照“有房无房”，然后再以收入水平、家庭困难情况等标准进行排序，从最需要保障的人群开始保障。

住房保障体系是世界各国普遍采用的一项公共政策。从本质上说，“住房保障”要解决的，不是“人人买得起房”的问题，而是有人“买不起房时怎么办”的问题。其目的，在于保障社会成员的基本人权（生存权、居住权等）、维护社会稳定和促进社会公平，落实“人人享有住房的权力”的人权。在满足保障房各项准入条件下，实现覆盖人群的“应保尽保”。

住房保障的公平性要求现代住房保障体系打破户籍制度限制，将户籍人口保障拓宽到常住人口，将农民工、城漂族纳入住房保障的范围。所有保障对象按条件进入不同的保障方式，并实行动态管理。

2. 保障标准的设定

适度控制保障标准，防止“福利陷阱”。

一般来说，经济起飞国家在解决本国居民住房问题的过程中，通常要经历以下三个阶段：第一阶段是以生存需求为主，改善需求为辅；第二阶段是生存需求和改善需求并重；第三阶段是以改善需求为主，生存需求为辅。

就北京经济状况而言，人们收入差距大，有些家庭居住水平很高，有些家庭以生存需求为主，因此，首都住房保障的保障标准的定位应是满足低收入群体的生存需求，保障居民对住房质量最基本的要求，避免陷入“福利陷阱”。

首先，住房保障主管部门可以降低保障房居住水平，控制保障房面积，仅满足保障对象的基本生活需要，当保障对象有一定收入能力到市场上购买或租赁商品房时不会留恋保障房，投机或投资住房者也不会将目标瞄到保障房上。

其次，住房保障主管部门制作预算和计划时要考虑两年到三年的资金滚动情况，做好长期计划，在财力可以支持的范围内逐渐扩大保障范围。

3. 分配方法

统一排队、全市选房。

北京市目前保障性住房层次多、名目繁多、管理成本高、制度建设复杂、分配效率较低，因此保障方式应进行全市统一排队、选房。全市统一受理有如下好处：可以体现住房保障的公平性；保障对象可以明确自己的排队位置，正确预期自己获得住房保障的时间；依据自身情况合理安排保障住房的位置，使住房保障效用最大化。全市统一受理虽然加大了住房保障部门的工作量，却是政府以人为本、依法行事的体现。

（六）住房保障运营

1. 住房保障主管部门统筹协调

由住房保障主管部门统一集中管理，并统筹协调其他相关部门：这种统筹协调不仅包括相关政府部门，还涵盖社会服务机构。

住房保障主管部门作为一个独立的部门，在住房保障项目上有权统筹与住房保障相关的财政、土地、规划、建设等部门的关系，形成既统一，又分级、分工负责的管理格局。

住房保障主管部门作为向社会发包的法人，可将资金管理、存量房盘活、物业管理、保障房建设等通过招标方式引入社会第三方服务，并保证各环节公开、公平、透明，履行各种承诺。

2. 建立信息关联机制

建立信息关联机制，约束保障对象诚信行为。

加速建立保障性住房家庭动态数据库，与相应的关联银行、工资、社保等形成保障家庭立体式的信息系统。这样有助于对保障家庭基本信息动态掌握；及时对保障对象准确调整（调出）；便于运营机构服务；便于对保障对象违法行为证据进行搜集。具体操作建议如下。

第一，加速建立保障性住房家庭基础信息数据库。该数据库内容包括：家庭总人口、年龄结构、就业情况、收入状况、受教育情况、身体状况、家庭社会保障情况、家庭住房状况、户籍状况、工作教育经历、家庭亲属简要信息等。并将所有信息与其身份证、工资卡、社保卡、电表充值卡、石油公司加油卡等生活中一系列卡绑定在一起，有助于审核保障对象家庭基础信息，对其进行动态保障和监控。

第二，保障对象的住房支出直接由银行划拨。由保障对象指定一个工资卡，住房保障主管部门将财政补贴直接打到该工资卡上，由银行直接将所需物业费划拨给物业管理公司，物业管理公司得到应得的各项物业管理费用应尽职尽责，做好物业管理，并接受相关部门和社会组织的监督。

第三，对保障对象做到动态管理。保障对象的收入增加时会直观地体现到工资卡上，银行有义务将信息反馈给住房保障主管部门，在连续一段时间工资稳定增加后，住房保障主管部门会减少对保障对象的财政补贴，直到保障对象最后以市场价支付租金自动退出保障房，或提出申请购买保障房，这样可以有效地解决保障房退出难的问题。

第四，严厉惩罚违规行事的住房保障对象。一旦出现保障对象赖账不依法缴费，可以通过家庭基础信息数据库冻结其所有信息，令其寸步难行，住房保障主管部门可以为保障对象垫支一段时间的租金和物业管理费，保证物业管理公司正常运行，达到一定期限后，政府可以以占有他人财物等罪名起诉保障对象。

第五，显化财政支出。住房保障主管部门给予保障房建设的承包方、物业公司等社会运营方的财政补贴、税收优惠、减免税收等一定做到公开透明，保证财政支出显性。

（七）强化住房保障监督

1. 建立完善的社会监督体系和公示制度

人大代表、政协委员、新闻媒体和人民群众等社会各界都应成为监督主体。

完善的监督体系除来自政府内部监审体系的审计和监察，更应发挥社会的监督作用。通过对住房保障的计划预算、土地供应、资金来源、财政支出、保障房来源、保障房分配运营等环节的监督，保证住房保障的公平和高效。

住房保障主管部门还应完善公示制度，包括土地公示、财政公示、收购公示、保障对象的申请与轮候公示等，保证公民可以任意查询，政府应正面回复查询人的询问，并定期向社会公布各类信息详情，确保保障房在工程招投标与施工、保障对象的资格审核、分配和退出等环节公平、有序、合法。

2. 对住房保障对象监督

采取公开监督原则；明确违规处罚标准。

首先，通过前述的数据库关联机制，对保障对象行为进行约束监督。

其次，采取公开监督原则。严格审核申请人的家庭情况，将审核结果通过媒体、政务公开形式进行公布，接受民众的监督。保障房监管部门应当对保障房申请人及家庭的收入审核情况予以公示，增强审核工作的透明度和公开性，方便社会力量的辅助监督。同时对申请人的隐私信息做好保护。

最后，逐步完善法律法规，明确违规处罚标准，对以虚报收入获取经济适用房的申请人给予严厉处罚。

3. 对社会服务第三方监督

严格把关服务质量；先定价再公开招标。

为了最大限度地避免住房保障主管部门直接提供和运营保障房的弊端，住房保障的各个环节尽量由社会第三方提供，如保障房的建设任务可以以招标的形式发包给社会建筑公司，保障房户型的设计发包给社会上的房屋设计公司，对保障房的物业管理以招标方式发包给物业公司，负责将租金或物业费直接转账给物业公司的银行，盘活社会存量房可以由住房银行进行高价租入低价租给保障对象，等等。

将保障各环节发包给社会第三方公司，需要对其服务质量进行严格把关。对社会服务第三方的监督包括对保障房建设质量、房屋户型、房屋面积、施工时间进度等进行监督，对物业公司的供水供电供气、小区安保、房屋维修等进行监督，对银行转账时间、信用进行监督，对住房银行房屋价格进行监督，等等。住房保障主管部门的财政支出用的都是纳税人的钱，要将招投标购买社会服务的过程及所有服务环节定期向社会公示，接受社会第三方的监督。

住房保障主管部门在向社会服务部门公开招标前要先对服务进行价格评估，然后再以服务水平、诚信情况、承包方价格等开始招标，争取以优惠的价格发包给服务最好的公司，真正做到保障困难群体，为困难群体提供生活便利。

4. 严厉处罚违规行为

住房保障的监督包括对住房保障各相关部门的监督，对保障对象的监督，对为保障各环节提供服务的社会公司企业的监督，要想做到住房保障公平高效，必须做到所有主体一视同仁，任何主体违规违法时都要受到严厉的处罚。

加速建立监督住房保障部门的失职、渎职、违法官员的责任追究制度。为公众维护自己的权利，参与国家公共事务管理，建立起信息畅通的渠道。

对保障对象的监督，建立实质性的追究与惩罚机制，使申请者的违法违规成本加大。关于对保障对象违规行为的惩罚可参考香港的经验。必要时以诈骗罪由公检法部门提起侦查，追究刑事责任。

建立一套严格的完整的科学合理的后续跟踪管理的考核办法。合理划分住房保障主管部门和承包商之间的各项工作范围，建立风险和利益机制。

参考文献

1. 郭士征、张腾：《中国住房保障体系构建研究——基于“三元到四维”的视角》，《广东社会科学》2010 年第 6 期。
2. 陈淮：《构建符合中国国情的住房保障体系》，《北京日报》2009 年 3 月 2 日。
3. 李永乐：《北京建设世界城市之民生住房保障体系对策研究》，《北京社会科学》2011 年第 2 期。
4. 许安拓：《构建我国住房保障体系：本土实践与国际经验》，《中央财经大学学报》2012 年第 5 期。
5. 李洪侠：《城镇基本住房保障体系研究》，《财政部财政科学研究所研究生论文》，2012。
6. 邓宏乾、王贤磊、陈锋：《我国保障住房供给体系并轨问题研究》，《华中师范大学学报》2012 年第 3 期。
7. 住房保障体系研究课题组：《北京市城镇居民住房保障体系研究》，《数据》2011 年第 2 期。
8. 郭洁、赵宁：《论保障房用地法律制度的创新》，《法学杂志》2014 年第 1 期。
9. 郭玉坤：《城镇住房保障水平研究》，《生产力研究》2008 年第 2 期。
10. 黄艺红、周玉梅：《城市中低收入群体住房保障体系的构建及反思》，《学术交流》2012 年第 6 期。
11. 石利：《我国社会保障性住房监管机制新探》，《管理现代化》2012 年第 4 期。

B.9

旧城保护与核心区可持续发展研究

杨柳荫*

摘　要：本文阐述了对旧城保护和核心区可持续发展的认识，对东城区旧城保护与发展取得的主要成绩进行了总结，提出了旧城保护与可持续发展面临的难点和挑战，以及新形势下推进旧城保护与核心区可持续发展的原则与思路。

关键词：旧城保护　文物古迹　可持续发展　和谐宜居

北京旧城作为"世界都市规划的无比杰作"，是历史留给我们极其丰厚而珍贵的文化遗产。旧城是否能够实现有效保护和可持续发展直接关系到首都"四个中心"战略定位的贯彻落实，关系到"城市病"治理和民生改善等重点难点工作的推进。东城区如何贯彻落实习近平总书记视察北京时的重要讲话精神，按照市委提出的"发展质量要提高、人口规模要控制、管理水平要精细、城市环境要最好"的要求，协调推动旧城整体保护和有机更新，增强核心区可持续发展能力，率先建成"国际一流的和谐宜居之区"，是当前一个十分紧迫的现实课题，也是一项长期艰巨的历史任务。

一　对旧城保护和核心区可持续发展的认识

第一，加强旧城保护和发展是履行首都功能核心区职责、支撑首都

---

* 杨柳荫，中共北京市东城区区委书记。

“四个中心”战略定位的重要使命。2014 年 2 月，习近平总书记考察北京时，进一步明确了北京作为全国政治中心、文化中心、国际交往中心、科技创新中心的城市战略新定位。东城区是首都旧城的重要承载区，也是党政军首脑机关及其大部分职能机构所在地，政治文化以及对外交流交往活动频繁，是建设“四个中心”的重要载体；特别是文化资源优势非常突出，是首都历史文化资源最为丰富、文化底蕴最为深厚的地区。全区文物古迹数量多、品级高、密度大，拥有 3 处世界文化遗产（故宫、天坛、大运河遗址），国家级、市级文保单位共计 106 处，占全市的 1/3；挂牌保护院落 413 处，占全市的 62.7%；历史文化保护区 18.5 片，占全市的 43.0%、旧城的 56.0%；从永定门到钟鼓楼 7.8 公里的旧城中轴线贯穿全区，串联了前门、南锣鼓巷等历史街区，非物质文化遗产名录数量位居全市第一，是“中国民间文化艺术之乡”，传统文化与现代文明在这里交相辉映。贯彻落实首都城市战略新定位，东城区既承担着履行好核心区职责、服务于“全国政治中心”建设的责任，也肩负着保护传承历史文化、强化首都“全国文化中心”功能的使命；同时，对于北京建设“国际交往中心、科技创新中心”也具有重要支撑作用。

第二，加强旧城保护和发展是改善民生、打造“国际一流的和谐宜居之区”的客观要求。习近平总书记在视察北京时，要求北京“在四合院和胡同整体改造中，要切实解决居民上学、就医、取暖和配套设施等民生问题”、“努力把北京建设成为国际一流的和谐宜居之都”。市委书记郭金龙在东城、西城调研座谈会上指出：“要采取多种措施，改善老城区群众的居住生活条件”、“努力把核心区率先建设成为国际一流的和谐宜居之区”。

东城区要率先建成“国际一流的和谐宜居之区”，核心和难点在旧城。旧城占了全区总面积的 3/4。经过多年的发展，旧城风貌保护与城区现代化建设取得了显著成绩，但旧城民生改善仍有很多历史欠账，旧城的“脏乱差”与周边高楼林立形成鲜明对比，低收入弱势群体与高收入群体并存，城市新型“二元”结构难题亟须破解，主要表现在：（1）人口密度高。根据2013年统计，全区常住人口密度高达2.17万人/平方公里，是全市平均水平的16.7倍；其中旧城人口密度更高，部分街道人口密度超过3万人/平方公里，而且集中了大量流动人口。（2）危旧房比例高。全区2/3的平房分布在旧城文保区。全区目前仍有9.8万户、30万人居住在危旧平房中，面临着洗澡难、如厕难、停车难等诸多难题。（3）安全隐患多。旧城平房区居民集中，自建房众多，私搭乱建现象普遍，一些建造年代久远的四合院落早已变成“大杂院”，存在严重的防汛安全和居住安全等隐患；（4）市政基础设施落后，配套设施薄弱、市政管线老化、容量不足等问题突出。面对居民改善人居环境的迫切期待，需要我们强化“以人为本”的理念，不断提升旧城宜居水平，成为“人口规模适度、公共服务优质、城市运行高效、人居环境和谐”的国际化、现代化中心城区。

第三，加强旧城保护和发展是提高首都城市管理水平、推进治理体系和治理能力现代化的现实需要。习近平总书记在视察北京的讲话中，要求北京加快形成与世界城市相匹配的城市管理能力，城市管理目标、方法、模式都要现代化。近年来，东城区在城市管理方面不断探索创新，如推出的“网格化城市管理模式”被全国多个城市采用，探索创新了以综合执法为保障的城市综合管理新模式，出台平房翻改建、街巷胡同环境、广告牌匾管理等11项实施细则，城市精细化管理水平和环境品质得到显著提升。但也要清醒地认识到，目前城市管理中还存在着重建设、轻管理等问题，特别是旧城风貌保护任务重、平房多、人口密度大，在市政管理、停车管理、人口管理、安全管理等方面还面临诸多挑战，城市治理的法治化、精细化、常态化水平需要进一步提高。核心区是首都发展的窗口，理应在城市管理方面走在全市前列，在推进治理“城市病”、加快首都治理体系和治理能力建设方面发挥示范作用。城市管理与民生问题，二者不可偏废。东城区要以保障和改善民生作为城市管理创新的根本落脚点，强化首都意识，坚持首善标准，建好首要窗口，通过改革创新城市管理体制机制，不断提升精细化管理服务水平，探索建立符合旧城风貌保护要求的城市治理体系。

二　国内外旧城保护启示借鉴及东城区旧城保护实践

（一）国内外典型城市旧城保护发展的启示借鉴

一是完善严格的法律法规是旧城保护与改造的前提。发达国家的经验说明，在旧城保护与更新工作中，建立法律法规是最为重要的制度建设。要通过立法，使旧城改造与更新的各项工作都有明确的依据。二是明确行政机构职责，注重发挥专家作用。三是注重创新资金筹措方式，积极引入社会资本，通过实施税收减免、修缮补贴、奖励等政策，鼓励社会团体或个人积极参与旧城保护工作；通过发行彩票、奖券等方式，有效吸纳闲散社会资本。四是强调公众参与，注重旧城市政基础设施、服务设施改善。五是注重旧城保护与历史文化资源合理利用相结合，提升城市活力。旧城保护不仅仅是对静态文物、建筑的修缮和改建，而更应在保护的基础上进行充分挖掘和有效利用，使其在当代焕发出新活力、真正融入城市的动态发展之中。

（二）东城区旧城保护与发展取得的主要成绩

1. 旧城整体保护理念不断深化，规划体系和相关政策不断完善

自20世纪90年代启动旧城的保护更新工作以来，东城区先后实施了海运仓等成片危改，完成了南池子、前门等街区保护和有机更新工作，探索形成了“微循环改造”等多种工作模式，逐步构建起“点、片、面”相结合、小规模、渐进式、有机更新的风貌保护体系。成立了东城区历史文化名城保护工作委员会，设立了每年不低于1亿元的名城保护基金，明确了“保护风貌、改善民生、疏解人口、发展产业”四位一体的整体保护思路。出台20年总体发展战略规划、历史文化名城保护与发展规划等一系列相关规划和《直管公房管理暂行规定》、《旧城平房翻改建标准、程序和实施细则》等政策文件，为旧城保护工作的科学推进和有序实施

提供了保障。

2. 旧城风貌保护和文化传承协调推进，古都魅力不断彰显

完成了欧美同学会等“十项文物保护修缮工程”和台湾会馆等“十项会馆保护利用工程”，钟鼓楼广场恢复整治、南锣鼓巷市政改造、玉河北区恢复整治等“十大名城保护项目”基本完成。2011～2013 年陆续安排专项资金近 3 亿元，专项支持了 50 余个历史文化保护项目。策划组织了“前门历史文化节”、“皇城文化国际旅游节”、“孔庙国子监国学文化节”、“南锣鼓巷戏剧展演季”等一批具有影响力的文化品牌活动，举办了“北京老字号非物质文化遗产展”。打造了一批具有影响力的特色历史文化街区，国子监街被授牌中国“首批十大历史文化名街”，南锣鼓巷被美国《时代》周刊评选为“亚洲 25 处最佳风情体验地”之一。

3. 旧城改造稳步推进，人口疏解和民生改善取得显著成效

通过旧城改造项目实施带动了人口疏解，近年来通过房改带危改、市政带危改、“微循环”、征收拆迁等多种方式，积极推进人口疏解。前门地区经过 500 年来最大规模、最全面、最彻底的修缮整治，搬迁居民 1.7 万户、5 万余人。通过抗震加固、节能改造、“煤改电”和房屋修缮改造，进一步提升了居住的安全性与便利性。建成了皇城根遗址公园、北二环城市公园、环二环绿廊、南二环二十四节气公园等，实施了前三门大街、明城墙遗址公园、北中轴路等一批绿化美化工程，提升了生态环境品质。

4. 积极开展文化资源保护性利用，推动文化经济融合发展

近年来，通过改造胡同里的旧厂房院落，打造了方家胡同 46 号、东雍创业谷、人民美术印刷厂、亮点 55 号创意产业园等一批“胡同里的创意工厂”。阳平会馆、前鼓楼苑 7 号院、美国使馆旧址等一批文保单位实现了保护前提下的合理利用，为历史街区的发展注入了新活力。文化创意产业结构进一步优化，增加值占 GDP 比重达到 13% 左右；旅游接待总人数、综合收入位居全市前列；“戏剧东城”品牌建设不断深化。中关村科技园区东城园完成空间布局调整和机构整合，文化与金融、科技融合发展进一步加速。

三　旧城保护与可持续发展面临的难点和挑战

（一）保护难度大，风貌保护任务艰巨

一是整体保护任务仍然十分艰巨。目前，东城区还有大量的文保单位长期得不到修缮，旧城内平房大多建于20世纪中期，破损较为严重，三、四类房屋占到了70%～80%，保护工作面临严峻挑战。二是文物不合理占用问题突出，安全形势不容乐观。由于历史等复杂性原因，孚王府、段祺瑞执政府等全国重点文保单位不合理使用问题长期存在，并因此导致文物建筑不能及时维修，存在诸多安全隐患。三是聚集了大量的常住人口，违法建设、私搭乱建等现象突出，不仅挤占了公共空间，而且使得环境变得脏乱差，安全、消防等隐患巨大。四是历史文化资源产权复杂，包括直管公房、单位自管产、军产、宗教产、私产、文革产等多种产权，保护责任很难落实。

（二）人口疏解难，面临诸多制约因素

一是安置房源问题。目前核心区外迁对接安置房源大多位置偏远，配套设施严重不足，居民普遍不愿意搬迁。另外房源缺口较大，按照产籍户均2.2套外迁对接安置房源计算，未来10年全面完成文保区修缮改造任务，需要对接房源7.48万套，如果要完成整个平房区的修缮改造，则需要对接房源15万套。但目前合作收购、在建和计划建设的安置房源仅有3万余套，而且区县对接协调难度大。二是疏解成本问题。按照新的《征收与补偿条例》，旧城现有的危改项目半数以上都很难列入征收范围，只能采取协议安置。这种“一户一议”的模式导致外迁居民期望值趋高，“漫天要价”现象屡屡出现。三是居民意愿问题。旧城内居住人群复杂，居民在收入、住房、观念等方面情况各异，对旧城保护改造的态度和要求也不尽相同，大多数居民特别是一些老年人受“故土难离”因素影响，不愿外迁，外迁政策和货

币补偿对他们没有太大吸引力，目前“一刀切”的人口疏解政策已经不适应人口调控的新形势。

（三）资金缺口大，融资模式亟待创新

旧城保护发展各项资金需求量巨大，难以实现平衡。如果按照到2030年疏解20万人的目标，保守估计安置费用高达上千亿元，资金需求巨大。造成这种资金供给不足的困难主要在于两方面：一是资金渠道单一，过度依赖市、区两级财政投入。二是融资渠道不畅，社会资本参与不足。目前，社会资本参与旧城保护发展主要面临三大制约：第一，投资收益不对称是最大障碍。受旧城风貌保护、建筑限高、搬迁安置等政策影响，旧城保护改造项目往往投入大、风险大、周期长、利润低，导致社会资本参与积极性低。第二，政策的连续性、稳定性差是最大顾虑。旧城保护发展项目不仅受到文物保护利用政策影响，在实际操作过程中，还要受到人口疏解政策、旧城更新改造政策、文保区土地利用政策等影响，对于旧城保护改造这种长周期运作项目，一些到期政策的终止或者调整往往使项目运作变得举步维艰，甚至搁浅。第三，参与的模式与方式不明是最大的困惑。目前，对社会资本参与旧城保护和改造的方式和领域不明确，相关的社会资本扶持和激励措施更显乏力，缺乏具有可操作性的投资模式、筹资模式，致使社会资本不愿参与旧城保护发展。

（四）流动人口多，城市管理形势严峻

截至2013年底，东城区半年以下流动人口达到27.5万人，大大加剧了城市管理的难度：一是带来了大量低端产业发展。二是形成诸多公共安全隐患。三是造成各种公共服务压力，使得本来不堪重负的旧城公共服务支撑体系“雪上加霜”。

（五）政策不健全，制度障碍亟待突破

一是体制机制尚需理顺。区级层面与北京市相关部门、与国家相关主体

之间尚缺乏有效的对接和协调机制。区内工作机制尚未理顺，虽然成立了名城委员会及办公室，但相关部门的权、责、利不清晰，各部门之间缺乏统筹协调，相关审批顺序和办理流程不够清晰。二是相关法规政策滞后，难以适应旧城保护新形势。例如，长期以来旧城平房管理研究不足，缺乏房屋政策深入研究基础上的系统政策制定。目前直管公房的标准仍然按历史租金（每平方米楼房3.05元、平房2.29元），与现在市场租金价格有数十倍的价差。低租金政策的代价是优秀历史建筑的高密度居住与超负荷使用，保护性修缮经费不足，只能维持最低水平的维修，房屋质量现状与使用情况堪忧。对公房擅自转租转借等行为缺乏违约认定、房屋回收程序等实施细则，导致相关管理工作难以有效开展。另外，文保区改造相关政策的连续性和稳定性较差，导致一大批已进入改造程序的项目出现开发商更替、开发商撤离等问题。目前，东城区处于停滞状态的遗留项目共计38个，涉及未搬迁居民12857户、企事业单位254家，对民生改善和社会稳定形成巨大压力。

四　新形势下推进旧城保护与核心区可持续发展的原则与思路

（一）思路目标

贯彻落实习近平总书记视察北京时重要讲话精神，立足首都“四个中心”的城市战略定位，按照市委提出的“发展质量要提高、人口规模要控制、管理水平要精细、城市环境要最好”的要求，坚持“保护风貌、改善民生、疏解人口、发展产业”四位一体思路，坚持既要留住又要外迁，在借鉴国内外先进经验的基础上加强体制机制和政策创新，强化法治建设，完善“政府主导、市场运作、多主体参与”的保护传承推进机制。坚持该修则修、该用则用、该建则建的原则，针对文保区、非文保区不同特点，从直管公房入手，分步进行改造，力争用4～5年的时间，传承历史文脉，改善人居环境，激发旧城发展活力，促进核心区可持续发展，努力将东城率先建设成为“国际一流的和谐宜居之区”。

（二）抓好四大着力点

风貌保护是前提。将历史文化名城保护作为第一任务，按照整体保护的思路，保护好旧城历史风貌、建筑格局和胡同肌理，通过保护修缮、适度复建、环境整治等多种方式加强重点文物、有价值的四合院等有效保护，有计划、分步骤地推进古都风貌保护工作，使东城区成为首都文化和古都风貌的集中展示区。

民生改善是核心。紧紧围绕民生改善这一核心任务，本着循序渐进、有机更新的要求，努力破解历史文化街区更新改造这一世界级难题，通过平房院落“微循环”、危楼“解危排险”、“城中村”整治、老旧小区改造等多种途径，逐步改善居民居住环境，完善城市市政设施，提升东城区城市品质和宜居水平。

人口调控是关键。将人口调控作为旧城保护和可持续发展的重要抓手和关键突破点，结合旧城保护和有机更新，按照“降密度、控规模、优结构”的人口调控思路，积极探索创新人口疏解的模式路径，疏堵结合，多管齐下，切实加强对实有人口的管理与服务，实现合理、适宜的旧城人口布局。

政策创新是保障。以政策创新夯实推动旧城保护和可持续发展的保障基础，围绕风貌保护政策、房屋管理政策、人口调控政策、产业升级政策、城市管理政策等，建立与首都发展新形势、新要求相适应的旧城保护更新政策体系，大胆创新、试点示范、稳妥推进，为旧城保护和可持续发展保驾护航。

五　东城区推进旧城保护与核心区可持续发展的工作重点

（一）加强模式创新，构筑旧城保护多元参与的新格局

1. 积极探索旧城保护发展的市场化运作模式

未来东城区旧城改造要坚持国有资本与社会资本并重，积极搭建融资平

台，吸引社会资本参与到旧城保护发展中来。比如，对于改造后产业化利用程度高、对社会资本有较强吸引力的项目，通过整体性项目采取金融信托、合资入股的方式，单体项目开发利用采取特许经营等方式尝试引入社会资本。

2. 引导支持公益社会组织参与旧城保护

东城区在公益社会组织参与方面也进行了初步尝试，但整体来看，参与旧城保护的类似公益组织还比较少，还缺乏必要的引导支持政策。未来，东城区可以通过税收优惠、专项财政补贴等政策制定的引导，积极鼓励公益组织参与旧城保护改造，支持其通过公益性资金和项目、公开募集、捐赠等形式参与到旧城的风貌保护与发展中来。

3. 鼓励居民通过自治组织等方式参与旧城保护

在提升居民依法保护意识的同时，要加大对居民自治组织发展的扶持力度，鼓励居民通过“多元参与、协商共治”模式内部协商解决矛盾，提出合理改造方案，提高居民在风貌保护中的参与程度。

（二）坚持疏堵结合，多措并举调控旧城人口规模

1. 探索多元化疏解方式

一是总结钟鼓楼项目的经验，拓展危旧房屋征收项目运作试点，进一步创新完善征收的工作机制和工作方式，通过房屋征收方式推进居民外迁疏解；着力推进前门东区、天坛周边等一批棚户区改造项目，通过定向安置、货币补偿相结合等方式，疏解部分人口。二是积极开展居民申请式疏解试点，按照“居民自愿申请”的原则，通过“交易腾退”的模式，采取自愿外迁、就近平移、引导改造提升、产权人自行修缮等多种方式实施，实现部分人口向外疏解。三是研究“政府调控产业、市场选择岗位、个人决定去留”的人口间接调控机制，以城市功能调整、产业结构升级带动人口疏解，形成“以房控人、以业引人”工作思路。

2. 探索人口调控分类引导的新思路

一是针对拥有产权但在外居住、旧城房屋用于出租的人群，引导产权人

通过产权入股或者产权托管的方式与社会资本合作。二是针对有使用权或产权、愿意疏解并要求提供安置房的人群，多途径筹集保障性房源，优先提供配套条件较好的保障性住房予以安置。三是针对有使用权或产权但是不愿意疏解的人群，明确风貌保护的法律责任，研究支持其通过产权购买、使用权租借的方式增加面积，改善居住条件，降低人口密度。

3. 切实解决流动人口无序增长的问题

一是重点加大房屋违法出租治理力度，依法拆除用于居住的违法建设，坚决遏制公房擅自转租转借等行为，从源头上减少违规容纳流动人口的空间。二是提高旧城区产业业态的准入门槛，逐步淘汰一批吸引人口过多且不适合核心区产业定位的“五小”产业业态，从根本上减少对低端业态依赖的部分外来人口。三是加强公安、流管、人口计生、人保等多部门协作，建立和健全外来流动人口的准入机制。

（三）就地改造为主，逐步推进旧城民生改善

1. 试点示范，不断探索就地改造的推进模式

一是重点推进南锣鼓巷四条胡同修缮改造工作，将其作为文保区平房改造试点工程，通过合理规划设计和制订“一院落一具体方案”，引导部分人口疏解，整合腾退平房，增加留住居民居住面积，力争人均使用面积达到15平方米。同时通过修建立体停车场、厕所入户入院、市政管线升级等措施，改善旧城平房居民居住条件。二是以望坛棚户区改造项目为试点，按照“政府主导、市场运作”的工作思路，不断探索完善片区式集中改造。对于改造后的小区，要注重完善各类配套设施，努力打造功能完备、环境优美、绿色低碳、开放包容的现代化新型社区。三是推进前门东区修缮整治，将局部就地改造和腾退空间利用结合起来，在改善留住居民生活环境的同时，积极探索已腾退空间的产业导入方式、社会资本参与方式等，实现居民生活质量和片区发展活力同步提升。

2. 统筹兼顾，把握好就地改造过程中的关键点

一是强化留住居民的责任意识。旧城的保护改造要充分尊重居民的意

愿，以就地改造为主，保留一定数量原住民，留住老北京的记忆和乡愁。同时要明确留住居民的文化保护义务与责任，支持留住居民更多、更自主地参与到旧城保护发展中来。二是强化腾退空间的合理利用。按照片区集中配套的思路，完善公共卫生站、公共洗浴室、便民服务站等公共服务设施，提高居民生活的便利化程度。三是强化基础设施的同步升级。有条件的地区探索采用市政综合管廊的形式，引入天然气、上下水系统等，在保留原有居民生活方式不变的前提下提升市政基础设施的建设水平。同时还要建立平房区准物业管理模式，巩固环境整治成果。

（四）强化瘦身健体，推动产业向“高精尖”方向升级

1. 坚定不移地“瘦身”，对低端产业多做“减法”

一是制定产业负面清单，综合运用各种手段尤其是市场手段，引导不符合首都核心功能的低端产业退出。二是制定并落实符合平房区和特色商业街区业态指导目录，加快旧城一些地区或街区胡同过于密集的“五小”低端业态的淘汰升级。进一步明确南锣鼓巷、簋街等特色街区的商业开发强度。三是积极引导永外地区的转型升级。研究出台推动专业批发市场转型升级的实施意见，引导此类市场由批发交易功能向高端商业购物、时尚设计等功能调整。

2. 积极主动“健体”，提升“高精尖”产业发展质量

一是推动文化旅游、商业服务等重点产业提质增效，促进商业服务等向高端化、品牌化发展。二是围绕强化文化和国际交往等功能发展新型产业业态，大力发展文化传媒、文化演艺等高附加值、高创新性的文化新业态，积极发展商务旅游、会奖旅游、四合院文化体验等业态，着力培育文化交易、能源交易等高端要素市场，为东城区产业发展注入活力。三是挖掘旧城空间资源，打造能够体现特色功能的集聚区。加强南锣鼓巷、五道营等特色街区的业态调控，引导特色产业形成集聚，打造体现特色功能的载体。以中关村东城园为载体，探索“胡同创意工厂”集成创新模式，打造文化科技融合新载体。

3. 围绕宜居需求，提升生活性服务业发展品质

一是加快王府井商业提档升级。做强王府井网上商城等电商平台。不断

提升“王府井国际品牌节”等品牌活动的影响力，着力吸引国际知名品牌聚集。二是着力提升生活性服务业发展水平。结合“一刻钟社区服务圈”建设，推动餐饮、住宿、养老服务、健康服务等生活性服务业标准化、连锁化、品牌化发展。加大四合院商业经营的规范化管理力度，提高四合院服务的标准化水平。

（五）因地制宜探索，建立适合旧城的精细化管理体系

1. 实施分级分类差异化管理，建立城市管理标准化体系

首先，要推进业务流程量化细化，使精细化管理有章可循、便于操作；其次，要突出分区分类标准化，分类研究制定差异化的管理标准和分时段、分等级的管理办法，做到处处有人管、时时有人抓。

2. 加快适合旧城特点的交通微循环建设，打通城市发展的“毛细血管”

在总结前圆恩寺地下停车设施建设经验的基础上，结合旧城改造推进胡同立体停车设施建设；有计划、有步骤地打通胡同断头路，使更多的胡同纳入机动车“单停单行”范围，逐步打通胡同“微循环”。同时，加强交通秩序精细化管理，推广“门前管理责任制”、“停车自管会”等自治模式。

3. 推动城市管理重心下移，夯实城市管理基础

要积极稳妥推进“大城管”改革。强化街道作为城市管理第一责任人地位，坚决守住公共服务、民生保障、社区建设、安全稳定和环境管理等“五道底线”；充分发挥社区、社会组织和广大居民群众的积极性，理顺政府管理服务与社区民主自治的关系，最大限度地调动全社会广泛参与城市精细化管理。

六　推进旧城保护与可持续发展的政策建议

（一）建立旧城保护发展的顶层设计、上位统筹机制

1. 加快旧城保护法治建设，切实做到有法可依、依法可行

一是强化旧城规划统筹。在现有城市规划体系的基础上，逐步建立和完

善首都历史文化风貌保护和文物保护的专项条例或法规，明确保护的内容、保护的程度、出现与风貌不协调的情况下相关具体的政策规定，统一规划审批及保护改造的规范流程。二是制定更加细化、具体的实施性政策法规。研究制定《北京市历史文化名城保护区管理规定实施细则》等，对涉及旧城特别是历史文化保护区内的房屋建设、项目投资、风貌保护、税收政策、统筹管理、安全防范等各方面做出明确的约束性规定。

2. 进一步完善工作推进机制，实现旧城保护与发展协调并进

一是进一步完善各部门间的协调联动机制，统一完善文保项目的立项审批和运作流程，制定项目运作的具体操作规范；建立文保项目跟踪对接机制和重大问题协调推进机制。二是对专家顾问组进行拓展，成立历史文化名城保护发展项目咨询委员会，吸收规划专家、工程专家、金融专家、法律专家等各方面的专业人才。三是由市政府牵头，建立与利益相关者的协调机制。对涉及产权单位的重大旧城保护和有机更新项目，由市区统筹推进。

（二）探索形成有利于旧城保护的政策体系

1. 加快完善直管公房的政策体系

一是研究导向性提租保护政策，引入市场机制，提高直管公房的租金，使房租与市区地段、文化品质相匹配。二是研究制定直管公房转租交易和使用权转让政策，并对出租公有直管优秀历史建筑交易征税，使转租的获利空间逐步消失，严控房屋使用权的转移。三是研究直管公房产权或者使用权置换方式，积极探索通过政府回购、整院拍卖出售等方式进行交易，鼓励居民有限购买相邻房屋产权或者使用权，增加居住面积，改善居住环境。

2. 探索通过发展权转移方式实现跨区域联动发展

发展权转移主要指容积率转移（TDR）。建议从市级层面探索制定“发展权转移”政策，对参与旧城保护的企业，可以适当提高其在北京市其他区县项目的开发强度，并合理设计旧城与享受发展权转移的区县之间的利益分享机制，推动旧城的有机更新。一是制定严格的转移容积率核定标准和转

让规则。二是根据移入区综合承载力设定转让上限。三是建立移出区与移入区之间的利益平衡机制。

（三）积极拓展多元化的旧城保护融资渠道

1. 加大市级财政资金支持力度

一是建议从市级层面，建立旧城文保区财政转移支付和利益补偿机制，以专项资金支持的方式用于旧城风貌保护、文化传承、环境整治和民生改善。二是建议市政府协调财政和金融部门为风貌保护工程实施提供无息或低息贷款，对重点民生工程探索制定财政补贴、税收减免等优惠政策。

2. 引导民间资金参与旧城保护

一是探索设立历史文化名城保护专项基金，广泛接受公益组织、企事业单位、社会团体和个人的慈善捐赠，用于对修缮保护工程提供补助。二是建议北京市在充分考虑信贷资金的使用风险和归还渠道、来源、方式等前提下，争取信贷资金支持，研究保护区腾退四合院土地抵押融资模式及发行文化彩票等的可行性。

（四）统筹解决人口适度疏解中的瓶颈问题

1. 加强对接安置房源的统筹协调

一是对东城区旧城保护区居民优先纳入住房保障体系，统筹朝阳和通州等区县部分交通较为便利、功能相对完善的区域，规划建设大型疏解人口安置小区，优先布局市级重大基础设施和公共服务项目，提升对旧城外迁居民的吸引力。二是争取将市级公租房、自住房纳入旧城安置保障房范畴，支持东城区通过收购、合作开发等多方式筹措房源，并从经费补贴等方面对旧城安置房源筹措给予一系列优惠政策。

2. 明确人口疏解政策形成“倒逼预期”

一是建议完善人口疏解的价值评估体系，市级明确补偿标准，建立动态统一的标准化补偿体系，形成人口疏解与市场的挂钩补偿机制。二是加强对人口疏解的意愿引导，建立主动申请疏解人群序列，按照排序形成越早主动疏解、对接安置房源选择性越多、越具有优先选房权、能够享受合理的奖励补偿、优惠政策越大的疏解导向机制。三是建议研究出台具体的实施细则，明确文保区房屋征收的标准和条件，积极探索对认定为文物建筑、危房的政府产权建筑特别是直管公房的房屋征收措施，推动人口疏解工作。

（五）积极争取市级对旧城重大项目的支持

1. 争取北京市对东城区重大就地改造项目的支持

积极争取北京市对南锣鼓巷、前门东区、望坛地区等旧城重大改造项目的支持，在资金投入、房源统筹、市场运作、基础设施升级等方面加大支持力度。

2. 积极争取市级层面加大基础设施项目支持力度

围绕旧城胡同立体停车场、道路微循环、地下综合管廊改造、棚户区改造、简易楼改造等重大民生项目，积极争取北京市的财政资金和相关配套政策支持，形成市区推动合力。

3. 积极争取市级层面对旧城地下空间利用项目的支持

积极争取市级层面政策、资金等支持，研究旧城地下空间开发的技术规范、建设标准和操作流程，制定相关支持政策，重点加大对地下商业设施、地下公共服务设施等支持力度。

注：本文所用资料，均为调查所得。

B.10
深化城市管理体制改革 理顺区街体制研究

张家明*

摘　要：本文紧紧围绕如何处理好条块关系这个城市管理体制改革的核心问题，在总结东城区城市管理改革实践经验的基础上，细致梳理存在的现实问题，认真探讨了深化城市管理体制改革，理顺区街体制的指导思想、基本原则和对策建议。

关键词：体制改革　城市管理　区级层面　条块关系

2014年2月，习近平总书记视察北京工作时指出，建设和管理好首都，是国家治理体系和治理能力现代化的重要内容，要坚持和强化首都核心功能，加快形成与世界城市相匹配的城市管理能力，努力把北京建设成为国际一流的和谐宜居之都。作为首都功能核心区，东城区肩负着特殊责任、特殊使命。当前，在新一轮改革开放全面启动、经济社会加快发展、城市管理新情况不断出现的历史阶段，贯彻落实好中央要求，有必要系统考虑进一步加强和创新城市管理的思路与对策，特别是围绕如何处理好条块关系这一城市管理体制改革的核心问题，在总结东城区城市管理改革实践的基础上，细致梳理存在的问题，提出深化城市管理体制改革、理顺区街体制的具体政策建议。

---

* 张家明，中共北京市东城区区委副书记、区长。

一　东城区城市管理区街体制现状与问题

现代城市管理是一个复杂的系统工程，由众多管理主体、管理层级、运行机制等构成，综合性极强，包括了城市规划、建设、管理、服务，以及执法等诸多环节。仅以《东城区城市管理监督综合考核办法》所确定的城市管理考核对象而言，就涉及了三大类46个考核对象，即17个街道办事处、3个地区管理委员会、22个政府职能部门、4个事业（作业）单位（见图1）。未列入城市管理考核对象的其他政府职能部门中，其职责范围和具体履职中也都有与城市管理产生交集的地方，与46个考核对象一起构成了完整的区级城市管理组织体系。

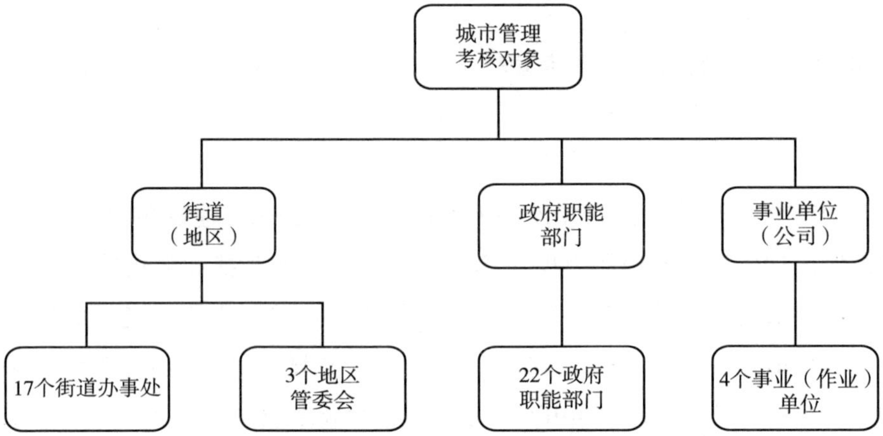

图1　城市管理考核结构

城市管理的复杂和系统特性，使得在条与块之间，以及各专业部门之间、专业部门与作业单位之间、行业管理与区域管理之间产生大量需要协调的具体事项。保证城市现代化运转，城市管理的一切管理制度和管理方法都应注意运转的协调性和协同有序性。从东城区现行城市管理体制分析看，理论上讲组织体系十分完备，各部门、各街道，以及作业单位，职责定位相对清晰。但从现实来看，在城市管理具体工作中，条块分割、职能交叉、职责不清、多头管理、协调不畅、推诿扯皮等问题多有发生，城市管理水平距离中央及市委、市政府要求，距离人民群众期待仍有较大差距。综合分析，东城区现行城市管理体制特别是在区街体制方面存在以下四个方面的突出矛盾和问题。

（一）区级层面高位统筹不到位，城市管理职责碎片化

突出表现在以下两个方面。

1. 高位统筹机制不健全

城市管理的复杂和系统特性，决定了城市管理工作是涉及市政、交通、市容、环境，以及公用等全领域，决策、执行、监督等全方位，规划、建设、运行全过程的系统管理、综合管理，几乎涵盖了政府工作的方方面面。根据城市管理的这一特性，目前区城管委综合管理的职责还不能称为真正意义上的“大城管”体制，因而目前东城区在区级层面缺少一个高位、综合、权威的城市综合管理议事协调领导机制，缺少高位指挥、高位组织、高位协调的区级综合管理平台，导致城市管理领域工作碎片化、应急化、部门化。比如，对一个问题一旦涉及多个部门的城市管理事项，由于区街以及部门之间职责界定不清晰，没有明确谁来牵头，工作的流程是什么，每个环节应该由哪一个部门具体负责等，导致“谁都有责任”变成“谁都没有责任”。一般问题演变成突出问题、引发领导和社会关注时，往往采取区领导应急协调的解决方式，一事一议缺少高位统筹的长效机制。

2. 综合协调机制不到位

组建区城管委是东城区在城市管理体制改革中的创新举措。总结十年来的实践，区城管委的某些职能定位受制于体制机制等方面的原因，并没有完全实现。区城管委作为区政府在城市管理领域的综合牵头部门，既存在着定位不清晰，也存在着职责不落实的问题，导致其在履行城市综合管理职责过程中，统筹协调作用发挥不到位。首先，区城管委从其承担的 17 项职责看，可分为综合管理类、专业管理类、行业管理类和协调管理类，职责范围十分庞杂，既有宏观，又有微观；既有管理，又有执法；既管行业，又管企业；

既管规划编制，又管行政许可；既负责经费管理，又负责使用监督。面对跨度大、门类多、专业杂的城市管理事项，区城管委有限的力量难以兼顾。同时，受以批（许可）代管等传统管理方式惯性影响，体现其综合管理定位的研究拟定有关城市管理方面的中长期发展规划、综合协调各级各类工作关系等工作，没有得到相应重视。其次，现代意义上的城市管理，应该是涵盖城市规划、建设、管理3个环节综合管理体制，而目前区城管委还只是这3个环节中管理环节的综合牵头部门，作为前端的城市规划和建设环节，如果综合协调不到位，部门间配合出现问题，各自为政、推诿扯皮，其问题往往集中显现在末端的管理环节。最后，区城管委虽然有对环保、民防、城管、园林、环卫等城市管理系统成员单位提出考核评价意见的职责，但在现实工作中，由于缺乏考核结果的落实应用机制，考核流于形式，区城管委作为管理主体，难以发挥在城市综合管理中综合枢纽作用，在协调上述同级部门和街道时显得办法不多，效率不高，权威不够。

（二）街道层面职能超载，属地责任无限化

街道办事处作为区政府的派出机关，连接着政府和众多社区，是城市管理的重要依托和基础。街道办事处从1954年《城市街道办事处组织条例》所确定的单一民政型的派出机关，其职能定位经历了几次较大转变，向着全面负责属地事务的综合管理机构演变。特别是近10年来，由于城市飞速发展，处于城市管理、社会治理和群众工作一线的街道办事处属地功能被不断放大，变成了综合性、社会性，几乎涵盖了一级政府的所有行政管理职能的管理层次（见表1）。

1. 兜底责任无限扩大

街道办事处是“两级政府，三级管理”的基础平台，具有区域性、综合性、实时性和群众性特点。近年来，随着政府管理重心不断下移，街道在城市管理中日益居于基础和枢纽地位。特别是在当前城市管理主管责任互有交叉、程序复杂，监管责任落实困难、效果有限的情况下，相对清晰和明确的属地责任最易确定和追究。因此，街道办事处被区政府视为“兜底”责

任的承担者，在事实上作为一级政府履行职责，职能越位、错位、缺位的现象严重，一方面，承担了一些本应由区政府、区职能部门、居民自治组织和社会组织承担的职能；另一方面，社会管理和公共服务等方面职责却没能完全履行到位。同时，受传统观念、现行体制和力量配置不足等因素影响，职能部门也习惯于把各种工作分派给街道，造成街道办事处事实上处于这些职能部门的从属地位。而由于一些行政执法过程中形成的衍生或次生问题也多由街道属地面对和处理，无形中增加了街道办事处的责任。据不完全统计，一年中街道办事处承担的具体工作有 212 项（见表 1）。

表 1　街道办事处工作职责

街道科室	职责项目数	街道科室	职责项目数
信访科	3	社区建设办公室	13
经济发展科	4	街道残疾人联合会	15
社区服务中心	5	民政科	15
环卫所	6	城市综合管理科	16
住房保障科	7	财政科	21
劳动社会保障科	7	文教卫体科	21
公共安全管理办公室	8	社会保障事务所	59
人口和计划生育办	12	总　计	212

2. “条块”权责背离现象普遍

作为区政府派出机关，从 1998 年北京市第一次城市管理工作会上确立的“一个确立，两个赋予，三个分开”的街道体制改革开始，到 2004 年第五次城市管理工作会确立街道“统筹辖区发展，监督专业管理，组织公共服务，指导社区建设”主要职责，从理论上来说，街道办事处的综合管理职能得到强化，但实际工作中“条专专不到底、块统统不到位”的问题依然存在。这其中既有街道统筹意识薄弱、统筹机制不健全、统筹手段欠缺等因素，也与街道近年来承担的任务不断增加，但权力空位却维持原状有关。各职能部门从“条”的角度给街道办事处布置大量任务，甚至包括一些专业性强的工作，并行使相应的奖惩、考核和监督权力，街道办事处逐渐成了这些职能部门的“腿”，造成街道办事处经常陷入疲于应付这些职能部门下派的各种事务性工作之中。据统计，街道一年要接受各类考核评比 114 项，其中包括一些本应由部门负主责的工作，也要求由街道负主要责任。同时，虽然工作下派给街道办事处，但相关人事权、财权等却没有同步下放，造成责权分离甚至倒挂的情况，对职能部门的监督也流于形式。

3. 财事不对等难以满足属地管理需要

一是以块为主的属地管理与以条为主的资金拨付方式不相适应，一些街道特别是财力有限的街道，囿于自身有限的城市管理支出和提升保障能力经费，在谋划一些重点、综合性的城市环境整治项目时，经费主要从各职能部门逐一申请，再在街道层面集成使用，牵扯了大量精力，影响了资金使用效率和工作进度。二是街道办事处发展不均衡，财力不均。现行区街财政体制是一种财政激励与保障相结合的体制，街道办事处的事业发展经费、提升保障能力经费都和街道财政收入增幅挂钩。近年来的实践表明，这种财政体制偏重于激励，与税收挂钩的奖励资金由于街道所处的地理位置、社会单位数量、居民居住结构等客观因素造成贫富差异越来越大，而各个街道承担的任务却相差不大，造成一些街道的财力保障不足，不利于街道办事处履行属地责任。三是公共服务经费标准落后于实际需要，比如，东城区背街小巷的清扫保洁由街道办事处负责组织，经费及保洁人员投入受制于街道财力，专业化水平较低，与情况类似的西城区相比有一定差距（见表 2）。

表 2　2013 年东城区、西城区背街小巷环境卫生投入情况

	保洁面积（万平方米）	作业经费（万元）	作业标准（元/平方米·年）	保洁人员（人）	配备标准（平方米/人）
东城	448.46	4934.25	11	959	4676
西城	584.83	8585.56	14.53	1515	3860

4. 指导社区建设力度不够

社区是城市的基础细胞，是街道办事处辖区的重要组成部分。受到各种因素影响，目前街居关系尚未完全理顺，社区居委会很多功能还没有充分发挥。主要体现在以下几方面：一是由于没有完全理顺政府职能部门、街道办事处和社区居委会的关系，实际工作中社区往往成为政府部门和街道办事处行政工作的具体承担者和落实者，社区“行政化”倾向严重。据调查，一个社区每年承担130多项固定的行政事务性工作，各类创建、评比、检查工作也繁多，造成社区居委会被各种行政事务所累，影响了自治功能的充分发挥。二是东城区在社区治理方面虽然形成了“一委三会一站”治理机制（见图2），但在实践中，针对楼房、平房等不同特点的居民区域治理模式还缺乏顶层设计和统筹规划，政府提供的社区公共服务比较单一，与居民多元化的需求还有差距，社会组织的培育不足，作用没有完全发挥。三是社区工作者队伍的整体素质与社区居民多元化需求存在一定距离，专业水平、专业

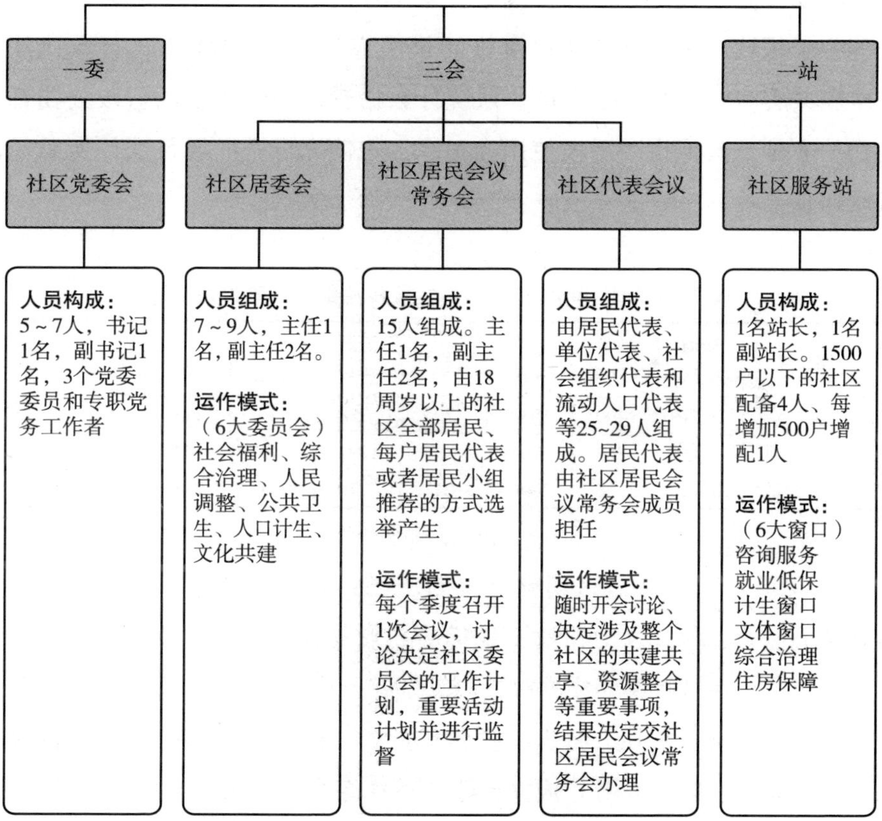

图2　社区“一委三会一站”结构

技能亟须提升。同时，身份认同、待遇偏低等问题，明显制约了社区工作者工作的积极性，造成人才流失。

（三）行政执法体制机制有待完善，缺乏执法常态化

在城市管理中，与定标准、管审批的城市规划建设部门所发挥的作用不同，行政执法处于城市管理的末端环节，它以行政处罚为主要手段，并行以教育、劝导、宣传等其他管理手段，是城市管理的有力支撑。可以说，执法效果直接体现着一个城市管理的水平和能力。目前，东城区共有39个部门有行政执法权，其中区属部门29个。行政执法工作所依据的法律、法规、规章共计844部，基本覆盖了经济、社会、城市管理、公共安全等各个领域。具有行政执法资格的执法人员共有6021人，行政执法职权事项共有6060项（见表3）。从统计数据看，99%以上的行政处罚都属于罚款案件，其他执法手段使用的很少，未能充分全面履行法律所赋予的行政职权。

表3　东城区2014年上半年主要执法部门行政执法统计

单位	交通支队	城管执法局	公安分局	地税局	工商分局	消防支队	卫生局	发改委	食药监局
执法人员	619	490	1838	703	388	36	113	45	138
执法职权事项	188	366	306	39	1233	71	554	8	383
行政处罚数量	706133	2866	2796	1042	270	191	278	176	78

2010年12月，东城区明确提出创建“党政统一领导、属地牵头组织、日常全面监管、综合强力执法”的综合行政执法机制，建立区、街两级综合执法机构。在区级层面成立区社会管理综合执法委员会，负责全区综合行政执法工作的统一领导、组织、协调和指挥；在17个街道、3个地区（王府井、北京站、前门大街）成立街道、地区综合执法组，按照“条块结合、以块为主”的原则，赋予属地“全权、全管、全时、全责”，强化属地管理责任。但随着城市管理工作不断出现的新情况，居民和社会对城市管理的要

求和期待也越来越高，同时综合执法在体制机制运行方面也出现了一些问题，主要表现在以下几方面。

1. 区级层面的行政执法统筹机制不健全

成立于2011年的区社会管理综合执法委员会，作为区级城市管理行政执法工作的重要议事协调机构，各项工作制度还没有完全做细做实，其组织、协调、指挥职能尚没有充分发挥，对重大疑难城市管理综合执法问题的协商处理机制还需要进一步完善。特别是针对市级立法滞后导致的区级层面执法职责存在空白或互不衔接，以及有些法律法规或规章之间出现规范冲突或管辖权交叉导致行政执法人员无所适从等问题，区社会管理综合执法委员会缺乏从区级层面研究提出解决的方案。

2. 街道综合执法组执法效能未得以完全发挥

街道综合执法组以城管执法为主、其他部门配合为主要形式，但除城管外的其他派驻部门的行政执法权并没有完全纳入综合执法组。由于各个执法部门所依据的法律法规的程序不同，导致部分派驻人员行政执法工作仍停留在发现问题的层面，出现问题时仍需要反馈到原部门由其他执法人员进行处理和解决，延误了执法时机。此外，街道层面综合执法组运行中条与块、条与条、块与块之间的配合还不够顺畅，有脱节断档、沟通不畅的问题。目前还没有形成一套整体固化有效的工作模式，工作的细节和具体流程还需要进一步细化。实际运行中，存在各街道“各自为政”的现象，主要领导、主管领导重视程度高的街道，综合行政执法的效果就好；如果抓城市管理领导精力分散、力度不够，综合行政执法的成效就一般。

3. 执法队伍整体素质有待进一步提高

全区综合执法派驻人员共有524人（其中城管分队整建制派驻，共有385人），部分常驻部门（卫生局、交通支队、消防支队等）的人员派驻未按照要求落实到位。常驻部门派驻的执法人员年龄偏大、专业偏离、职务偏低不同程度地影响着综合执法工作的深入开展，与“全时、全权、全管、全责”的高强度城市管理执法任务和要求相比，明显不相适应。

二 深化城市管理体制改革、理顺区街体制的思路及对策建议

（一）指导思想、基本原则和主要目标

1. 指导思想

贯彻落实党的十八届三中、四中全会精神和习近平总书记视察北京时重要讲话精神，紧紧围绕首都功能核心区的战略新定位和阶段性特征，遵循城市管理和发展的规律，始终以满足人民群众对首都城市美好生活的强烈期盼为奋斗目标，牢固树立以人为本、服务公众、多元参与、综合治理理念，按照“重心下移、职能下沉，做实街道、强化基层”的思路，健全“职责清晰、权责一致、区级统筹有力、块统保障充分、监督与执法到位、条块有机联动”的城市综合管理格局，依法全面履行政府职能，充分发挥全社会力量，努力创建国际一流的和谐宜居的首善之区。

2. 主要原则

一是综合治理原则。城市管理必须树立城市共同体观念和系统思维，统一考虑城市管理所涉及的规划、建设、管理、服务和执法等所有方面，加强统筹协调，注重系统和长效治理机制建设，实现从城市管理源头到末端、从体制内到体制外的全覆盖。

二是依法治理原则。坚持依法治理原则是建设法治政府的必然要求，要树立正确的城市管理行政执法理念，自觉运用法治思维和法治方法治理城市，完善执法体制，规范执法行为，提高执法者素质，加强监督，广泛开展普法宣传和教育活动，努力增强公民的守法意识和民主参与意识。

三是重心下移原则。明确街道办事处是辖区城市管理的主体，享有统筹调度派驻辖区的综合执法组与协调各职能部门的权力，全面履行属地管理责任。职能部门要把工作重心下移到街道层面，加强一线力量，积极尽责履职，做实街道层面的工作，为街道办事处履行属地责任和守住“五道

底线”[1] 奠定坚实基础。

四是权责一致原则。按照“权随责走、费随事走”的原则，科学界定职能部门、街道办事处的职能、权限和责任，建立街道办事处和社区居委会权力清单，实现减负增效，配以和事权相匹配的财力，进一步理顺关系，明晰责任，加强督察考核，提高行政管理效能。

3. 主要目标

围绕加强城市管理这一核心，从科学界定区级层面、部门层面、街道层面职能定位入手，推进重点下移，理顺条块关系，把街道办事处建设成职责明确、协调有力、执法有度、管理规范、服务高效的城市管理基础平台，让街道“有权管事、有钱干事、有人办事、有机制协调事”。

（二）具体政策建议

1. 区级层面“强统筹”，推动城市管理向城市治理转变

适应推进国家治理体系和治理能力现代化的形势需要，形成现代意义上的城市管理新格局，就是要实现“城市管理”向“城市治理”的跨越。

（1）区级层面构建高位指挥、高位组织、高位协调的城市治理平台

城市管理面对的问题越来越多，并且越来越具有综合性，往往一个城市问题涉及多个政府职能部门，涉及各个街道。因此，城市管理不是哪一个部门的事情，必须依靠各个职能部门和街道的配合才能真正把管理工作做好。必须拓展“大城管”的内涵，将城市综合管理从现行的市容市貌、环境卫生、园林绿化的狭义范畴扩展到广义范畴，对涉及城市管理的行政权力进行全面梳理，按照“决策权、执行权和监督权既相互制约又相互协调的要求”，按照规划、建设、管理 3 个环节进行机构调整和权力配置，进一步明晰规划、建设、管理各部门的权责，充分体现权力制衡与综合协调。因此，需要构建一个由区政府领导亲自挂帅的权威性机构，负责协调跨部门的综合性、复杂性问题，及时有效地解决城市管理过程中出现的疑难问题。为此，

① 指守好“公共服务、社区建设、民生保障、安全稳定和环境管理”五道底线。

建议建立区级高位指挥、高位组织、高位协调的管理平台，成立东城区城市治理委员会，负责城市治理的顶层设计决策和总体推进，协调规划、建设与管理联动，协调城市管理相关部门之间以及区街之间的关系，重点解决涉及城市管理的各职能部门之间职责不清、管理交叉、工作缺位、监督乏力、协调不够等客观问题。区城市治理委员会主任由区长担任，其他副区长担任副主任，成员包括涉及城市管理的相关部门和各街道（地区）主要负责人。同时，应建立健全城市治理委员会制度化运行机制，对涉及城市管理的重点体制机制等问题，进行系统研究、制度运行、科学决策。

（2）部门层面明确强化区城管委综合管理权威职责

现代城市管理的完整概念是城市的综合管理。总结区城管委组建十年来的经验教训，建议进一步明确区城管委是履行全区城市综合管理职责的主要责任单位，强化区城管委作为全区城市综合管理调度、指挥和协调中心的职责定位，确定其领导各专业管理部门的权力，对东城区城市管理工作全面负责并具有高度权威。为保证区城管委在城市综合管理领域的权威，一是建议将区城市治理委员会下设办公室设置在区城管委，作为其办事机构，负责区城市治理委员会实体化运行的日常工作，协调城市规划、建设与管理三者之间的关系，处理好城市宏观管理、中观管理与微观管理，实现城市的全过程管理。二是建议细致梳理区城管委目前负责的行政许可、项目审批、作业管理等具体职责，对于专业管理部门或街道依据职责能够独立行使的事项，应逐步移交或下放。同时，进一步强化区城管委的规划、指导、协调、考评四大职能。具体来讲，强化区城管委的城市管理领域行业规划、标准、技术规范和年度项目计划制定编制职责，当前阶段重点是对城市管理过程中容易出现管理问题和社会矛盾的事项进行梳理、分类和细化，对市级层面的法规根据东城区实际情况，深化制定实施细则，指定管理权限，完善标准规范，增强可操作性和实效性。

2. 街道层面“强综合”，夯实城市管理基层基础

通过明责确权，加强保障，理顺区街关系，推动工作重心下移，做实基层，强化“条专”力量，做强街道，完善“块统”机制，充分发挥条块

合力。

（1）建立权力清单，科学界定和调整街道办事处职能

街道办事处作为区政府派出机关，无论是日常工作还是专项任务，所承担的属地责任都应是其职责和能力范围以内，并有相应的保障。应围绕强化街道的统筹发展能力、协调监督能力、组织服务能力、动员社会力量能力、推进社区建设能力，科学界定和调整街道办事处职能，建立街道办事处权力清单，明确并切实落实街道办事处与职能部门之间的职能划分和责任边界，逐步解决街道越位、错位和缺位问题。街道要切实履行好统筹辖区发展、协调专业管理、加强公共服务和指导社区建设的职能，守好“公共服务、社区建设、民生保障、安全稳定和环境管理”五道底线。积极宣传贯彻上级政策，组织发动居民、对居民进行日常宣传教育，及时上传下达，全面掌握辖区基础情况，及时了解民情民意，主动回应群众诉求，统筹协调并积极配合职能部门开展辖区工作，负有“第一时间发现、第一时间处置，不能处置及时上报”的明确责任。

（2）强化街道办事处综合管理能力，加快职能部门工作重心下移，实现“条能专到底，块能统起来”

一是在工作机制方面，建议做实街道地区综合管理委员会，其应由街道办事处、政府职能部门派出机构、驻区单位、社区居委会、地区人大代表和政协委员等组成，作为街道辖区事务的总体协调议事机构，主要职责是研究制定辖区内管理工作的目标、任务和发展规划，统筹协调辖区的社会管理和公共服务事务，议定辖区重大事项和重大问题，强化街道层面的综合管理机制。二是在日常管理方面，加快推动职能部门工作重心下移，根据实际需要，通过建立向基层一线倾斜的奖惩机制，充实和加强在街道的科、站、队、所等一线队伍力量。明确赋予街道办事处拥有对下沉到街道的专业管理部门派出机构的统筹调度和监督考核权，强化条块联动、以“块”为主的综合管理机制。三是在专业管理方面，如网络安全、消防安全、卫生防疫、食药安全、行业监管等专业性和技术性强的领域，应坚持“条专”到底，由职能部门负主要责任，街道承担协助配合责任。

（3）进一步健全区街财政体制，增强街道自主灵活性

一是坚持事权和财权相统一的原则，建立以保障为基础，以专项为重点，以激励为调节的区街财政体制，加强对街道办事处的财力支持，弱化街道办事处经费上对部门的依赖，让街道办事处有钱办事，改变“财事不对等”状况。街道基本运转支出由区财政全额保障；日常事业发展支出包括街道在开展地区城市管理、公共服务、社区建设等方面所需的明确且相对固定的经费，按照不低于同类区域标准的原则，由街道会同有关部门核定标准和额度，经区财政审核后拨付，建立专项的资金池用于街道。二是建议加大对街道的提升能力保障经费支持，街道可以根据工作和辖区实际，积极主动地开展综合治理和环境整治行动，在大项范围内自行统筹安排，确定具体使用科目和进度。三是专项经费根据任务要求由相关部门拨付，建立部门间及部门内部的综合协调、并联审批机制，最大限度压缩环节、加快进度、提升效率。通过完善区对街道财政转移支付制度，从总体上提高街道的财力保障水平，同时加大对街道财政资金使用效率的审计力度。

（4）完善社区治理体系，提高社区治理能力

一是利用东城区创建全国社区治理和服务创新实验区契机，加强社区治理的顶层设计和研究，探索建立符合社区区情特点的“多元参与、协商共治”的工作体制机制，明确社区治理的体系、工作制度、服务内容及程序等方面的标准，增强实践操作性。二是增强社区自治功能。探索通过楼院自管会、网格议事会等形式，加强居民自治最基础环节建设，逐步将公共设施修建、公益服务开展等涉及居民直接利益的公共事项纳入基层群众自治范畴。具体实践中，可选取辖区内管理缺失的老旧小区和平房院落，政府先行介入，加大改造投入力度，完善公共设施，营造干净整洁的社区环境，引导社区居民开展社区自治，探索订立“居民自治公约”，后期逐步移交社区居民自我管理，自我服务。三是以全面推进“两网融合”为契机，深入推进社区信息平台建设，搭建涵盖政府政务服务、社区民生服务、市场供需服务的社区信息平台，打通信息资源通道，采用大数据信息分析平台，提升对社区治理以及居民多元诉求等情况的科学研判能力。

3. 行政执法层面“强协同”，进一步理顺综合执法体制机制

城市管理具有的复杂性、系统性、多样性特点，决定了必须采用综合执法的方式，才能处理好城市管理中出现的复杂问题。城市管理综合执法在实践中的成效如何，取决于区政府、行政执法部门和街道办事处三者之间的体制机制是否顺畅、统筹协同是否得当、日常管理是否有效。

（1）进一步理顺城市管理综合执法体制，使其运行更加顺畅

一是调整机构，明确责任。把“东城区社会管理综合执法委员会”更名为“东城区城市管理综合行政执法委员会”，进一步做实城市管理综合行政执法委员会。由区长担任执法委员会主任，相关区领导担任委员会副主任，主管副区长担任执法委员会常务副主任，加强委员会的高位协调和统筹功能。二是将委员会办公室由区城管委调整到区城管执法局，办公室主任由区城管执法局局长担任，主要职责是：“上传下达、综合协调”，即落实区城市管理综合行政执法委员会的决策部署；研究拟订全区城市管理工作计划、方案并组织实施；做好全区性的综合行政执法重大、疑难问题协调、指挥和处置；做好对各街道综合执法组的业务指导工作。三是强化街道层面的综合执法职能，完善街道综合执法机制，实行条块结合、以块为主的管理方式。建议改革现行街道城管分队体制，从垂直管理调整为以属地管理为主的双重管理体制，区城管执法局主要对城管分队进行业务指导，人事、财务的管理和具体工作的分配安排等交由街道办事处统一管理负责。四是强化综合执法考核，所有的表彰、处罚、评比等考核决定原则上应以区城市管理综合执法委员会的名义作出。同时，提升考核的效力和影响力，把考核结果作为属地街道年度综合考评情况的重要组成部分，作为评价综合执法常驻部门支持情况、常驻人员工作作为情况的主要依据，作为处级领导干部年度考核和使用的重要内容。根据考核结果，按照干部管理权限，区城市管理综合行政执法委员会对组成单位、街道主要领导和主管领导具有人事任免建议权。

（2）进一步做强街道城市管理综合行政执法组

一是切实加强领导，全权负责。街道应派一名副处实职领导任常务副组长，或者由城管分队队长进入街道办事处领导班子，专职负责街道综合行政

执法组工作，具体负责街道综合行政执法组的组织协调、指挥调度、检查督促等日常工作。除区城市管理综合行政执法委员会及其办公室、街道（地区）地区以外，其他任何单位一律不得向街道（地区）综合行政执法组派遣任务。各职能部门的专项执法工作，应通过综合执法委员会办公室统筹部署。二是固化模式，规范运行。从定性和定量上健全街道综合行政执法组基本工作制度，包括点名制度、工作日志制度、工作例会制度、月季和年度总结制度、考核制度、重大活动重要时期环境秩序保障工作制度等。三是改进人员派驻，优化执法组的人员配置。重新核定综合执法组常驻部门和派驻人数，加强城管、公安、交通、工商、消防等强力执法部门派驻工作，严格落实派驻工作要求。因文化、园林、卫生部门在日常综合执法工作中工作任务较少，建议更改为挂牌部门。通过更改人员派驻，优化执法组的人员配置，确保人尽其用。四是明确派驻人员标准，加强派驻人员管理。明确综合执法组人员至少工作两年时间，不得将人员临时抽调回本单位工作，并将组织人事关系、工会关系转由街道管理，年度考评在综合执法组考评。

注：本文所用资料，均为调查所得。

城乡土地问题

Urban – rural Land Issues

B.11

二道绿隔地区集体经营性建设用地乡镇统筹利用的路径探索

北京市农村经济研究中心课题组*

摘　要：本文分析了利用乡镇统筹方式推进集体经营性建设用地集约高效利用的特点和优势，总结了五区六镇试点在推进集体经营性建设用地乡镇统筹利用过程中形成的三类典型路径，并提出了相应的配套政策建议。

关键词：乡镇统筹　集体建设用地　模式　政策

* 执笔人：陈雪原，北京市农村经济研究中心体制处处长，经济学博士。研究方向为社会结构管理、农村集体产权制度改革、集体建设用地。王洪雨，北京市农村经济研究中心体制处，硕士。研究方向为土地资源管理。

二道绿隔地区主要位于北京市中心城五环到六环区域，部分地区在城市规划建成区外，不属于完全城镇化地区，发展方向是城乡一体化。作为典型的城市边缘地区，该地区集体建设用地级差地租较高，集约利用以工业大院为主体的农村集体经营性建设用地是实现地区城乡统筹发展的关键，对于城市环境治理和农民持续增收具有重要现实意义。长期以来，由于受到规划、法律和市场等多因素制约，特别是在城乡分割与“村自为战”的发展体制格局下，集体建设用地利用效率不高，“小、散、低”问题突出。立足于目前经济结构与体制结构转型阶段，推进“新三起来”，要探索乡镇统筹方式集约利用集体建设用地的新路径和新办法，实现规划引领、法律支撑和农民主体，并创新和完善相应的配套制度政策。

一　乡镇统筹方式配置集体建设用地资源的特点与优势

与全国大多数地区类似，北京郊区集体建设用地使用权流转主要有出租、出让、转租、转让或入股等多种方式，但是均面临着来自规划缺失、制度缺失、市场缺失等方面的严重制约，难以实现资源集约有效利用。乡镇统筹利用集体建设用地，有利于充分利用现有的制度和政策资源，调动多方面积极因素，突破多重因素制约，促进集体建设用地资源的优化配置。

（一）发挥规划引领的积极作用

长期以来，在城乡二元规划体制下，农村集体建设用地上没有明确的规划，难以吸引高端要素，资源利用粗放，经济发展愈来愈不可持续，成为制约转变经济发展方式的重点之一。1999～2004年在市政府政策鼓励和资金扶持下形成的工业大院及各类养殖小区，历经10余年发展，面临着强烈的翻、改、扩建的需求。但是由于规划不符的原因，需求难以满足，或者成为危建，或者成为违建。具体情况包括：尚无规划或规划未批、城规与土规不衔接、总规与详规不衔接、审批程序繁难等。乡镇统筹利用集体建设用地，有利于突破单个村的局限性，在镇域范围内优化土地资源配置，便于规划的调整、优化和相互衔接，真正实现规划引领农村发展。

（二）规避《土地管理法》的法律局限性

北京郊区城镇化进程快于全国一般地区，集体建设用地使用权流转频繁，大量的集体建设用地成为法外之地。适应发展形势的需要，修改相对于现实发展来说严重滞后和脱节的《土地管理法》，促进集体建设用地利用规范化发展是当务之急。但是，《土地管理法》并没有完全禁止农村集体建设用地的非农利用，仍给予了农村集体建设用地集约利用一定的制度空间。《土地管理法》第 43 条规定：任何单位和个人进行建设，需要土地的，必须依法申请使用土地；但是，兴办乡镇企业和村民建设住宅经依法批准使用本集体经济组织农民集体所有的土地的，或者乡（镇）村公共设施和公益事业建设经依法批准可使用农民集体所有的土地的除外。该法第 63 条规定：农民集体所有的土地使用权不得出让、转让或者出租用于非农业建设，但是，符合土地利用总体规划并依法取得建设用地的企业，因破产、兼并等情形该土地使用权依法发生转移的除外。这表明，农村集体建设用地如果按照“自有土地，自己使用”要求进行配置，并不与《土地管理法》冲突。乡镇统筹利用集体建设用地，通过建立乡镇土地股份合作社，实现农民集体土地使用权的集中配置，全乡农民通过股份形式，按照“农民对村集体、村集体对乡集体”的组织架构，仍然拥有土地使用权。由乡土地股份合作社自主开发或与社会资本联合开发，并不违反《土地管理法》的规定。

（三）发挥社区机制的积极作用，形成资源配置的社区、政府与市场的耦合机制

完成腾退拆迁是集体建设用地集约利用的关键和难点所在。集体建设用地进入市场的传统路径是走征地转国有、招拍挂手续。随着农民产权意识的日益增强，征地拆迁成本快速提高，强制性低价拿地的运作空间日益缩小，

拆迁工作逐渐演化为一场零和博弈。土地开发模式由“转权让利”向“保权让利”转变，类似台湾地区区段征收或市地重划，让农民在保留全部或部分土地产权的情况下，参与城市建设，大幅度降低拆除腾退成本，既是大势所趋，亦是形势所逼。要实现这一制度上的重大转变，在资源配置模式上要相应地由“政府+市场”向“政府+市场+社区”配置方式转变，尊重农民主体地位，发挥好乡村两级社区资源配置机制的作用。充分利用农村传统社区熟人文化的资源优势，由德高望重的老书记、老村长出面协调农民和外来企业主，由乡镇以政府和社区的双重身份协调村，配合以相应的市场机制作用的发挥，有利于降低腾退难度，加快拆除进度。

二　乡镇统筹利用集体建设用地的典型路径

产业基础条件是探索集体建设用地集约利用路径的出发点。按照产业发展的不同取向和发展路径，二道绿隔地区 6 个试点乡镇，主要有 3 类具有典型意义的集体建设用地乡镇统筹利用路径和方法。

（一）重大项目带动型：以通州区台湖镇为例

该类地区有重大产业项目布局，找到集体建设用地集约利用与项目开发之间的利益连接点，可以实施项目带动的战略措施，解决集体建设用地高效利用问题。

1. 概况

台湖镇位于亦庄新城与通州新城之间，交通区位优势明显。全镇 28 个工业大院 6000 亩的集体经营性建设用地需要盘活利用。环渤海高端总部基地、台湖生态镇项目（星湖科技园中的一部分）两个重大项目，下一步发展不存在规划指标问题，但是占用耕地仍需要按照占补平衡的要求，获得占补平衡指标，才能正常进入地块上市环节。在外部区域无法获得指标的情况下，需要从镇域其他地区的建设用地复耕中满足占补平衡的政策要求。这为重大项目开发和工业大院腾退之间找到了利益连接点。通过拆除腾退工业大院6000亩土地可以满足占补平衡要求，同时，可以将剩余2500亩土地指标作为集体经济未来长期发展的资产。或者为满足园区职工居住需求，利用集体土地配建公租房项目，发挥重大项目对集体土地集约利用的带动作用。

2. 路径："土地整治+搭建平台+统一开发"

土地整治，占补平衡。借助土地综合整治政策①，工业大院用地腾退还耕，占补平衡指标置换到开发区。在腾出工业大院6000亩全部复耕的前提下，把置换所得指标直接安置到环渤海总部基地或星湖科技园等重大项目开发中，同时解决农民的产业用地与项目开发占补平衡问题。之后，也可以结合百万亩造林工程，通过流转形式完成生态绿化任务。

产权改革，健全组织。建立项目型的社区股份合作社，农民持股分享集体土地集约收益。把分布在各个村的集体经营性建设用地使用权集中，成立一个28个村集体持股的新型的社区土地股份合作社，把股份量化给农民。

统一开发，按股分红。工业大院腾退过程中，农民收入会受到影响，包括土地流转收入、工业大院就业收入以及给外地人出租房屋收入。通过组建社区土地股份合作社，建立开发区建设与农民之间的利益联结机制。核心是新组建的乡镇土地股份合作社要持有资产，而不是一个空架子。可以考虑利用部分占补平衡指标解决完工业大院腾退成本后，再利用剩余指标置换园区内国有建设用地使用权，以定向协议出让方式由社区土地股份合作社获得，由社区土地股份合作社进行直接经营或招商引资，带动剩余贫困村庄的发展，让农民在拆除工业大院之后拥有永久的利益依托。

（二）产业就地升级型：以通州区宋庄镇为例

该类地区缺乏重大项目带动，但是，经过长期的市场培育，形成了具有

---

① 根据国务院关于全国土地整治规划（2011～2015年）的批复（国函〔2012〕23号）与全国土地整治规划（2011～2015年），京津冀鲁区域土地整治方向：以土地综合整治为主要方向。积极开展农村土地综合整治，规范推进城乡建设用地增减挂钩，稳步开展城镇工矿建设用地整治，优化城乡用地结构和布局；加强耕地质量建设，积极改造盐碱地和中低产田，提高耕地综合生产能力。

顽强生命力的独立的产业业态，不宜再实施“腾笼换鸟”，应就地升级改造，实现产业内的结构优化升级。

1. 概况

宋庄镇位于通州新城北部，经过多年发展，自20世纪90年代中期开始，一大批当代艺术家来到宋庄生活创作，逐步打造了“中国·宋庄”和宋庄“小堡画家村”这两张文化名片，形成了以小堡村为中心的北京乃至中国规模最大、知名度最高的画家村群落，在国内外产生了重要影响。但是，目前文化产业聚集区发展面临着规划缺位与政策的局限，未来小堡村及附近村庄面临被动城市化改造的风险，可能导致原创艺术失去生存之地，形成城镇化与原创艺术保护之间的矛盾。宋庄镇共有19个村级工业大院，占地规模约1.2万亩。由于年代久远，绝大多数工业大院厂房破旧，存在严重安全隐患，部分已停工停业荒废闲置数年，并且也因缺乏建设审批手续而无法进行翻改扩建。下一步区域发展，要立足文化创意产业发展，调整空间规划，在新城范围内保留部分村庄，保护原创艺术，同时，90%的工业大院拆除腾退，打造产业功能定位一致的文化聚集区。

2. 路径：指标反哺＋产权改革＋自主改造

规模减量，指标反哺。以小堡村为核心，打造高端的文化产业聚集区。同时，腾退现处工业大院的集体产业，在规划产业区内建设集体产业项目。按照“城乡统筹，以城带乡，城乡互惠”，释放部分通州新城城镇建设用地指标，用于新城外地区的建设，解决文化产业集聚区缺少城镇建设用地指标，拆迁安置资金难以平衡的问题。

产权改革，片区统筹。按照均衡发展原则，以小堡村为核心，联合周边村，将文化聚集区片区内的村庄纳入整体统筹范围，通过人地折股量化方式，建立社区土地股份合作社，统筹区范围内村庄分享未来的集体土地经营和增值收益。

自主改造，产业升级。规划允许农民宅基地整体自主实施改造，通过建自住楼，剩余宅基地指标可用于集体产业发展，保障农民长期利益，降低政府实施拆除腾退压力。

（三）腾笼换鸟改造型：以丰台区长辛店镇为例

该类地区规划尚未审批通过，既无重大项目或重大项目尚未落地，也缺乏市场培育形成的原创性产业类型，需要结合区域功能定位，通过“腾笼换鸟”方式，完成产业升级的任务。

1. 概况

长辛店位于北京城六区之一的丰台区西部，是连接北京中心城区与郊区县的重要结点。面临的问题主要有：一是规划尚未批复。受制于区域整体规划未获审批等原因，镇域公共设施和公共服务缺乏，制约了长辛店疏解首都功能作用的发挥。二是主导产业缺失。自2002年以来，长辛店的“三高”企业、资源型企业逐年平稳有序关闭，并实现了整体退出，接续替代产业的培育发展较为缓慢，产业空心化问题较为突出。三是现存建设用地严重分散。镇域内高压线网密集，京原铁路、京九铁路、京广铁路和京石客运专线等铁路干线贯穿，市政、天然气、石油等地下管线交错及大量国有企业和部队院校占地，破坏了土地的整体性，对镇域招商引资和重大产业项目落地形成极大制约。

2. 路径：规划审批+产权改革+腾笼换鸟

规划审批，发展定位。目前，地区整合性规划已向市主管部门报批。完成审批后，该地区发展的方向和目标可以进一步明确和清晰，有利于未来在确权颁证、吸引社会资本以及重大项目落地等方面，加快进度，推进区域经济整体发展。

产权改革，农民主体。试点以政府为主导、农民为主体，结合各村集体经营性建设用地与人口指标，确立各村股份权重，成立镇域统筹的土地股份合作社，负责功能区建设、经营管理、收益分配等。

腾笼换鸟，产业升级。以张家坟村轨道交通重要站点为契机，进行综合开发建设，培育发展科技研发、旅游文创、商业服务等生态型现代服务产业，促进长辛店镇产业结构调整和布局优化。

3. 小结

在修改后的《土地管理法》尚未出台，集体土地与国有土地难以真正实现同地同权同价的情况下，三类典型路径的探索均具有过渡性特征。虽然东升科技园颁了房产证、西红门由区里发了房产证，产权主体并不相信银行能以此给予抵押贷款。这就出现了西红门通过用于房地产开发的1号地来平衡拆除腾退资金、金盏乡通过打入棚户区改造成本来平衡产业用地腾退资金、台湖镇通过渤海总部基地和生态小镇两个国有项目来平衡28个工业大院拆除腾退成本等看似多样，实质一致的运作模式。即使东升乡科技园二期也是通过1/3挂牌，2/3定向出让的方式实施开发建设。这些杂合型的集体建设用地开发模式实际上是一类介于传统开发模式和成熟期开发模式之间的过渡性的模式，加强配套制度政策建设显得尤为重要。

三　乡镇统筹利用集体建设用地的配套政策

完善配套制度政策，强化过渡期乡镇统筹利用集体建设用地路径探索的体制机制支撑，主要有以下几个方面。

推进农村现代产权制度建设，明晰集体土地用益物权。加快农村集体建设用地使用权以及集体土地上房屋权属的确权颁证工作，实现土地产权关系清晰化，稳定市场主体对土地资源的收益预期，规避在产权不清晰、不稳定情况下产生的一系列机会主义行为。

研究探索乡联社①建设的路径和程序。需要研究探索乡镇统筹组织支撑，在不同村之间实现资源优势与资金优势的互补以及利益的共享，为镇域经济均衡发展建立制度和组织支撑。在实践探索基础上，出台推进乡联社建设的指导意见，明确乡联社的功能定位、组织架构、法律地位。

扩大乡镇在规划编制中的权限。创新规划体制机制，充分发挥乡镇的作

① 是乡（镇）合作经济联合社的简称，按照《北京市农村集体资产管理条例》，属于乡级集体经济组织，与村经济合作社对应。但本文所称乡联社，主要是对增量建设用地指标的统筹，而不是对全镇集体资产的统筹。

用，提高乡镇在规划编制中的参与度。上级主管部门只负责确定建设用地指标总量，乡镇负责落实具体指标落地地块，并解决当地农民的产业可持续发展和永久利益依托问题。增强规划的灵活性和弹性，为未来发展提前规划预留空间。

下放审批权限。选择镇区人口10万人以上、经济规模百亿元以上的建制镇，实施相关职能部门审批职权下放，明确审批程序，提高政府工作效率，更好地发挥乡镇统筹职能。非市级重大产业项目的立项、规划和用地的审批权限下放到区政府，由区政府结合乡镇实际情况统筹安排、整体推进。

合理确定集体建设用地指标。通过3%～5%的绿化配套产业用地政策、腾退拆除指标奖励政策、国有建设用地指标回哺政策、特殊类型用地产业用地指标政策等多种方式和途径，解决建设用地指标短缺的问题。

集体产业用地项目开发实施一二级联动。借鉴棚户区改造和东升科技园开发政策，实行集体经营性建设用地自建自用或部分定向招标，避开招拍挂。对集体建设项目用地审批，要加强部门间政策协调，明确工作流程，缩短审批周期。

明确集体建设用地腾退及后期收益分享方式。需要出台专项腾退政策，使置换或腾退工作有明确的实施依据。要研究制定规范集体建设用地集约利用后的收益分享政策，完善收益分配的比例和程序。

B.12

北京市土地出让市场现状、问题及政策建议

张远索　谷 裕*

摘　要：运用地理信息系统技术及数据分析法，对北京市2011～2013年土地出让市场现状特征进行分析。研究发现：在土地出让方式方面，土地挂牌出让仍占据主流地位；在空间分布上，南部土地出让交易数量越来越多；在溢价率方面，3年高溢价率的地块呈逐年减少的趋势，尤其在2013年，成交地块的溢价率均低于300%，说明房地产市场趋于稳定化发展。在此基础上，总结土地出让市场在土地出让方式、土地出让价格、地块空间分布等方面存在的问题。最后提出统筹城乡发展、完善土地出让方式和地块空间布局等政策建议。

关键词：土地出让市场　现状　问题　政策建议　北京市

一　北京市土地出让市场现状特征

（一）北京市2011～2013年土地出让特征分析

1. 总体情况

在2011年北京市土地交易市场中，成交总数为249宗地块。其中，成

* 张远索，北京联合大学应用文理学院副教授，博士，研究方向为土地制度政策、房地产市场分析；谷裕，中国地质大学（北京）土地科学技术学院硕士研究生，研究方向为城乡规划管理。项目资助：北京市属高等学校高层次人才引进与培养计划项目（项目编号：IDHT201304079）。

交地块的建设用地面积总数为 13908162.03 平方米，规划建筑面积总数为 23288677.93 平方米，土地面积总数为 19654935.06 平方米。因此，可测算出土地的平均容积率为 1.67。在成交的 249 宗地块中，有 27 宗地块的用途为居住用地或以居住用途为绝对主体的用地，有 122 宗地块的用途为工业用地，有 35 宗地块的用途为办公商业金融用地，54 宗地块的用途为综合用地，剩余的为其他用地。其中，数额最大的工业用地占总成交地块的 49.00%，居住用地所占百分比为 10.84%。居住用地建筑用地面积总额为 1590207.5 平方米，规划建筑面积总额为 3215577 平方米，居住用地土地总面积为 2451838.8 平方米，平均容积率为 2.02。各宗地的规划用途分类及其分布情况见图 1。

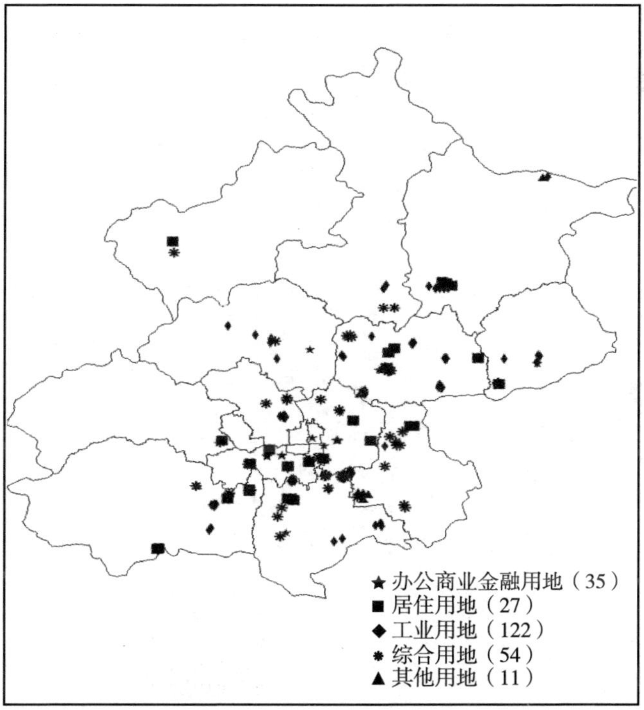

图 1　北京市 2011 年土地交易地块不同规划用途分布

在 2012 年北京市土地交易市场中，成交总数为 163 宗地块。其中，成交地块的建设用地面积总数为 8114492.63 平方米，规划建筑面积总数为

13650843.53 平方米，土地面积总额为 10876809.87 平方米。因此，可测算出土地的平均容积率为 1.68。在成交的 163 宗地块中，有 7 宗地块的用途为居住用地或以居住用途的绝对主体的土地，有 92 宗地块的用途为工业用地，有 12 宗地块的用途为办公商业金融用地，46 宗地块的用途为综合用地，剩余的为其他用地。其中，数额最大的工业用地占总成交地块的 56.44%，居住用地所占百分比为 4.30%。居住用地建筑用地面积总额为 382989.33 平方米，规划建筑面积总额为 774583.9 平方米，居住用地土地总面积为 503095.34 平方米，平均容积率为 2.02。各宗地的规划用途分类及其分布情况见图 2。

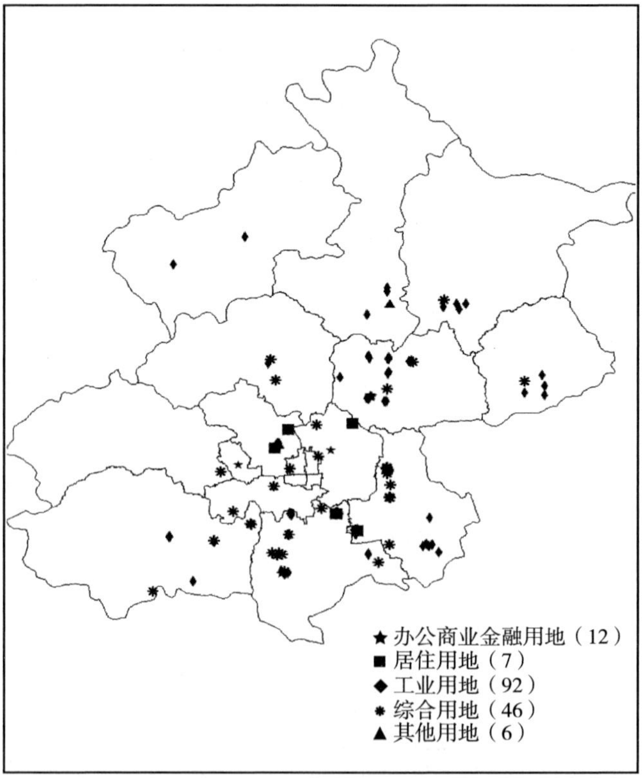

图 2　北京市 2012 年土地交易地块不同规划用途分布

在 2013 年北京市土地交易市场中，成交的地块总数为 214 块。其中，成交地块的建设用地面积总数为 13144700.96 平方米，规划建筑面积总数为

23798985.73 平方米，土地面积总额为 36943686.69 平方米。因此，可测算出土地的平均容积率为 1.81. 在成交的 214 宗地块中，有 34 宗地块的用途为居住用地或以居住用途为绝对主体的土地，有 77 宗地块为工业用途，有 19 宗地块为办公商业金融用途，有 75 宗地块为综合用途，其余的为其他用途。其中，数额最大的综合用地占总成交地块的 35.05%，居住用地所占百分比为 15.89%。居住用地建筑用地面积总额为 12609041.53 平方米，规划建筑面积总额为 23048052.13 平方米，居住用地土地总面积为 503095.34 平方米，平均容积率为 1.83。各宗地的规划用途分类及其分布情况见图 3。

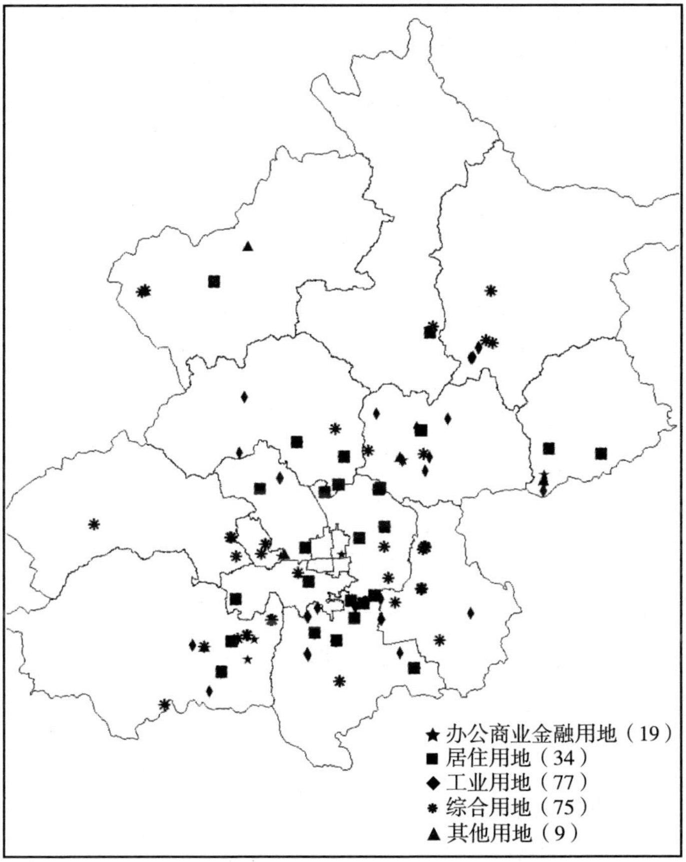

图 3　北京市 2013 年土地交易地块不同规划用途分布

2. 出让方式

按照《招标拍卖挂牌出让国有土地使用权规定》（国土资源部令第11号）的解释，土地公开出让方式包括招标、拍卖和挂牌。在2011年北京市土地出让市场的249宗地块中，出让方式为挂牌的有204宗，出让方式为招标的有44宗地块，出让方式为公告的有1宗地块。其中，挂牌出让方式占总数的81.93%，招标出让方式占总数的17.67%。在2012年北京市土地出让市场的163宗地块中，出让方式为挂牌的有141块，出让方式为招标的22宗地块，出让方式为拍卖的为零。其中，挂牌出让方式占总数的86.50%，招标出让方式占总数的13.50%。在2013年北京市土地出让市场的214宗地块中，出让方式为挂牌的有170块，出让方式为招标的44宗地块，出让方式为拍卖的为零。其中，挂牌出让方式占总数的79.44%，招标出让方式占总数的20.56%。

根据《招标拍卖挂牌出让国有土地使用权规定》，其对3种具体出让方式是这样定义的：

招标出让国有土地使用权是指市、县人民政府土地行政主管部门（以下简称出让人）发布招标公告，邀请特定或者不特定的公民、法人和其他组织参加国有土地使用权投标，根据投标结果确定土地使用者的行为。

拍卖出让国有土地使用权，是指土地所有者发布拍卖公告，由竞拍人在指定时间、地点进行公开竞价，根据出价结果确定土地使用者的行为。

挂牌出让国有土地使用权，是指土地所有者发布挂牌公告，按公告规定的时间将拟定出让地块的交易条件在指定的土地交易场所挂牌公示，接受土地使用权竞买人的报价申请及相关材料并更新挂牌价格，根据挂牌期限截止时间的出价结果确定土地竞买者。

因此从近3年（2011～2013）的土地出让市场交易情况数据来看，挂牌出让方式在3种方式中的比例分别是81.93%、86.50%和79.44%，分别超出所占比例第二位的招标方式64.26个、73.00个和58.88个百分点，可以看出，挂牌出让方式是近年来北京土地出让市场最主要的出让方式。

3. 空间布局特征

从图 1、图 2、图 3 可以看出，近 3 年来北京市土地交易地块比较均匀地分布在东西城周边，大多数分布在房山区、丰台区、大兴区、通州区、顺义区以及更远的延庆县与怀柔区、密云县等地。其中在大兴、通州以及丰台等地域的土地交易数量要明显多于北部城区。近年来针对北京市的发展格局，北京市政府颁布一系列的政策法规，如：《北京城市总体规划（2004～2020 年）》修编方案明确指出，要对市区建成区重点进行环境整治、交通梳理、基础设施改善。以南中轴整治为契机，全面整治南城环境，提升就业人口和居住人口的素质，带动南城发展。同时，随着《促进城市南部地区加快发展行动计划》第一阶段城南行动计划（2010～2012）确定的主要任务的圆满完成，2013 年北京市制订了促进城市南部地区加快发展第二阶段行动计划（2013～2015），其主要任务是：①高标准、高水平、高质量推进北京新机场建设，超前谋划临空经济区；②以产业园区功能完善和产业项目引进为重点，促进城市南部地区产业快速发展；③以扩展优质公共服务为重点，持续保障和改善民生；④继续完善和提升基础设施体系，增强区域发展支撑能力；⑤着力抓好城乡结合部治理，促进城乡一体化发展等。另外，国家主席习近平曾强调实现京津冀协同发展的重要性，而城市南部地区作为本市未来发展的重要空间和京津冀区域合作的门户通道，其对于实现北京市发展空间布局规划，促进首都经济社会科学发展具有重要意义。因此我们有理由相信在未来几年，北京市会一改以往将发展重心如奥运村、CBD、金融街等集中在北部的发展模式，将集中力量把城南建成“一轴一带多园区”的产业发展格局。

通过北京市土地交易地块数据与其不同用途的规划图可以得出以下结论：北京市南部五城区在 2011～2013 年交易的地块数额分别为 112 宗、101 宗和 143 宗。分别占该年全年土地交易总额的 45.0%、

62.0%和66.8%。在国家政府的宏观调控下，北京市南部城区发生了重大而深刻的变化，社会经济发展呈现出快速发展的趋势，南北差异在逐渐减小。

4. 价格交易特征

根据搜集到的北京市2011～2013年的土地交易状况的数据进行分析统计，总结其溢价率的分布情况。就近3年数据而言，均存在着成交价格与竞价起始价格不等，甚至有高出几倍的情况。如，2011年成交的北京市丰台区丽泽金融商务区E－17地块商业金融项目，原起始价为56400万元而成交价格为91000万元，其溢价率为61.35%。2012年成交的北京市大兴区采育镇区四号地01－0001A、01－0001B地块住宅混合公建用地、二类居住用地项目（回迁安置房），原起始价为9000万元而成交价格为91360万元，其溢价率高达915%。2013年成交的北京市昌平区阳坊镇后白虎涧村南工业项目地块M1一类工业用地，原起始价为1081.84万元而成交价格为30400万元，其溢价率为251%。高额的溢价率表明出资人对于该处房地产市场的未来趋势更加看好，并期待可以从中获取更高额的利润。由于土地的稀缺性和市场需求的无限性，以及土地市场的投机炒作，使得地价出现虚涨，长此以往会出现泡沫市场，会造成更大的损失，这需要有关部门严格限制“地王”的出现，保证房地产市场健康稳定发展。

由北京市近3年土地出让市场交易数据分析得知，2011年北京市土地出让市场交易地块的溢价率在0～200%的地块数量为58，溢价率大于200%的地块数额为4，其溢价出售的地块占该年出售地块总数额的24.9%；2012年北京市土地出让市场交易地块的溢价率在0～200%的地块数量为32，溢价率大于200%的地块数量为3，其溢价出售的地块占该年地块出售总额的21.47%；2013年北京市土地出让市场交易地块的溢价率在0～200%的地块数量为73，溢价率大于200%的地块数额为3，其溢价出售的地块占该年地块出售总额的35.51%。

从2011～2013年北京市各类用地最高溢价率（见表1）分析可知，综合用地的溢价率普遍较高，2012 年溢价率甚至高达 915%，这与综合用地的综合性能有关，开发商开发综合性用地所获利益高。居住用地的溢价率相对于其他 4 种用地低，这与为抑制土地市场的持续火爆，地方政府对土地出让规则做出调整有关，如杭州已将入市的住宅用地的最高溢价率明确限制为 35%，这种情况有利于降低开发商拿地成本，从而抑制住宅价格的无限增长，满足人们的购房需求。办公商业金融用地的溢价率在 150% 附近波动，比较稳定。

表 1　2011～2013 年各类用地最高溢价率对比情况

单位：%

年份	居住用地	工业用地	办公金融商业用地	综合用地	其他用地
2011	50	294	140	291	351
2012	43	71	169	915	0
2013	136	251	171	242	130

表 2　2011 年北京市土地出让市场最高溢价率地块汇总

序号	宗地名称	宗地位置	起始价（万元）	成交价（万元）	交易方式	开发程度	规划用途标准分类	溢价率（%）
1	通州区马驹桥镇物流基地 E－14(南部分) 地块、E－13(南部分) 地块	通州区马驹桥镇物流基地	4172.0303	18800	挂牌出让公告	六通一平	其他用地	351
2	中关村科技园昌平园西区三期0208－72－2 地块工业项目用地	昌平区城南街道	1145.6	4510	挂牌出让公告	三通一平	工业用地	294

续表

序号	宗地名称	宗地位置	起始价（万元）	成交价（万元）	交易方式	开发程度	规划用途标准分类	溢价率（%）
3	北京市顺义区新城22街区22－06－001、22－06－002其他多功能用地	顺义新城22街区	39230	153500	挂牌出让公告	六通一平	综合用地	291
4	北京市通州区台湖镇027东侧地块多功能用地	通州区台湖镇光机电一体化产业基地	2305	7200	挂牌出让公告	六通一平	综合用地	212
5	通州区马驹桥镇物流用地（E－02西部分、E－01西部分）	通州区马驹桥镇物流基地	39300	13200	挂牌出让公告	六通一平	其他用地	180

表3　2012年北京市土地出让市场最高溢价率地块汇总

序号	宗地名称	宗地位置	起始价（万元）	成交价（万元）	交易方式	开发程度	规划用途标准分类	溢价率（%）
1	北京市大兴区采育镇区四号地01－0001A、01－0001B地块住宅混合公建用地、二类居住用地项目（回迁安置房）	北京市大兴区采育镇	9000	91360	挂牌出让公告	七通一平	综合用地	915

续表

序号	宗地名称	宗地位置	起始价（万元）	成交价（万元）	交易方式	开发程度	规划用途标准分类	溢价率（%）
2	北京市通州区梨园镇0802－168地块F1住宅混合公建用地、0802－166地块C2商业金融用地、0802－164地块S31机动车停车场库用地（配建限价商品住房、经济适用房）	通州区梨园镇	17000	100500	挂牌出让公告	三通一平	综合用地	491
3	北京市大兴区生物医药产业基地0504－018地块F3其他类多功能用地项目	大兴区生物医药基地	20500	69500	挂牌出让公告	三通一平	综合用地	239
4	北京市朝阳区霞光里5号、6号商业金融用地	朝阳区霞光里	56300	151500	挂牌出让公告	三通一平	办公商业金融用地	169
5	北京市大兴区新城核心区Ⅰ组团0101－013地块商业金融用地项目	大兴区黄村镇	39300	91000	挂牌出让公告	六通一平	办公商业金融用地	132

表 4　2013 年北京市土地出让市场最高溢价率地块汇总

序号	宗地名称	宗地位置	起始价（万元）	成交价（万元）	交易方式	开发程度	规划用途标准分类	溢价率（%）
1	昌平区阳坊镇后白虎涧村南工业项目用地	北京市昌平区阳坊镇后白虎涧村南	1081.84	3800	挂牌出让公告	三通一平	工业用地	251
2	北京市通州区台湖镇 B－21 地块（部分）F3 其他类多功能用地、B－24 地块 U13 供燃气用地	北京市光机电一体化产业基地	30400	104000	挂牌出让公告	六通一平	综合用地	242
3	北京市通州区台湖镇 B－23 地块 F3 其他类多功能用地	北京市通州区台湖镇光机电一体化产业基地	25000	82500	挂牌出让公告	六通一平	综合用地	23
4	北京市石景山区鲁谷路 C2 商业金融用地（原北京市弹簧厂）	石景山区鲁谷路	42500	116500	挂牌出让公告	三通一平	办公商业金融用地	174
5	北京市昌平区东小口镇 G05－1、G05－3、G08－1 地块 R22 居住小区级配套公建项目用地	昌平区东小口镇	40000	94500	挂牌出让公告	六通一平	居住用地	136

北京市 2011 ~ 2013 年居住用地成交地块溢价率分布见图 4、图 5、图 6。

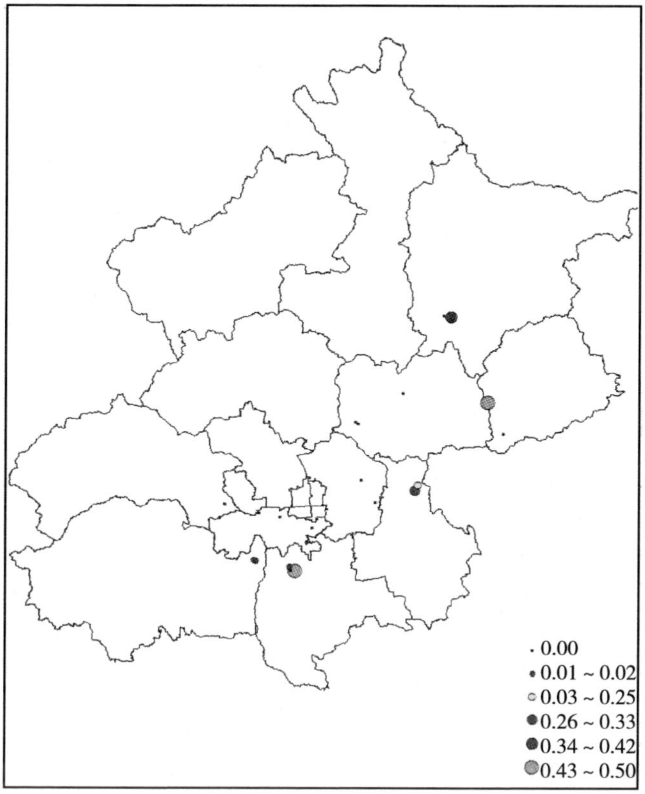

图 4　北京市 2011 年居住用地成交地块溢价率

（二）北京市近3年土地出让市场变化趋势

整理近 3 年北京市土地出让的数据，我们不难发现其变化趋势。在总体情况方面，北京市土地出让地块数量基本在 200 块左右。若北京市相关政策法规不发生大的改变，预计未来几年土地出让地块数也应该保持在 200 块左右；在出让方式方面，近几年北京市的土地出让方式以挂牌出让为主，其他

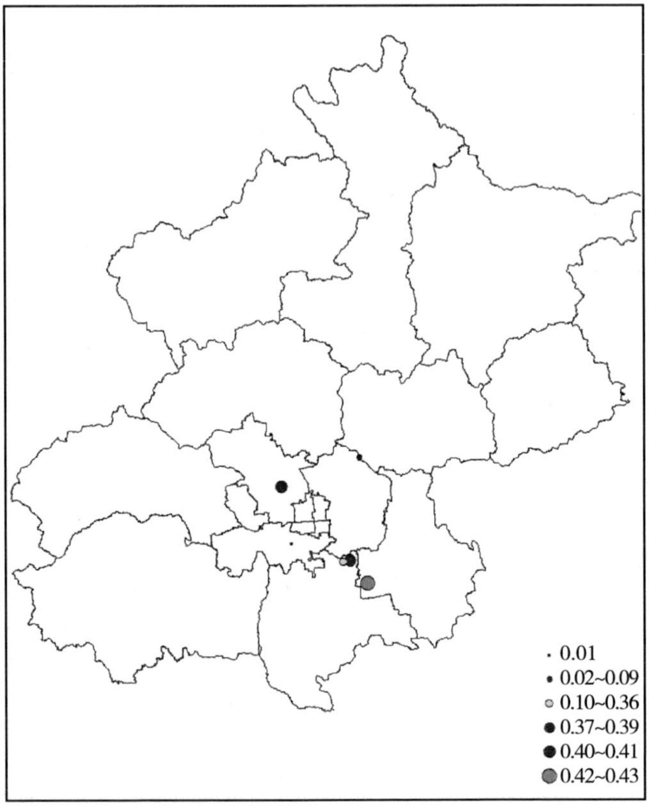

图 5　北京市 2012 年居住用地成交地块溢价率

出让方式只占很小一部分，预计未来几年，北京市土地出让方式应该还是以挂牌出让为主，其余方式为辅；在空间分布特征方面，北京市土地出让地块大多分布在南部地区，集中在东西城区市中心周边，参照北京市近年来发布的一系列政策法规及城市规划，预计未来几年内北京市的发展重心应该还在城市南部地区；在价格交易特征方面，北京市的工业用地和其他用地交易地价近年来呈缓慢上升趋势，综合用地和居住用地交易地价涨幅较大，办公商业金融用地交易地价波动较大，由此可以推测未来几年内综合用地的交易地价仍将会上涨。

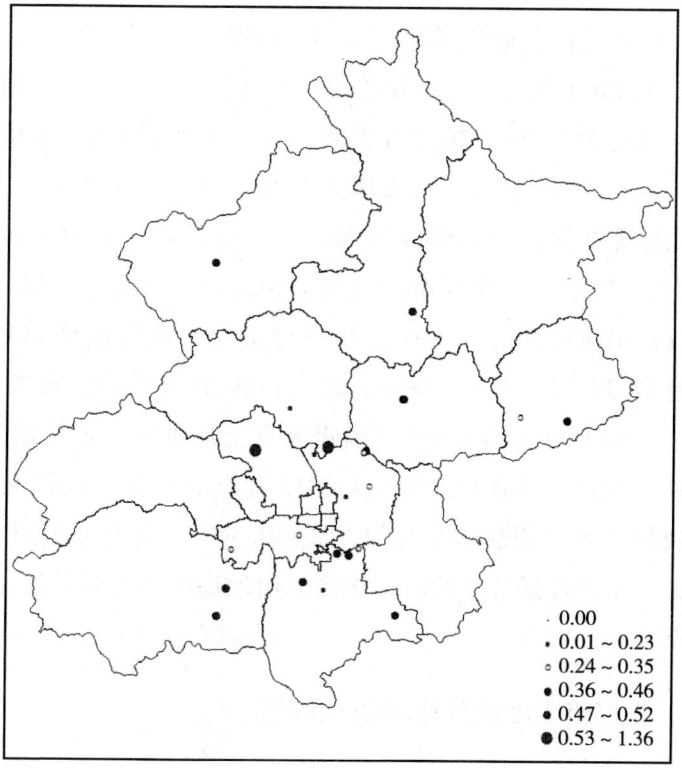

图 6　北京市 2013 年居住用地成交地块溢价率

二　北京市土地出让市场存在的问题

北京市土地出让市场供给状况可从以下几点进行分析。

（一）北京市土地出让市场供给问题

近年来，北京市居住类用地供应量不足。2011 年北京市成交地块 249 块，其中居住类用地仅 27 块，占 10.84%，居住规划建筑面积 3215577 平方米，建设用地面积总数为 13908162.03 平方米，占规划总建设用地面积的

23.12%。根据北京市国土资源局公布的《北京市2011年国有建设用地供应计划》，确定国有土地供应计划总量为6500公顷，其中住宅用地为2550公顷，从2011年北京市居住用地交易数据上看，居住规划建筑面积仅占供应计划的54.54%；2012年北京市成交地块163块，其中居住类用地仅7块，占4.3%，根据北京市国土资源局公布的《北京市2012年国有建设用地供应计划》，确定国有土地供应计划总量为5700公顷，其中住宅用地为1700公顷，从2012年北京市居住用地交易数据上看，居住规划建筑面积仅占供应计划的4.05%；2013年北京市成交地块214块，其中居住类用地仅34块，占15.89%。北京市国土资源局公布的《北京市2013年国有建设用地供应计划》，确定国有土地供应计划总量为5650公顷，其中住宅用地为1650公顷，从2013年北京市居住用地交易数据上看，居住规划建筑面积仅占供应计划的30.34%，远达不到计划的1650公顷。从近3年的数据可以看出，居住类用地供给不足是导致北京房价居高不下的原因之一①。

（二）北京市土地出让市场价格问题

按既定标准化分类，将北京市2011~2013年成交地块分为办公商业金融用地、工业用地、居住用地、综合用地与其他用地五大类，计算各类成交地块的平均地价与平均楼面地价，如图7、图8所示。整体上看，工业用地和其他用地平均地价和平均楼面地价处于相对较低且相对平稳的状态，价格均在4000元/平方米以下。而办公商业金融用地、工业用地与居住用地的平均地价与楼面地价变动较大。办公金融商业用地除2012年价格比较低以外，其余两年其平均地价与平均楼面地价均处在五类用地之最。近年来居住用地的平均地价与平均楼面地价出现增长趋势，平均地价已趋近20000元/平方米，这从侧面反映了北京市居住用地供应量不足。综合用地的平均地价与平

① 由于很多基础设施用地、保障性住房用地（主要是回迁安置房用地）等未纳入土地出让市场数据中，因此严格来讲，不能将土地出让数据与土地供应计划简单对比。本文只是一定程度上揭示问题所在。

均楼面地价出现明显的增长，2013 年其平均楼面地价甚至超越了办公商业金融用地，达到了近 18000 元/平方米。总体来说，北京市各类土地出让价格远远超过了全国平均水平。

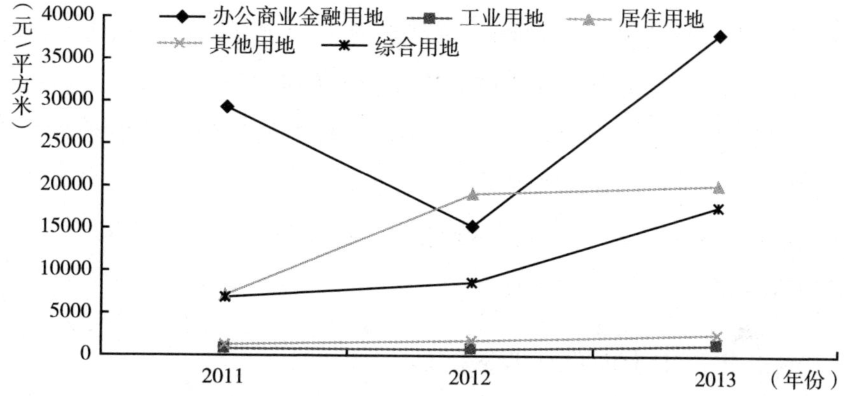

图 7　2011～2013 年北京市各类用地平均地价

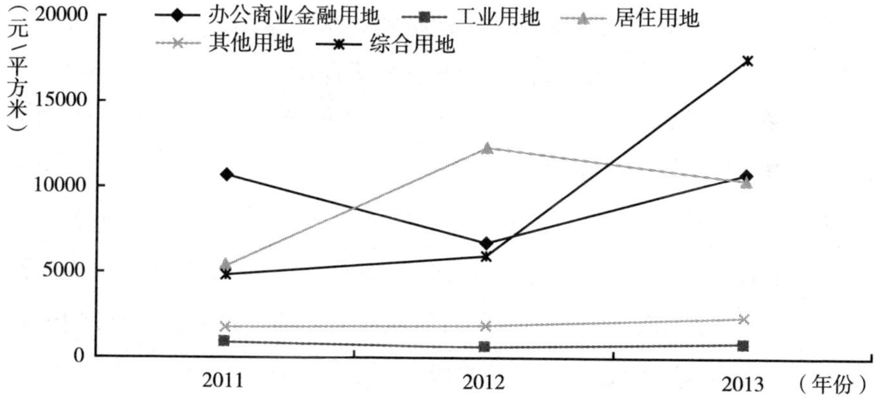

图 8　2011～2013 年北京市各类用地平均楼面地价

（三）北京市土地出让市场出让方式有待进一步完善

从 2011～2013 年北京市土地出让方式的统计结果来看，挂牌出让方式分别占总数的81.93%、86.50%和79.44%，占绝对主流地位，其次是招标出让方式，北京市土地出让市场连续3年没有拍卖出让方式。这些数据反映出北京市土地出让方式太过单一，有待进一步丰富和完善。挂牌土地出让方式其优点是避免暗箱操作、防止国有资产流失等，但任其轮番叫价的特点容易导致价格高于理想值，这种以"价高者得"为主要特征的拍卖、挂牌方式有一定的局限性，尤其是在当前中央政府意图维稳房价的情况下。北京市土地出让市场主要的土地出让方式是挂牌，这导致北京频频出现"地王"，由于开发成本过高，地价不断被哄抬，房价也不断攀升，导致普通百姓买不起房，而开发商依旧持有价高者得的心态，造成两极分化的不良现象，这对房地产市场的稳定发展相当不利。

（四）北京市土地出让收入问题

改革开放以来，中国城市土地改革，土地使用制度开始由无偿划拨向有偿使用转变，其主要目的是通过用土地价格体系来取代旧的免费的土地使用制度来促进更加有效地利用土地和保护耕地。由于我国特殊的土地所有权制度，城市土地归国家所有，农村土地归农村集体所有，土地已经成为当前我国地方政府掌管的最大规模的国有资产。有媒体报道，北京2012年市级政府性基金预算收入为812.4亿元，超额完成计划的713.5亿元，超出比例为14%。其中，国有土地使用权出让收入仍然占大头，超出预算的330.1亿元，实际完成了401.1亿元。通过查阅北京市2013年市级政府性基金预算收入计划情况了解到，2013年北京市国有土地使用权出让收入为2614400万元，而该年的收入总计为4210019万元，土地出让收入占总收入的62.1%。由此可见北京市的政府财政收入还是较为倚重土地出让收入。然而，地方政府对土地有偿出让的过分倚重带来了许多问题，如，土地出让金虽然带来了丰厚财政收入，但也诱发了地方政府为了谋取利益的短期土地出让行为，耕地流失严重；征收土地出让金监督管理制度存在缺陷，农民的利益得不到保障，土地收益遭到流失；土地出让金成本核算和收益分配机制不合理，影响土地出让整体效益。

（五）北京市土地出让空间结构存在问题

从图1、图3我们可以看出，近3年北京市土地出让地块比较集中地分布在东西城区周围，偏远的郊区如平谷区、密云县、延庆县、门头沟区等北京市周边地区很少或基本没有地块出让。这样集中在市中心的开发模式，虽然有利于新建地区利用原有的道路及基础设施设备，但长此以往，会造成很多问题，如交通拥堵、环境污染、基础设施超负荷使用等。尤其是一些工业用地，工厂生产过程不仅产生“三废”，还有可能产生有毒有害物质。因此，从长远看，北京市土地出让空间布局过于集中在市中心是不利于城市可持续发展的。

三　北京市土地出让市场问题的对策研究

（一）北京市城乡一体化建设稳步实施

改革开放以来，我国城镇国有建设用地市场建设从无到有、从小到大、从无序到规范，取得了明显成效，但农村集体建设用地市场发展不平衡、不规范的问题十分突出，城乡建设用地市场呈现明显的“二元”特点。在当前北京建设中国特色世界城市的背景下，城乡分割的二元结构严重制约了北京经济社会的发展，尤其是农业农村的发展。而解决这一难题的关键是加快城乡一体化发展步伐，统筹城乡发展，实现全面小康，促进社会和谐稳定。

1. 推进新型城镇化

十八届三中全会通过的《中共中央关于全面深化改革若干重大问题的决定》提出，健全城乡发展一体化体制机制，城乡二元结构是制约城乡发展一体化的主要障碍。必须健全体制机制，形成以工促农、以城带乡、工农互惠、城乡一体的新型工农城乡关系，让广大农民平等参与现代化进程、共同分享现代化成果。土地城镇化是新型城镇化的关键，世界银行高级农业专家李果曾指出“土地对中国经济社会发展至关重要，它是保持经济增长、推进城镇化、保障国家粮食安全、促进社会和谐以及维持金融体系稳定的关键要素”。我国城市土地与农村土地的法律和管理体制是分割的，城市土地比农村土地拥有更完整的权利制度，享受更完善的权能。在城乡一体化建设过程中，随着农村集体建设用地进入土地交易市场，我们要保证《决定》中所要求的“稳定农村土地承包关系并保持长久不变，在坚持和完善最严格的耕地保护制度前提下，赋予农民对承包地占有、使用、收益、流转及承包经营权抵押、担保权能，允许农民以承包经营权入股发展农业产业化经营”。《北京市土地利用总体规划》强调：推进城镇用地理性增长和存量建设用地集约挖潜策略，严格控制城乡建设用地盲目扩张。北京城乡建设用地的规划安排和管理，应本着“保发展，促集约，盘存量”的思想，统筹管理城乡建设用地，实施城镇建设用地增长和农村集体建设用地减少相挂钩，推动建设用地节约集约利用。

2. 加强在城乡一体化中政府对房地产市场的宏观调控

根据《决定》的内容，提出要“建立城乡统一的建设用地市场。在符合规划和用途管制前提下，允许农村集体经营性建设用地出让、租赁、入股，实行与国有土地同等入市、同权同价”。城乡一体化建设过程中，原属于农村集体建设用地将进入土地买卖市场，由于城乡土地的特点，加上城市用地的稀缺性，便使其具有升值的无限潜力，部分房地产开发企业持有大量的未开发土地，看好土地具有一定升值空间与增值幅度。然而，房地产开发商不愿意将土地送入市场进行土地的流通，而是更倾向于在支付定额费用的情况下，例如土地闲置费等，继续保存土地的所有权并期待以此获得升值的空间。而这一现象导致房源的短缺，房地产土地价格大幅上涨，其价格的突变连带出房地产市场土地交易中的投机倒把行为，导致土地市场的波动。

（二）完善土地定价机制

市场调节机制中最重要的是价格机制。其中，培育和发展土地出让市场，推进土地市场化的必要条件是利用价格杠杆引导和制约用地供求。而规范土地价格形成机制主要是确定合理的基准地价并定期更新与按时公布，并制定合理的土地出让底价。

1. 定期制定更新基准地价

基准地价即土地初始价，也称城市基准地价，是指在城镇规划区范围内，对现有利用条件下不同级别或不同均质地域的土地，按照商业、居住、工业等用途分别评估法定最高年期的土地使用权价格，并由市、县以上人民政府公布的国有土地使用权的平均价格。在一般情况下，相关部门会成立专业的机构或由专家组形成的团队通过专业的评审，并获得国家的认可予以公告。基准地价具有3个属性，分别是代表性、相对稳定性以及基准性。基准地价的水平应与城市发展阶段特征相吻合，所以我们需要在特定的时期对其进行公开发布与及时更新。使其在房地产市场的大环境下起到重要的作用。

近年来，北京市的地价可以用日新月异来形容，因而在特定的时期对其进行公开发布与及时更新可以在土地市场中构建一个和谐的、稳定的平台，使得土地开发商获得最准确的土地消息与价格信息是非常必要的，让开发商在综合考虑土地相关因素与科学的分析判定下，对土地的购买做出最正确的判断。

2. 加快完善土地登记，健全土地估价系统

李克强总理曾组织召开会议强调，将分散在多个部门的不动产登记职责整合由一个部门承担，理顺部门职责关系，减少办证环节，减轻群众负担。一是由国土资源部负责指导监督全国土地、房屋、草原、林地、海域等不动产统一登记，基本做到登记机构、登记簿册、登记依据和信息平台“四统一”。行业管理和不动产交易监管等职责继续由相关部门承担。各地在中央统一监督指导下，结合本地实际，将不动产登记职责统一到一个部门。二是建立不动产登记信息管理基础平台，实现不动产审批、交易和登记信息在有关部门间依法依规互通共享，消除“信息孤岛”。三是推动建立不动产登记信息依法公开查询系统，保证不动产交易安全，保护群众合法权益。土地登记在册有利于提高土地的利用效率，同时有助于土地估价系统的建立，将土地出让价格控制在合理的范围内，规范土地出让市场。

3. 完善北京市土地出让方式

我国城市传统的土地出让方式有协议、招标、拍卖、挂牌四种类型。其中，挂牌出让方式实际上是对拍卖方式的一种时间延长。土地协议出让是指土地所有者与一家土地开发商协定商议土地使用金，其优点是较自由，但其暗箱操作的可能性较大，容易产生腐败。土地招标出让是指通过一定的公共平台，召集有资质的土地使用者在一定的期限内报上土地用途、土地使用出让金等材料，在一定的时间内公开开标，来争夺土地的使用权，其优点是引入竞争机制，且可以从多个方面综合考虑开发商的资质，但其缺点是只能报一次价，很大程度上限制了竞争性。土地拍卖是指土地所有者在一定的时间通过叫价的方式，决定土地的使用者，价高者得，其优点是避免了暗箱操作，有利于公平竞争，但因其轮番叫价的特点，易导致土地价格过高，开发商开发成本高导致房价居高不下。土地挂牌是指土地以明确的价牌标价，接受挂牌价的土地使用者取得土地，其优缺点与同拍卖相似。从近 3 年北京市土地出让方式统计结果上看，挂牌方式是最主要的土地出让方式。但挂牌出让方式有其自身的局限性，我们可以引入新的出让方式加以完善北京市土地出让方式。多要素拍卖可定义为国土资源管理部门发布拍卖公告，由竞拍人在指定时间进行多次多要素组合竞拍，根据竞拍方案综合得分，确定土地使用者的行为。多要素拍卖正如其名称，土地所有者根据竞拍者的方案，考虑其多个要素进行综合打分。其优点就是在保证较为公平的竞争环境下，根据该项目的实际情况综合考虑各个要素择优拍卖。

4. 规范北京市土地出让市场制度

我国目前是政府通过低价征地的方式从农民手中获取土地，继而在市场高价出售，巨大的差额成为政府收入，对地方政府构成强烈的利益驱动，而农民的利益常常得不到保障。这也使得近年来涉及土地的纠纷冲突不断，引发诸多社会矛盾，土地出让市场制度亟待规范。我们可以通过土地制度改革把土地转让从政府行为转变成市场行为，政府不再作为土地市场的唯一出让方，而是土地市场公平公开透明运作的仲裁者和监督者。虽然近年来我国在维护土地市场的健康发展方面做了一系列的努力，并制定了有关于土地出让制度的法律法规。但是由于我国经济的迅猛发展，国家在社会主义市场经济的调控下实力日益增强，原本制定的相关法律跟不上国家发展的步伐，也可能由于原有制度的本身缺失，无法适应现有的土地资源市场配置的需求。因此需要对原有的北京市土地出让市场制度加以完善，确立新的法律法规。

5. 完善北京市土地出让空间布局

从 2011 ~2013 年北京市土地交易地块不同用途规划及分布图可以看出，多数地块集中在东西城市中心周边，而北京市边缘地区出让地块数很少。一方面的原因是边缘地区的交通生活等的配套设施不完善，另一方面是因为大多数人的工作地点在市中心地区附近，因而土地出让的地块也多集中在这些地区。为了完善北京市土地出让的空间格局，北京市政府应当加快建设边缘地区的相关配套设施，并且适当引导一些条件合适的企业在郊区设置办公地点，以缓解上下班高峰期人流的拥堵和环境的恶化。北京市边缘地区的交通生活设施配备完善了，开发商自然愿意到郊区拿地，因为那里地价相对较低，并且随着京津冀一体化概念的提出，未来北京周边的发展潜力巨大，土地有很大的升值空间。

参考文献

1. 安体富、窦欣：《我国土地出让金：现状、问题及政策建议》，《南京大学学报》（哲学·人文科学·社会科学版）2011 年第 1 期。
2. 张远索：《北京市土地出让市场现状分析与政策建议》，《资源开发与市场》2013 年第 2 期。
3. 王亢：《北京市城市土地价格空间分布研究》，首都经济贸易大学硕士学位论文，2013。
4. 张占录、张远索：《北京市土地供应计划与土地市场交易现状分析》，《北京社会科学》2010 年第 1 期。
5. 周楚军：《土地市场“北京模式”——上半年土地供应及近年土地交易情况简析》，《中国土地》2013 年第 7 期。
6. 张占录、张远索：《北京市土地供应计划与土地市场交易现状分析》，《北京社会科学》2010 年第 1 期。

7. 张占录、张远索：《我国城市土地出让方式球状体系建设》，《国土资源科技管理》2011 年第 3 期。

8. 李小兰：《重庆市土地出让市场问题及对策研究》，西南大学硕士学位论文，2008。

9. 汪容容、何蒲明、李瑾：《北京市城乡一体化发展的现状和问题研究》，《中国农学通报》2013 年第 14 期。

10. Małgorzata Barbara Havel, "Delineation of Property Rights as Institutional Foundations for Urban land Markets in Transition," land use policy, Volume 30, Issue 1, January 2013, p. 791 - 799.

11. Jinfeng Du, Jean-Claude Thill, Richard B. Peiser, Changchun Feng, "Urban Land Market and Land-use Changes in Post-reform China," Habitat International, Volume 41, January 2014, p. 307 - 313.

B.13

浅析农房和宅基地纳入不动产统一登记的若干问题

姜伯辉 *

摘　要：土地是民生之本，农村居民（以下简称农民）对土地所享有的权利直接关系到农民的生存和发展问题。党的十八届三中全会对深化农村改革作出了全面部署，对一些长期以来议论较多但始终没有触及的改革有了明确提法，对一些过去虽有涉及但意见并不明确又事关重大的问题有了突破性、开创性的改革意见，在理论和政策上取得了一系列新的重大突破，具有鲜明的时代特征。然而，实际工作中上位法的不明确，导致宅基地及农房纳入统一登记过程中还有很多不确定因素。本文旨在通过总结我国农村宅基地权属制度的调整历程，分析现行宅基地权属制度的不足，结合北京市门头沟区正在开展的宅基地地籍调查工作，对农房和宅基地纳入不动产统一登记进行浅显思考。

关键词：农村改革　宅基地权属　不动产统一登记

农业的发展、农村的稳定以及农民权益的保障等诸多问题都是围绕农村土地而展开的。由于农民对土地所享有的权利直接关系到农民的生存和发展

* 姜伯辉，北京市国土资源局门头沟分局工会主席、调研员。

问题，因而是农民享有的诸多权利中最为基本的权利，是其他权利的前提和基础。而在农村土地权利中，宅基地权属又是一项重要的土地权利，如果这个问题解决不好，就会影响宅基地物权效用的发挥。

一　我国农房和宅基地权属管理机制分析

（一）农房和宅基地权属制度的多次演变导致产权人忽视登记的重要性

在我国5000多年的文明历史长河中，土地问题始终与江山社稷和人民福祉息息相关，与治国安邦紧密相连。新中国成立后，中国共产党带领人民通过对农村实行土地改革，消灭了延续几千年的封建土地所有制，为长期受压迫的农民分田、分地、分房，实现了“耕者有其田，居者有其屋”。这段时间，农村土地所有权虽然几经变动，但农户的房屋和宅基地一直被视为农民的私有财产，1954年新中国第一部《宪法》肯定了农民具有宅基地所有权。而从政社合一的人民公社时期开始，农民的宅基地被“集体化”了。1962年《农村人民公社工作条例（修正草案）》规定“宅基地属集体所有，一律不准出租买卖”，使农民对宅基地由原来享有土地所有权转变为只享有使用权。1963年3月20日，中共中央《关于对各地社员宅基地问题作一些补充规定的通知》进一步明确了宅基地的集体所有权性质以及相关事项。对于宅基地权属制度而言，1963年的规定具有相当重要的历史地位，因为它的出台宣告了农村宅基地从农民享有所有权的性质转变为农民享有使用权的性质，并奠定了现行宅基地使用权制度的基本框架。

在以后的历史变迁中，农民对宅基地仅享有使用权而没有所有权的制度安排不断得到强化和发展。1978年12月中共十一届三中全会通过的《农村人民公社工作条例（试行草案）》基本上延续、重申了原人民公社60条所作的相关规定。1982年《宪法》对宅基地所有权归农村集体，使用权则归农民的制度予以了确认。1986年《土地管理法》在延续前述有关宅基地的一些基本规定的基础上作了适当的补充，但仍然是“两权分离、一宅两制”。

2004 年 11 月国土资源部专门出台了《关于加强农村宅基地管理的意见》，该意见就农村宅基地的用地计划管理、审批管理、申请条件、申请报批程序、宅基地管理、登记发证等事项作了全面的规定。2007 年《物权法》对宅基地使用权作了明确规定，这是我国宅基地使用权制度发展史上的里程碑。虽然《物权法》对宅基地使用权的具体规定只有 4 条，但却是首次在法律上明确宅基地使用权是一种用益物权，这对于明确宅基地的私权属性，更好地保护宅基地使用权人的合法权益具有重要的意义。

然而，由于我国未对宅基地使用权实行登记取得制度，《物权法》、《土地管理法》及相关法律制度也没有就权属登记与宅基地使用权取得之效力的法律关系进行任何规定，多数村民基本上没有登记这个概念，更不愿主动进行登记，以至于权属登记事前难以查证，事后难以归责，难以约束宅基地的非法转用，土地利用管制难以发挥有效作用。笔者在宅基地地籍调查过程中发现，在基层村镇想找到一份完整的农村宅基地使用权申报、审核的资料十分困难。

（二）现行农房和宅基地的法律缺位导致宅基地闲置严重

我国《民法通则》、1986 年《土地管理法》和 1998 年《土地管理法》等法律，都未采用“宅基地使用权”的名称。2004 年新修订的《土地管理法》第 62 条也只对农村宅基地作出了简要规定。2007 年《物权法》第十三章专章制定了宅基地使用权制度。至此，宅基地使用权制度才正式出现在权威法律文件中。从现行法律来看，我国有关农村宅基地和农房方面的立法比较少，而且有很多是规范性文件，效力等级不高，对于农村宅基地和农房所有权的调整、管理有很多空白之处。从法律原理看，这与我国“地随房走”的基本原则不相符；农户对自己的房屋拥有处置权，可以买卖、出租或抵押，但却不能处置与自己房屋实为一体的宅基地。这种“宅”、“地”分离实际上剥夺了农民自由处置自己房屋的权利，抑制了合理的农村住房流转需求，也导致了农村大量房屋买卖纠纷。

随着我国工业化的发展和城镇化的推进，农村人口向城镇转移将是一个长期趋势。1996～2012年，我国城镇化率从30.48%提高到了52.57%，平均每年提高1.38%，在这16年中，全国农村人口减少了2亿人，但是农村宅基地并没有相应减少，出现了农村人口减少和村庄用地扩大并存的悖论。未来30年，我国还将有3亿左右农村劳动力需要转移出来进入城镇，将形成5亿城镇人口、5亿流动迁移人口、5亿农村人口“三分天下”的格局。而在农村地区，由于土地集约节约利用程度不高，仍然存在布局分散、“摊大饼”式的盲目无序向外扩展、大量“空心村”等粗放低效利用现象，那么未来人口的增长将会同时加剧农村宅基地和城市住房用地的紧张。对于稀缺的土地资源而言，这种低效率甚至无效率的利用显然有违市场资源优化配置的基本原则，不符合土地利用经济效益、生态效益和社会效益的统一要求。

（三）立法的滞后导致农房的权益处于尴尬位置

现行法律规定农村宅基地所有权属于“集体”，但农民建在宅基地之上的房屋所有权却属于农民本人，农民一旦申请获得宅基地使用权并建造房屋，就可以永久占有该宅基地，“集体”对农民的房屋不具有处置权，只要房屋存在，“集体”就无权收回宅基地，如果要收回，则会产生一系列问题。首先，谁有权收回？其次，谁有权执行？农村是一个熟人社会，按照我国村民自治的原则，无论谁来执行收回，都会造成村民之间对立起来。一旦处理不当，就会引起村民和政府之间、村民邻里之间、村民家庭内部的种种矛盾。

在农村，儿子长大结婚，一般都是先建新房后结婚，而建新房时，儿子并未分户，于是便出现了“一户多宅”。而且，当子女长大另立户头时，其原来与父母在一起时占有宅基地建造的房屋不可能退出来，由此宅基地面积也增加了，这便与《土地管理法》发生了矛盾。另外，我国法律没有规定宅基地使用权可以继承。按照民法理论，当宅基地使用权主体消失后，则集体经济组织有权收回。然而在现实生活中，此规定却很难贯彻实施。其一，宅基地上的房屋作为公民的私有财产，可以依法继承，其继承权应当得到法律的保护，根据“地随房走”的原则，此时宅基地使用权一并继承。假如继承人原来已经拥有一处宅基地使用权，那么要实现继承权则必须放弃原有的宅基地使用权，这明显有悖于常理，如果超过了规定的面积，又该怎么处罚？其二，如果继承人是城镇居民，则法律规定不能取得宅基地使用权，但是房屋是公民的私有财产，此时的继承权就处于非常尴尬的地位。

二　完善宅基地和农房所有权登记制度的建议

我国现行的农村集体土地管理制度的不完善，导致出现大量宅基地闲置浪费和违法违规建设，以及私下流转等问题，严重浪费了有限的土地资源。而无论是新制度的创建，还是原有制度的完善，最终势必要回归到法治的建设问题上。这是本文分析思考解决问题的起点和归宿。

（一）应建立健全农村集体建设用地与农村宅基地使用权体系

健全农村宅基地产权制度，建立区分“农村宅基地使用权”和“农村集体经营性建设用地使用权”两种不同权利特征的农村住宅用地使用权权利体系，将农村宅基地使用权内涵按照《物权法》框架，明确界定为“基于农村集体组织成员身份，依法无偿取得的符合法定标准的宅基地使用权”和“通过房屋继承、转让等合法途径取得的宅基地使用权”，通过建立农房和宅基地的强制登记和法定有偿使用制度，彻底解决农村宅基地管理实践中普遍存在的取得合法但结果不合法的所谓“面积超标”、“一户多宅”等宅基地违法现象，维护社会主义法制的一致性、严肃性。

（二）应统一界定宅基地和农房权利主体

现行法律并没有具体规定集体土地所有权主体的组织形式和程序，所有者不清楚，处分权和最终的财产收益权也就无法确定。农村集体经济组织不同于村民委员会，但在当前的农村基层组织中，多数农村集体经济组织（经济合作社），与村民小组或村民委员会是同一机构，即“两枚印章一套机构”，“两块牌子一套人马”，二者决策机制相似，实践中职能相互重叠，特别是对农村基层社会的管理与服务，二者无法截然分开。

由于主体“虚化”，集体经济组织负责人或者村民委员会少数干部成了“农民集体”的代理人。随着人民公社及其所属的生产大队、生产队的相继撤销，原来的集体土地所有权主体事实上被削弱乃至不存在了。而现行体制中的乡镇、村、村小组三级在经营、管理农民集体土地的过程中，也没有从集体经济组织性质的角度来经营、管理土地，只是从行政上的领导与被领导的关系来行使管理职能。由于三级组织的地位不平等，它们在经营、管理本辖区内的土地时，村民委员会，尤其是村民小组很难维护本组织内农民的土地权益。

事实上，农村集体经济组织既不同于企业法人，又不同于社会团体，也不同于行政机关，自有其独特的政治性质和法律性质。因此，应予以立法明确界定宅基地和农房权利主体。

（三）应明确农房和宅基地登记的客体

根据《物权法》及《土地管理法》的规定，宅基地使用权主体为特殊主体，即符合建房申请条件的集体经济组织成员。首先，要对“一户一宅”的规定进行明确。法律规定一户农民只能拥有一处宅基地①。这个规定非常不明确。首先，对“户”的定义不明确；其次，对“一处”也不明确。基于前述“一户一宅”的规定，这一规定很难实现。集体经济组织内部成员分三种具体情况：一是本身已有宅基地，且符合国家规定的宅基地标准；二是已有宅基地，但尚未达到国家规定的标准；三是已在集体经济组织落户，但还没有分到宅基地。根据一户村民只能拥有一处宅基地的规

① 《土地管理法》第62条规定，农村村民一户只能拥有一处宅基地，其宅基地的面积不得超过省、自治区、直辖市规定的标准。

定，对已有宅基地且符合国家规定标准的村民，再申请受让宅基地是不可能得到批准的。对第二种情况，根据法律规定，也不能再受让宅基地。至于第三种情况，则可依法申请建房用地，无须受让宅基地。因此，要在立法上对这一规定进行明确，其内涵就是指一户只能申请一处符合法定面积标准的宅基地。其次，明确农民宅基地超过批准面积的处理原则。按照现行规定，处理这类问题的原则是尊重历史，注重现实①。对正在发生的超占土地的行为其要求就是退还。但对以前的超占行为，假设违反村镇规划的、妨碍群众出行的，则应结合新农村建设规划，责令排除妨碍；如果不影响规划，适宜按照一般违法用地行为进行立案查处，其面积在土地登记簿和土地证书内注明超过标准面积的数量。对于有正当理由（如继承、两宅基地合并且面积没有超标等）的一户多宅，土地登记机构可以受理其第二宗宅基地登记申请；对由于非正当理由（如接受赠予、购买住宅等）造成的一户多宅的，农民申请第二宗宅基地登记的，在国家规范宅基地流转的法律或政策出台之前，土地登记机构不予受理。上述各时间点，以用地批准文件为准，不能提供批准文件的，可依据早期地籍图、地形图或影像图判断建房时间。

三　对农房和宅基地纳入不动产统一登记的思考

产权的明确界定使得权利进一步清晰，由此社会秩序也就进一步完备，只有这样才能实现资源的开发利用和经济增长。按照国土资源部等五部局联合下发的《关于进一步加快推进宅基地和集体建设用地使用权确权登记发证工作的通知》要求，明晰农房和宅基地的产权关系，依法确定宅基地的所有权人和使用权人，使所有权人和使用权人能真正相对独立地依

---

① 按照《土地管理法》第77条规定："农村村民未经批准或者采取欺骗手段骗取批准，非法占用土地建住宅的，由县级以上人民政府土地行政主管部门责令退还非法占用的土地，限期拆除在非法占用的土地上新建的房屋。超过省、自治区、直辖市规定的标准，多占的土地以非法占用土地论处。"

法行使权利，履行义务，是当前农房和宅基地纳入不动产统一登记的一项紧迫任务。

（一）加快推进宅基地地籍调查，明确宅基地及地上附着物的权属

现行法律规定农村宅基地属于农村集体所有，农村村民只享有宅基地使用权。而宅基地上的农房属于农民所有，但是现行法律没有就农房的产权制度予以明晰。因此，结合地随房走的原则，应当建立完整的、权属明晰的现代产权制度。第一步，对现有的农村宅基地使用情况进行集中清理，对于没有使用权证书的、占用使用的宅基地和与证书确定的范围不符的等情形，应当重新核发宅基地使用权证书；第二步，对于现阶段的农房进行确权，由农房所在地的不动产登记部门组织乡镇一级的地方人民政府对农房的面积、位置进行核实登记，并要求与农房所有权人、宅基地的使用面积、位置相符合，再由县级以上不动产登记部门统一核发农房所有权证书；第三步，建立宅基地使用权和农房所有权档案管理制度，由县级以上不动产登记部门对宅基地使用信息和农房登记信息制作统一档案保存。

门头沟区以农村土地确权登记颁证工作为契机，按照地籍调查标准对全区宅基地及房屋现状进行了调查测绘。为确保各项工作有章可依，有据可查，区国土分局先后制定了《宅基地地籍调查工作指导意见》、《宅基地地籍调查工作外业调查及测绘工作细则》、《宅基地地籍调查外业检查工作方案》、《宅基地地籍调查工作内业整理标准》等规范，从界址点设置方式到资料收集内容，再到档案整理顺序均做出了明确规定，并以区农村土地确权登记颁证工作办公室名义印发作业单位施行，保证了全区“一把尺子”量到底。截至 2014 年 8 月，实现调查率 100%、指界签字率 71.1%。全部调查成果均已通过外业和内业检查，外业检查误差率低于国家测绘标准要求，内业档案误差率低于 1%。基本上摸清了宅基地权利人的户口性质、户籍情况以及宅基地面积和宅户对应情况。

（二）建立统一的初始登记制度

由于宅基地使用权是与村民身份相关的财产权，农村集体经济组织成员资格的确定，是享有宅基地使用权和该宅基地上房屋所有权的基本前提。宅基地使用权的面积是宅基地使用权人行使权利的重要边界，更直接关系到使用权人的利益。对于合法、合规利用的宅基地，只是手续不全没有登记办证的，应本着尊重历史、尊重村民意愿的原则，把宅基地使用权证发放给农户；而对于违法违规和多占、超占的宅基地，在对违法违规占地收取罚款、对多占和超占部分收取有偿使用费的前提下，把宅基地使用权证发放给农户。

农房登记，要有两个前提要件：一是依法建造，农房与其他房屋建设审批程序存在一定的差异。对于未办理任何审批手续、私搭乱建的违法建筑不能申请登记。二是申请登记的农房土地性质必须是经过批准的宅基地和其他集体建设用地。

农村集体经济组织申请农房所有权初始登记的，还应当提交经村民会议2/3 以上村民代表同意的证明材料。

（三）逐步完善农房和宅基地的转移变更登记制度

对不同类型的不动产，变更登记的内涵和外延也是有差别的，比如土地权属变更登记的内涵和外延要比房屋变更登记内涵和外延宽得多。也就是说，土地登记类型中的“变更登记”包括权利主体变更、权利客体变更、权利内容变更等方面。而房屋变更登记仅仅指权利客体变更、权利内容变更以及不影响当事人权利内容的登记事项的变更。转移登记和变更登记的主要区别是房屋所有权的权利主体有没有发生变化（权利人变更法定名称除外），所有权的权利主体发生变化的，应办理转移登记。

房屋所有权转移登记，是指房屋所有权从转让方转移到受让方的一种权属登记。转移登记和变更登记不同，转移登记的权利主体发生了实质上的变化，而变更登记的权利主体未发生实质上的变化。换言之，转移登记前后的权利主体不一致，而变更登记前后的权利主体一致。农房所有权转移不能脱离宅基地使用权单独存在，宅基地使用权人应当和该宅基地上房屋所有权人保持一致，农房的产权人与房屋所占用的宅基地使用权人应当是一致的，不得分离。也就是说，集体土地上房屋所有权转移受到限制主要是由宅基地为集体所有的性质所决定。

（四）建立宅基地和农房信息动态维护管理机制

我国农村地域广阔，地形复杂，各地的差异较大。农村地区，尤其是老少边穷地区交通不便、信息不畅，土地管理部门很难做到及时、全面、准确地掌握每一块宅基地信息的变更情况，因此也就不容易实现土地资料的网上动态实时更新维护。在现阶段，应由地方政府主导，成立农村宅基地管理专项工作领导小组，国土资源、住房建设、规划等相关部门和乡镇政府、村集体以及村民代表共同参与，对每家每户应占面积进行测量，并将确定下来的户数和面积登记在册，形成宅基地动态管理台账，及时更新宅基地增减情况。对其中违反法律政策擅自新占宅基地而不腾退老宅子，或宅基地面积超出规定的，专项工作领导小组要及时介入调查处理。在未来，应建立一套关于农房宅基地审批、登记、发证、流转等各个方面的完整管理机制，实现土地资料的实时动态更新维护；要建立联系人协调和汇报机制，即实现国土资源管理部门—土地管理站、所工作人员—村民协调人—土地受益人联络网和层层汇报制度。当土地受益人发现自己土地的性质、用途等发生变化时，应及时与其协调人（通常是一个或几个村民小组的代表）联系，协调人将相关信息反映给土地管理工作人员，工作人员得到信息后及时赶往现场核实相关情况、记录并上传有关信息。

门头沟区为了确保宅基地地籍调查成果的永久保存和长远利用，按照区委、区政府的部署要求，建立了全区宅基地地籍调查信息系统，涵盖了全部调查成果的矢量和属性数据。系统由数据库管理和信息管理两个子系统组成，分为调查成果规整、加工处理、检查入库、管理服务等模块，具有适应庞大数据量的录入输出、对接已有地籍管理数据库服务、衔接不动产统一登记、村域管理和拆迁评估四大特色。此外，该系统还利用了三维空间数据模型，使数据表现更直观、更形象，实现了全区宅基地现状数据一张图显示、全部调查成果一键式查询、村域农房现状立体化呈现、拆迁成本直观化估算的智能化管理要求。

四　结束语

五部局联合下发的《关于进一步加快推进宅基地和集体建设用地使用权确权登记发证工作的通知》明确要求，将农房等集体建设用地上的建筑物、构筑物纳入宅基地和集体建设用地使用权确权登记发证工作范围。这是《不动产登记暂行条例（征求意见稿）》推出后有关部门首次联合发文，明确阐述了不动产登记“城乡统一”的要求。而农房和宅基地纳入不动产统一登记，在“行政管理层面”完全没有问题。但在“法治层面”的问题尚未完全解决，决策部门在抓紧制定《不动产登记暂行条例》的同时，更应积极推动相关法律法规的修订，加快研究制定配套规章和技术标准，否则，在上位法根本缺位的情况下，单单行政主导的不动产统一登记，就是闯过“政出多门”这一关后，如何面对自相矛盾的法律之门，仍需要极大的勇气。

参考文献

1. 曹泮天：《宅基地使用权流转法律问题研究》，法律出版社，2012。
2. 唐俐：《宅基地使用权有偿设立问题探析》，《河南省政法管理学院学报》2010 年第 3 期。
3. 袁锦秀：《农村宅基地使用权法律问题研究》，中国商务出版社，2013。
4. 韩玉斌：《农村宅基地使用权立法的价值选择》，《西北民族大学学报》2005 年第 3 期。

B.14

城市化地区低效用地再开发利用研究

——以海淀南部地区为例

梁桂明*

摘　要： 以海淀南部为研究区域，国土资源局海淀分局开展的《海淀南部地区土地资源潜力研究》和《海淀区棚改低效用地项目深化研究》课题研究，全面分析了海淀南部地区低效用地的数量、结构、类型、分布、特征等基本情况，在此基础上，对城镇低效用地及棚改低效用地项目开发模式和实际操作办法进行了有益探索，并就加快推进南部地区低效用地再开发提出了相关工作建议。

关键词： 低效用地　再开发　开发模式

一　南部地区低效用地现状

（一）研究区概况

海淀南部地区涉及22个街道办事处、2个地区办事处（万柳地区和东升地区）、4个镇（东升镇、四季青镇、海淀镇以及玉渊潭农工商总公司），

* 梁桂明，北京市国土资源局海淀分局党组书记、局长。

7455 块宗地，海淀南部土地总面积约 22355. 83 公顷，其中建设用地总面积约 19606. 52 公顷（本次调查对象为海淀南部地区所有的建设用地），约占海淀南部土地总面积的 88%。海淀南部范围如图 1 所示。

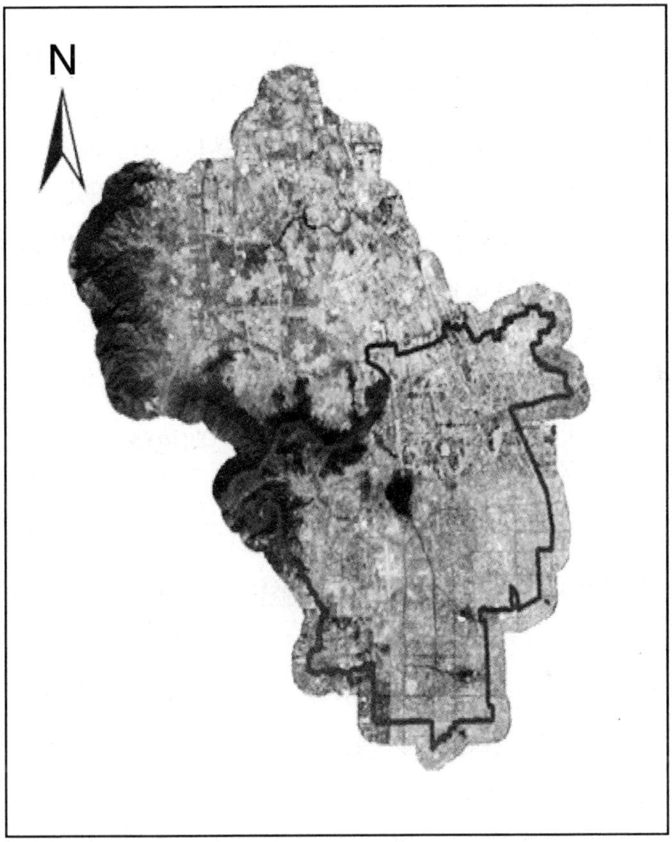

图 1　海淀南部范围

（二）调查结果分析

1. 低效用地确认

经确认，海淀南部地区低效用地共 383 个，土地总面积约 2709 公顷，现状总建筑面积约 1868 万平方米，规划总建筑面积约 2740 万平方米。

从查阅的地籍资料和外业现场勘查情况来看，海淀南部地区低效用地地上住宅房屋大多为20世纪50～80年代建成的平房，自建现象普遍，房屋大多用于出租给外来人口居住，自住比例较少。大量的外来人口导致低效用地所在区域环境脏乱差，同时给区域带来一定的安全隐患，居民对改善居住环境和提高居住质量的意愿十分迫切；低效用地项目地块上，非住宅房屋大多为集体土地上的产业用房，经营业态低端、土地利用粗放、土地利用效率低下，已不符合首都发展功能定位的要求，亟须改善。

海淀南部地区低效用地呈现布局散乱、利用粗放、用途不合理等现象，这对土地资源的整合利用造成了一定的难度。经调查，低效用地大多为零散分布的城中村、棚户区及边角地地块，由于各种原因，长期未能实施改造。归结起来，主要有以下原因：

一是拆迁成本逐年提高。随着经济社会的发展，低效用地地上建筑物拆迁成本越来越高，同时居民对拆迁补偿的心理预期也越来越高，导致拆迁难度越来越大。

二是规划限制。大部分低效用地规划为绿地和市政配套设施用地或规划有少部分经营性用地，致使地块不具备收益能力或收益能力较差，因此导致地块长期搁置。

三是资金来源渠道受限。按照房屋拆迁市场水平和现行规划条件，城镇低效用地大多开发价值较低，难以吸引社会资本投入，单凭政府财政投入难以解决，致使低效用地长期存在。

四是城市初期问题遗留。城市早期的城市规划和土地管理较为宽泛，城市管理强制力度小，城市规划和土地管理未能及时跟上，致使低效用地上历史遗留问题众多（如土地房屋权属争议、开发商甩项等），矛盾尖锐，错综复杂，一定程度上影响了低效用地的开发建设。

2. 低效用地分类

综合考虑地块的经济、社会、生态效益，在找出低效用地地块的基础上，按一定的评价标准对低效用地进行科学、细致的分类，为土地管理决策提供基础依据。

（1）按规划性质划分

依据 2006 版控规和《北京市区绿化隔离地区控制性详细规划》，逐一查阅各低效用地的规划指标，并根据低效用地规划用途是否具有经营性，将低效用地划分为经营性地块和非经营性地块两类，具体见表 1 和表 2。

表 1　低效用地按规划性质划分说明

序号	项目类型	备注
1	经营性地块	居住、商业、工业、教育科研
2	非经营性地块	绿地、道路、市政公共设施等

表 2　低效用地按规划性质划分统计

项目类型	项目个数	土地面积（公顷）	占比（%）	现状建筑面积（万平方米）	规划建筑面积（万平方米）
经营性地块	284	2132	78.7	1445	2675
非经营性地块	99	577	21.3	423	65
合　计	383	2709	100.0	1868	2740

从表 1、表 2 可以看出，低效用地中经营性地块数量较多，共 284 个，土地面积约 2132 公顷，占土地总面积的 78.7%，现状建筑面积约 1445 万平方米，规划建筑面积约 2675 万平方米；非经营性地块共 99 个，土地面积约 577 公顷，占土地总面积的 21.3%，现状建筑面积约 423 万平方米，规划建筑面积约 65 万平方米，规划用途为绿地、道路、市政公共设施等。

（2）按是否为城中村项目划分

按照实际操作需要，将低效用地划分为城中村地块和非城中村地块两大一级类型（见表 3）。在以上分类的基础上，根据地块的实施情况，将城中村地块和非城中村地块进一步划分为未开发地块、正常推进项目和进展缓慢项目三大二级类型。其中城中村地块中涉及的未开发地块又可根据地块属性进一步划分为集体用地、军队和机关团体、科研院所和学校、其他（居住或居住综合用地）4 个类型（见表 4）；非城中村地块中涉及的未开发地块进一步可划分为集体用地、国有产业用地、军队和机关团体、科研院所和学校、其他（居住或居住综合用地）5个类型（见表5）。

表3　低效用地一级分类统计

项目类型	项目个数	土地面积（公顷）	占比(%)	现状建筑面积（万平方米）	规划建筑面积（万平方米）
城中村地块	96	346	12.8	350	205
非城中村地块	287	2363	87.2	1518	2535
合　计	383	2709	100.0	1868	2740

从表3可以看出，低效用地中城中村地块共96个，土地面积约346公顷，占土地总面积的12.8%，现状建筑面积约350万平方米，规划建筑面积约205万平方米；非城中村共287个，土地面积约2363公顷，占土地总面积的87.2%，现状建筑面积约1518万平方米，规划建筑面积约2535万平方米。

表4　城中村分类信息统计

序号	项目类型	项目个数	土地面积（公顷）	占比(%)	现状建筑面积(万平方米)	规划建筑面积(万平方米)
1	未开发地块	85	264	76.3	270	149
1.1	集体用地	29	61	23.1	72	52
1.2	军队、机关团体	1	2	0.8	1	3
1.3	科研院所、学校	7	5	1.9	6	5
1.4	其他(居住或居住综合用地)	48	196	74.2	191	89
2	正常推进项目	9	80	23.1	79	54
3	进展缓慢项目	2	2	0.6	1	2
	合　计	96	346	100.0	350	205

从表4可以看出，城中村地块中涉及的未开发地块数量最多，共85个，土地面积约264公顷，占城中村地块土地总面积的76.3%；正常推进的项目共9个，土地面积约80公顷；进展缓慢的项目仅有2个，土地面积约2公顷。

未开发城中村地块中涉及的集体用地共29个，土地面积约61公顷，现状建筑面积72万平方米，规划建筑面积52万平方米；其他用地（即居住或居住综合用地）数量最多，共48个，土地面积196公顷，现状建筑面积191万平方米，规划建筑面积89万平方米；军队和机关团体、科研院所和学校所占数量较少，该类用地主要为计划经济时代遗留下来的职工宿舍用地。

表5 非城中村分类信息统计

序号	项目类型	项目个数	土地面积（公顷）	占比（%）	现状建筑面积（万平方米）	规划建筑面积（万平方米）
1	未开发地块	184	1351	57.2	1048	1189
1.1	集体用地	48	374	27.7	295	190
1.2	国有产业用地	33	351	26.0	299	488
1.3	军队、机关团体	8	18	1.3	11	16
1.4	科研院所、学校	40	184	13.6	123	203
1.5	其他(居住或居住综合用地)	55	424	31.4	320	292
2	正常推进项目	65	874	37.0	388	1083
3	进展缓慢项目	38	138	5.8	82	263
	合　计	287	2363	100.0	1518	2535

从表5可以看出，非城中村地块中涉及的未开发地块共184个，土地面积约1351公顷，占非城中村地块土地总面积的57.2%；正常推进的项目共65个，土地面积约874公顷；进展缓慢项目共38个，土地面积约138公顷。

未开发城非中村地块中涉及的集体用地共48个，土地面积约374公顷，现状建筑面积约295万平方米，规划建筑面积约190万平方米；其他（居住或居住综合用地）数量最多，共55个，土地面积约424公顷，现状建筑面积约320万平方米，规划建筑面积约292万平方米；科研院所和学校所占数量共40个，土地面积约184公顷。

二　棚改低效用地项目资金平衡分析及开发模式探析

围绕当前国家、北京市出台的一系列棚户区改造政策，海淀区以低效用地中涉及的棚户区改造项目（以下简称“棚改低效用地项目”）为研究对象，依据不同的补偿方式对三大功能区整体资金平衡情况和各功能区资金平衡情况进行了测算分析，同时对不同类型、不同规划用途的棚改低效用地的再开发模式进行了有益探索。

（一）棚改低效用地情况

根据《海淀区棚户区改造长期（至2018年）计划项目基本情况统计表》台账，2013～2018年，海淀区需实施棚户区改造项目226个（其中2013年已启动39个项目）。本次研究通过对未启动的187个棚户区改造项目和383个低效用地进行比对（2000平方米以上），最终确定棚改低效用地项目个数（2000平方米以上）。通过内业梳理和外业调研，海淀区棚改低效用地项目总数共80个，土地总面积约340公顷，现状地上建筑面积约323万平方米，可规划建筑面积约225万平方米。

（二）资金平衡情况分析

根据国家、北京市、海淀区房屋拆迁法律、法规及相关政策文件的规定，结合海淀区房屋拆迁补偿安置标准，通过运用假设开发法等方法，逐一对棚改低效用地项目进行拆迁成本（两种补偿方式）、土地收益测算。在此基础上，从全区角度统筹研究80个棚改低效用地项目整体改造资金平衡情况，并对各功能区内棚改低效用地项目整体改造资金平衡情况进行专题研究。

单个棚改低效用地项目拆迁成本测算原则上包括完全货币和产权置换两种方式，其中：基于完全货币方式针对所有的棚改低效用地项目；基于产权置换方式仅限于现状地上建筑物主要为住宅，规划主要用途为居住，且可原地回迁的经营性棚改低效用地项目。

总体资金平衡分析的对象是80个棚改低效用地项目，棚改低效用地项目拆迁成本是按完全货币补偿、货币补偿结合产权置换两种方式分别进行测算，而土地收益则是根据2006版控规的相关规划条件（如规划用途、容积率）所确定的预期上市土地面积，并结合相应的估价方法预测拟上市土地价格进行测算。为此，棚改低效用地项目总体资金平衡分析可分为以下两种情况：一是基于完全货币方式的资金平衡分析，二是基于完全货币补偿与产权置换相结合的资金平衡分析。

1. 基于完全货币方式的资金平衡分析

基于完全货币方式，结合2006版控规，80个棚改低效用地项目拆迁总成本约998亿元，预期总收益约453亿元，预计亏损约545亿元，具体见表6。

表6　三大功能区棚改低效用地项目基于完全货币方式的改造资金平衡情况统计

单位：亿元，%

序号	所属功能区	征收成本	所占比例	预期收益	所占比例	预计盈亏
1	中关村科学城地区	517	51.8	284	62.7	-233
2	“三山五园”历史文化景区	228	22.8	63	13.9	-165
3	大上地地区	253	25.4	106	23.4	-147
	合　计	998	100.0	453	100.0	-545

2. 基于货币补偿和产权置换相结合的资金平衡分析

基于货币补偿和产权置换相结合的方式，结合2006版控规，80个棚改低效用地项目拆迁总成本约863亿元，预期总收益约378亿元，预计亏损约485亿元，具体见表7。

表7　三大功能区棚改低效用地项目基于货币补偿和产权置换相结合的改造资金平衡情况

单位：亿元，%

序号	所属功能区	征收成本	所占比例	预期收益	所占比例	项目盈亏
1	中关村科学城地区	457	53.0	249	65.9	-208
2	“三山五园”历史文化景区	172	19.9	33	8.7	-139
3	大上地地区	234	27.1	96	25.4	-138
	合　计	863	100.0	378	100.0	-485

通过两种方式进行测算，可见基于货币补偿和产权置换相结合的方式比基于完全货币补偿的方式更加节省改造资金，主要原因为：从项目成本方面看，基于完全货币补偿的方式主要是参照地块周边房地产市场价格给予被拆迁人基准价格（或区位补偿价），补偿较高；而产权置换方式是按照原地回迁的方式按照一定比例给予被拆迁人回迁安置房，由于回迁安置房在项目范围内，建造成本远远低于参照地块周边房地产市场价格测算的基准价格（或区位补偿价），致使基于产权置换的方式改造成本远低于完全货币方式的改造成本。从预期收益方面看，由于货币补偿和产权置换相结合方式下，原地回迁后可上市土地面积需扣除用于产权置换的部分，实际上市土地面积小于货币补偿方式下的上市土地面积，预期收益较低。但是从项目盈亏来看，基于货币补偿和产权置换相结合的方式比基于完全货币补偿的方式更加节省改造资金。

（三）棚改低效用地项目开发模式建议

根据棚改低效用地项目特点，结合棚改低效用地资金平衡情况和现行的开发模式，初步研究棚改低效用地项目开发模式。

1. 棚改一次性招投标模式

经梳理，三大功能区内有15个产权置换（原地回迁）可实现资金平衡的国有土地性质的棚改低效用地项目，建议优先采用棚改一次性招标模式进行开发建设，具体见表8。

表8　三大功能区建议采取一次性招标模式的棚改低效用地项目统计

序号	所属功能区	项目个数	总用地面积（公顷）	现状建筑面积（万平方米）	规划建筑面积（万平方米）	征收总成本（亿元）	项目总收益（亿元）	项目盈亏（亿元）
1	中关村科学城地区	13	7.2	5.7	14.3	12.8	28.2	15.4
2	“三山五园”历史文化景区	—	—	—	—	—	—	—
3	大上地地区	2	4.7	7.5	12.5	5.3	21.0	15.7
	合　计	15	11.9	13.2	26.8	18.1	49.2	31.1

2. 土地一级开发模式

经梳理，三大功能区内有 13 个可实现资金平衡的棚改低效用地项目，建议优先采取一级开发模式进行开发建设，其中，集体土地性质的项目 12 个，国有土地性质的项目（规划用途为商业和科教）1 个，具体见表 9。

表 9　三大功能区建议采用土地一级开发模式的棚改低效用地项目统计

序号	所属功能区	项目个数	总用地面积（公顷）	现状建筑面积（万平方米）	规划建筑面积（万平方米）	征收总成本（亿元）	项目总收益（亿元）	项目盈亏（亿元）
1	中关村科学城地区	12	54.1	53.4	62.1	82.2	124.8	42.6
2	“三山五园”历史文化景区	—	—	—	—	—	—	—
3	大上地地区	1	1.1	0.9	3.8	4.7	7.0	2.3
	合　计	13	55.2	54.3	65.9	86.9	131.8	44.9

3. 环境整治模式

经梳理，三大功能区内有 32 个资金不能实现平衡的棚改低效用地项目，建议采取环境整治模式进行开发建设。其中集体土地性质的项目 19 个，土地性质混合并存的项目 13 个，具体见表 10。

表 10　三大功能区建议采取环境整治模式的棚改低效用地项目统计

序号	所属功能区	项目个数	总用地面积（公顷）	现状建筑面积（万平方米）	规划建筑面积（万平方米）	征收总成本（亿元）	项目总收益（亿元）	项目盈亏（亿元）
1	中关村科学城地区	19	112.0	109.1	44.6	300.3	76.5	-223.8
2	“三山五园”历史文化景区	9	47.0	63.8	25.3	172.0	33.0	-139.0
3	大上地地区	4	95.5	65.5	44.0	206.4	59.9	-146.5
	合　计	32	254.5	238.4	113.9	678.7	169.4	-509.3

4. 棚户区改造模式

经梳理，三大功能区内有 20 个不能实现资金平衡的国有土地性质的棚改低效用地项目，建议采取其他棚户区改造模式进行开发建设，具体见表 11。

表 11　三大功能区建议采取其他棚户区改造模式的棚改低效用地项目统计

序号	所属功能区	项目个数	总用地面积（公顷）	现状建筑面积（万平方米）	规划建筑面积（万平方米）	征收总成本（亿元）	项目总收益（亿元）	项目盈亏（亿元）
1	中关村科学城地区	15	12.1	12.1	12.4	61.7	19.5	-42.2
2	“三山五园”历史文化景区	—	—	—	—	—	—	—
3	大上地地区	5	6.2	5.6	5.8	17.6	10.1	-7.5
	合　计	20	18.3	17.7	18.2	79.3	29.6	-49.7

三　城镇低效用地再开发工作建议

城镇低效用地再开发是一项综合性的工程，涉及规划、开发模式、利益分配、融资贷款等方面，本着“规划指引、市场主体参与、土地权利人利益可保障、拓宽融资渠道、促进土地节约集约利用”的原则，建议从以下几个方面开展工作。

（一）划分低效用地整治单元，研究区域规划

以海淀区创新土地整治规划为契机，以街道或镇域为低效用地整治单元，从优化土地利用结构、疏解人口、改善环境、促进产业转型升级和促进区域均衡发展等多方面对整治单元进行规划研究，提出整治单元内低效用地再开发方向，明确整治单元定位、产业布局、服务配套等内容。

（二）引入市场机制，探索多种改造模式

建议引入市场化运行模式，采取多种方式促进存量建设用地再开发利用，显化建设用地资产价值。一是鼓励原土地使用权人自行开发或与人合作开发，其拥有的建设用地使用权可以出让、转让、出租、抵押、作价出资或入股等。二是政府为土地权利人、市场主体参与再开发提供必要的服务：允

许他们收购相邻多宗地块，申请集中开发利用，可以将分散的土地合并登记，帮助市场主体建立多元化融资渠道，建立“以地融资”平台，进一步向市场放权，充分发挥土地二级市场的调节作用，探索创新土地产权人实现土地权利的途径，开设土地交易快捷通道，提高原土地使用权人释放土地、参与城镇低效用地再开发的积极性。这样有利于加快改造进度，最大限度地盘活存量建设用地。

（三）拓宽融资渠道，筹集开发资金

参照棚户区改造和环境整治融资工作联席会议机制，探索建立城镇低效用地项目多渠道融资平台，充分利用好现有的信贷政策（国家开发银行等银行的棚户区改造贷款和中国建设银行的城镇化贷款）推进城镇低效用地再开发。

（四）制定创新政策，加快简政放权

按照责、权、利对等原则，明晰相关部门职责，赋予基层政府相应权利，调动存量低效用地权属人积极性，形成全区推进城镇低效用地再开发的良好政策环境。对于城镇低效用地开发建议参照棚户区项目“加快手续办理、简化审批要件、下放审批权限、做好政策衔接”的相关政策，加快办理城镇低效用地项目审批手续。

（五）建立利益共享机制，让利于民

合理分配政府、原土地使用权人、开发单位等主体的土地收益，让各方共享城镇低效用地再开发成果，一是切实维护农民的根本权益，保障农民的长远生计，提升农民的幸福指数。在社会保障上，实行整建制农转居，实现城乡居民社会保障和基本公共服务均等化。二是政府将城镇低效用地再开发获得的土地出让纯收益，按一定比例返还原土地使用者或原农村集体经济组织，专门支持其发展，形成多方共赢的局面。广东省在推进“三旧改造”时，明确提出将土地收益的60%返还给土地权

利人，政府只收取相关税费。这种方式不仅保障土地权利人能够享受土地增值收益，而且长远收益也得到保障，真正实现群众共享城镇低效用地再开发成果。

（六）采取差异化开发策略，因地制宜，促进低效用地再开发

对于城镇低效用地，应针对不同地块的禀赋特点，给予区别对待，赋予不同的发展功能，适用不同的改造策略。一是产业转型升级策略。结合旧厂房存量低效用地改造，推进产业转型升级。全力推进“退二进三”旧厂房用地改造，结合产业发展规划，统筹做好土地资源投放，引导产业转型升级，为高端产业发展腾出用地空间。二是空间功能优化策略。倡导以综合整治、功能改变为主导的改造方式，适度推行拆除重建，完善医疗、教育、养老等公共服务配套设施，改善宜居环境，配建适当比例的保障性住房，提升社会管理水平。三是文脉保护传承策略。结合城镇低效用地改造，适度疏解人口，注重挖掘和保护文化资源，促进多元文化融合。

（七）提高用地标准，节约集约利用土地

通过低效用地再开发改造出的土地，应有更严格的使用标准，避免土地利用不当造成低效利用。一是尽快建立节约集约考核评定体系，拿出切实有效的考核办法，确定单位土地投资强度、GDP 产出率等指标控制方面的用地定量机制，对达不到规定要求的，坚决不予审批。并且要对低效利用土地行为给予适当惩罚，坚决避免土地闲置。二是严格执行《节约集约利用土地规定》（2014 年 9 月 1 日起施行），该规定在供地方面提出明确意见，要求县级以上国土资源主管部门把好准入关，严格执行建设用地控制标准和相关用地政策，对容积率、建筑系数、行政办公及生活服务设施用地所占比重，以及绿化率控制性指标等进行严格审查，超过控制标准或者不符合政策的建设项目，不得批准供地。

参考文献

1. 广东省人民政府：《关于推进“三旧”改造促进节约集约用地的若干意见》（粤府〔2009〕78号），2009。
2. 广州市规划局：《关于推进市区产业“退二进三”和旧厂房改造工作中临时建设工程有关规划管理要求的通知》，2010。

注：本文所有数据皆引用了《海淀南部地区土地资源潜力研究》和《海淀区棚改低效用地项目深化研究》课题的调研成果。

B.15 北京市集体建设用地规划实施情况研究

北京市国土资源勘测规划中心*

摘　要：随着经济社会发展和新型城镇化的推进，近年来北京市积极创新集体建设用地利用方式，集体建设用地开发利用和管理水平不断提升，但无序蔓延和粗放利用的态势尚未得到根本性扭转。土地利用总体规划是指导地区土地开发利用的重要依据，在土地管理工作中具有基础性地位。为进一步发挥土地利用总体规划在集体建设用地开发利用和管理中的作用，本文对近年来北京市集体建设用地的规划实施情况进行了全面梳理，重点针对存在的问题，研究提出了促进集体建设用地集约高效利用的相关政策建议。

关键词：集体建设用地　土地规划　调查研究

一　基本情况

《北京市土地利用总体规划（2006～2020年）》（以下简称“土地规划”）自2009年9月经国务院批准实施以来，北京市积极创新集体建设用地利用方式，集体建设用地开发利用和管理水平不断提升，集体建设用地规模增速总体

* 本文撰稿人包括：陈少琼，北京市国土资源勘测规划中心主任，法学博士；陈景，北京市国土资源勘测规划中心副主任，公共管理硕士；王茹，北京市国土资源勘测规划中心科长，理学博士；寇宗淼，北京市国土资源勘测规划中心副科长，公共管理硕士。执笔人：牛劲达，北京市国土资源勘测规划中心干部，管理学硕士。

上呈放缓态势，土地规划对集体建设用地的科学引导和整体管控作用初步显现。但是，北京市集体建设用地规模庞大，近年来无序蔓延和粗放利用态势尚未得到根本性扭转，土地违法违规现象仍时有发生，土地规划实施面临巨大压力。

（一）集体建设用地量大，近年来增速总体上呈放缓态势，但粗放利用态势尚未得到根本性扭转

1. 从总量上看，集体建设用地规模大，与国有建设用地基本持平

2013 年底，北京市建设用地总规模 3530.9 平方公里，其中集体建设用地 1537.7 平方公里，占 43.5%；国有建设用地 1993.2 平方公里，占 56.5%。

2. 从增速上看，土地规划实施以来，集体建设用地增速总体上呈放缓态势，土地规划的科学引导和整体管控作用初步显现

2010～2013 年，北京市新增集体建设用地 66.7 平方公里，其中 2010 年、2011 年、2012 年和 2013 年分别新增 29.8 平方公里、12.7 平方公里、9.6 平方公里和 14.6 平方公里。

3. 从利用方式上看，集体建设用地粗放利用，基础设施和公共服务薄弱

一是人均集体建设用地和农村居民点用地量大，土地利用方式粗放。按农村常住人口计算，2013 年底北京市人均集体建设用地和农村居民点用地分别为 611 平方米和 461 平方米，均远高于同期全市人均城镇工矿用地 95 平方米（按城镇常住人口计算）。二是集体建设用地中的住宅用地和工矿仓储用地比例较高，基础设施和公共服务用地比例较低。2013 年底，全市集体建设用地中，住宅用地 6912 平方公里，占 45%；工矿仓储用地 452.1 平方公里，占 30%；商服用地 124 平方公里，占 8%；公共管理与公共服务用地 187.7 平方公里，占 12%；交通运输用地和特殊、水域及水利设施用地等 82.7 平方公里，仅占 5%。

4. 从效益上看，集体建设用地总体上业态低端、经济效益低下，集聚大量外来人口就业和生活

一是北京市集体产业用地占全市集体建设用地的 38%，产业类型以小作坊低端加工、建材批发仓储、小商品市场和住宿餐饮为主。以昌平区南口镇集体产业用地为例，2013 年底该镇集体产业用地单位面积产值 412 万元/

公顷，仅为同期中关村昌平园单位面积工业产值10671万元/公顷的3.9%。二是集体建设用地集聚大量外来人口就业和生活，在空间上与外来人口分布高度契合。集体建设用地成为大量外来人口的集聚地，特别是四环与六环之间的乡镇地区近年来成为外来人口增长的主要地区，约一半（超过400万人）外来人口分布在城乡结合部地区。2010～2013年，全市新增集体建设用地约有50%位于四环与六环之间，与外来人口空间集聚程度高度契合。以大兴区为例，2012年年底该区集体产业用地就业人口15.57万人，其中本区就业人口3.22万人，仅占21%；区外就业人口12.35万人，占79%。

（二）集体建设用地拆迁腾退改造以土地一级开发模式为主，规划拟拆迁腾退任务仍然艰巨

1. 土地一级开发是实施集体建设用地腾退改造的主要形式

2009～2013年，北京市征收集体建设用地72.4平方公里，其中土地一级开发项目征收46.6平方公里，占64.4%。截至2013年末，北京市以土地储备机构为主体的一级开发项目面积占全市一级开发项目总面积的80%以上；全市在施土地一级开发项目总面积270.6平方公里，其中实际建设用地144.8平方公里、代征绿地67.5平方公里、代征道路58.3平方公里，另外项目区外代拆建设用地62平方公里。

2. 集体建设用地规划拟拆迁腾退任务仍然艰巨

2009年末，北京市规划拟腾退集体建设用地（即土地规划中规划为非建设用地的集体建设用地，下同）483.4平方公里。2010～2013年，北京市集体建设用地规划拟腾退规模不减反增，2013年末全市规划腾退集体建设用地规模达518.4平方公里，4年间净增35平方公里。

（三）在创新集体建设用地利用方式方面进行了积极探索，为稳步推进农村土地制度改革奠定了坚实基础

1. 市级政策层面

2003年，北京市国土资源和房屋管理局下发了《北京市农民集体建设

用地使用权流转试点办法》；2008 年以后，北京市先后将集体建设用地流转政策写入了《关于加强土地管理推进小城镇建设的意见》、《中关村国家自主创新示范区条例》、《关于加快西部地区转型发展的实施意见》和《北京市人民政府关于开展新型农村社区试点建设的意见》，经国土部批准积极推进海淀区创新土地整治规划实施机制试点。

2. 具体实施层面

北京市开展了大兴区西红门镇、旧宫镇城乡结合部改造试点和玉泉慧谷科技园“自征自用、定向出让”、东升科技园“集体开发、自筹资金、自主建设、自主经营”、唐家岭“利用集体土地建设租赁房”、平谷区熊儿寨乡老泉口村“新农村建设”等试点；为推广大兴区西红门镇和海淀区东升科技园经验，北京市在城乡结合部选择丰台区长辛店镇等 6 个乡镇组织开展了镇域统筹利用集体经营性建设用地试点，2015 年大兴区已纳入国家农村土地征收、集体经营性建设用地入市、宅基地制度改革试点。

二　主要问题

土地规划实施以来，在对集体建设用地的科学引导和整体管控作用初步显现的同时，我们应该清醒地认识到，土地规划在推进低效集体建设用地减量化和集约高效利用等方面，仍然存在规划统筹力度有待进一步加强、规划实施手段不健全和相关配套政策不完善等问题。

（一）从规划编制上看，土地规划属于传统的“增量”和“大拆大建”型规划，对集体建设用地的规划统筹力度仍需进一步加大

根据土地规划，2010～2020 年，北京市建设用地总规模将从 3344.4 平方公里增至 3817 平方公里，净增 472.6 平方公里，占 2009 年末全市现状建设用地总规模 3344.4 平方公里的 14.1%。同时，为优先满足中心城、新城、重点镇和开发区等的用地需求，土地规划将大量的规划建设用地指标安排在这些地区。2009 年末，全市规划新增建设用地 726 平方公里，对应同

期全市规划拟拆迁腾退的 608.5 平方公里建设用地（其中集体建设用地 483.4 平方公里，占 79.4%），规划期内拟拆旧建新的比例约为 1∶1.19。

因此，从规划编制上看，土地规划属于传统的“增量”和“大拆大建”型规划，由于对集体建设用地的规划统筹力度不够，规划实施周期过半，建设用地呈现“城乡并进、建多拆少”的态势，特别是集体建设用地的无序蔓延是导致建设用地总规模大、增长快，城乡建设用地约束性指标突破的主要原因，也是城市“摊大饼”式发展的主要因素。

（二）从规划执行上看，土地规划实施手段不健全，在促进集体建设用地集约高效利用方面缺乏有力抓手

由于土地规划缺乏城镇建设用地新增和低效集体建设用地腾退改造统筹实施的具体安排，北京市一直以土地一级开发作为土地规划实施的主要手段，近年来虽取得了积极成效，但明显受到区域的限制和土地开发成本逐年上升的影响，造成土地一级开发项目主要集中在规划城镇建设用地范围内，难以全盘解决全市的集体建设用地盘活和整治问题。土地一级开发不仅承担了征地拆迁成本，还承担了大量的保障房、绿地、道路等民生和公共服务产品的成本，土地一级开发拆迁难度大、周期长、成本不断攀升，在国家要求大力压缩政府负债规模的新形势下，现有大规模的尤其是以占“白地”为主的一级开发模式到了亟待转型的时期。

（三）从保障措施上看，土地规划相关配套政策不完善，土地规划难以顺利实施

一方面，目前北京市正在抓紧推进集体建设用地确权发证工作，在创新集体建设用地利用方式方面也取得了积极成效，但由于相关政策体系还不够完善，全市促进集体建设用地集约高效利用的整体效果尚不明显。另一方面，目前北京市的土地规划和计划指标体系尚不健全，规划实施管理和评估考核制度还不够完善，土地规划实施利益调节机制尚处于探索阶段，导致土地规划难以顺利实施。

三 政策建议

为进一步发挥土地规划对集体建设用地的科学引导和整体管控作用，应从调整完善土地规划、健全土地规划实施手段和完善相关配套政策措施等方面，切实加大对集体建设用地的规划统筹力度，大力促进集体建设用地的集约高效利用，保障土地规划的顺利实施。

（一）调整完善土地规划，切实加大对集体建设用地的规划统筹力度

1. 研究确定科学合理的控制目标

以城市规划修改和土地规划调整完善工作为契机，按照新时期首都城市战略定位要求和“人口控制、用地减量、产业转移、生态改善”的原则，以人口控制目标和水资源、大气、绿色空间等资源环境承载力作为刚性约束条件，确定科学合理的建设用地总规模和城乡建设用地规模以及开发强度控制目标，严格划定城市开发边界红线和控制建设用地规模，逐年减少新增建设用地，大力促进存量低效集体建设用地盘活利用，实现土地规划由“增量”规划向“减量”规划转型，以土地利用方式转变促进经济转型升级。

在建设用地总规模方面，如按照近两年北京市建设用地总规模年均增长 35 平方公里的速度计算，到 2020 年北京市建设用地总规模将达到 3774 平方公里，同时考虑到新时期首都“瘦身健体”、“减量提质”的要求，建议将规划建设用地总规模指标从 3817 平方公里核减为 3767 平方公里。在城乡建设用地规模方面，按照北京市常住人口 2300 万人（其中约 200 万为农业户籍人口）控制目标要求，以及城镇人口人均 120 平方米和农村人口人均 150 平方米的标准测算，北京市城乡建设用地应控制在 2820 平方公里；鉴于 2013 年末北京市城乡建设用地规模已达 2886 平方公里，已超过土地规划确定的 2020 年末 2700 平方公里的控制目标，

建议将过渡期间的城乡建设用地规模指标确定为2900平方公里，并在此基础上按照用地减量的要求，进一步研究确定合理的城乡建设用地规模终极控制目标。

2. 调整优化国土空间开发格局

结合城市规划修改和土地规划调整完善工作，实施土地空间引导和布局优化战略。一是在保障符合新时期首都城市战略定位和首都核心功能用地合理需求的前提下，与规划期内新型城镇化和新农村建设进程相适应，适当压缩中心城、新城、重点镇和开发区等地区的新增建设用地空间，优化农村建设用地结构，保障农业生产、农民生活必需的建设用地，支持农村基础设施建设和社会事业发展。二是土地整治和增减要按照新农村建设、现代农业发展和农村人居环境改造的要求，尊重农民意愿，坚持因地制宜、分类指导、规划先行、循序渐进，合理确定集体建设用地拆迁腾退改造规模和时序，保持乡村特色，防止大拆大建。三是以重点保证平原地区生态用地空间为导向，在明确划定“三线”——城市增长边界、永久基本农田和生态红线的基础上，加大生态基础设施建设力度，完善生态用地经济补偿机制，探索建立生态用地储备制度，坚决捍卫平原地区生态用地空间不低于55%的安全底线。

（二）健全土地规划实施手段，大力促进集体建设用地集约高效利用

1. 组织编制和实施集体建设用地专项规划

依据城市规划和土地规划，组织编制集体建设用地专项规划，切实加大对集体建设用地的规划统筹力度，提出集体建设用地分区域、分阶段的调控规模，对城镇建设用地新增和低效集体建设用地腾退改造要统筹实施。在此基础上，为进一步强化和落实区县、乡镇政府的规划实施属地责任，规划期内应以乡镇为基本单元，整建制地统筹安排城镇建设用地新增规模和低效集体建设用地腾退改造，将所在乡镇“建新”和“拆旧”按相应比例挂钩实施，优先将实施难度较低的集体产业用地作为“减量化”重点，加快建立

"建新拆旧"倒逼机制，切实加大低效集体建设用地的拆迁腾退力度[①]。

2. 继续完善土地一级开发模式

在土地规划确定的城镇建设用地范围内，继续坚持以土地一级开发为主的利用模式，重点加大新城地区的土地储备与投放力度，以期合理调整优化城市功能结构和空间布局，实现"中心城 + 城乡结合部"单核聚集发展向"中心城 + 新城"多点融合发展转变，不断推动首都新型城镇化建设。同时，要按照"区域统筹、整体平衡"的理念统筹安排土地一级开发项目，以村、乡镇（或相邻几个村）为土地一级开发基本实施单元，整体研究土地一级开发项目实施方案，将周边地区低效集体建设用地拆迁腾退纳入一级开发成本，适当加大代征代拆力度，大力推进低效用地二次开发、产业升级转型，做到"开发一个、带动一片"，整建制考虑农转居、拆迁安置、留置产业发展等问题，争取不留后遗症。

3. 多途径开展生态环境综合整治

在土地规划确定的城镇建设用地范围外，对不符合土地规划且无法纳入土地一级开发项目的集体建设用地，探索通过多种途径的生态环境综合整治，实现拆迁腾退的方式。一是将土地一级开发项目与规划区外拟腾退地块整体立项，统筹开发成本，以一级开发带动环境整治；二是将拟腾退地块纳入北京市平原造林计划，实现地块腾退和绿化面积增加双重效益；三是相关部门适当加大生态环境整治项目投入，多途径筹集资金，保障生态环境整治项目规范、有序进行。

4. 积极探索集体土地流转和入市模式

2009 年末，北京市符合土地规划的集体经营性建设用地为 287 平方公里。上述土地在维护群众利益、产权清晰，以及符合新时期首都城市功能定位和产业政策的前提下，可积极探索和稳步推进集体建设用地使用权流转。[②] 其中符合产业政策和集约高效的可采取"现状流转"的方式，不符合

---

① 董丽晶、张平宇：《城市再生视野下的棚户区改造实践问题》，《地域研究与开发》2008 年第 3 期。

② 宋才发、李文平：《农村集体经营性建设用地流转问题研究》，《党政研究》2015 年第 1 期。

产业政策或粗放利用的可通过“二次开发”等方式，促进产业升级转型。同时，为避免短期内对国有土地市场带来大的冲击，结合年度土地供应计划编制，应控制合理的年度流转规模。

（三）完善相关配套政策措施，保障土地规划顺利实施

1. 加快推进集体建设用地确权发证

产权清晰是盘活集体建设用地的前提和基础。应本着“依法依规，尊重历史、面对现实，有利于和谐稳定”的原则，严格按照国家相关法律法规和北京市相关政策规定，在集体土地所有权确权发证的基础上，加快推进农村宅基地使用权、集体建设用地使用权等权益的登记发证。同时，优先对规划保留的集体经营性建设用地确权发证，只有经过确权登记的集体建设用地才能合法流转和入市交易。

2. 稳步推进农村集体建设用地使用制度改革

一是结合大兴区国家农村土地征收、集体经营性建设用地入市、宅基地制度改革试点以及镇域统筹利用集体经营性建设用地试点等，在符合规划和用途管制的前提下，研究制定出让、租赁、入股等多种形式的农村集体经营性建设用地流转办法，形成兼顾国家、集体经济组织、农民的土地增值收益分配机制和公共利益平衡制度，逐步建立城乡统一的建设用地市场。二是改革完善包括宅基地有偿退出机制在内的宅基地制度，按照“量力而行、尽力而为”的原则，在切实保障农民合理住房需求的前提下，稳步推进宅基地拆迁腾退和升级转型。三是结合京津冀协同发展要求下的产业政策，积极支持利用集体建设用地建设租赁房和开展养老设施试点，促进低效集体建设用地升级改造。四是加强公共服务和基础设施的统筹规划建设，进一步对农村地区的公共服务和基础设施用地提供规划保障。①

3. 强化规划实施过程管控

一是健全完善土地规划和计划指标体系，加大城镇建设用地新增和低效

① 李建建、戴双兴：《加快构建城乡统一的建设用地市场》，《经济研究参考》2014 年第 23 期。

集体建设用地减量化关联力度，将低效集体建设用地拆迁腾退改造规模纳入土地规划指标和土地利用年度计划指标，并分解到各区县。二是强化规划实施过程考核，建立“评估—考核—调整”的规划实施管理机制，实现评估数据、考核结果和规划调整相挂钩，推动土地规划从“静态蓝图硬约束”向“动态监管可实施”的有效转变。

4. 建立健全促进土地规划实施的利益调节机制

一是不断加大财政转移支付力度，加快建立以耕地和基本农田保护为核心的生态补偿机制，推动地区间建立横向的生态补偿制度。二是通过建设用地指标和耕地占补平衡指标的市场交易，将集体建设用地拆迁腾退形成的建设用地指标和新增耕地指标，在全市范围内按市场竞争的原则统一交易，实现建设开发权向城镇地区转移，产生的经济效益反哺参与土地综合整治的集体经济组织，建立集体经济组织的造血机制，提高农村经济发展内生动力。

参考文献

1.《2014 年北京市政府工作报告》。

2. 董丽晶、张平宇：《城市再生视野下的棚户区改造实践问题》，《地域研究与开发》2008 年第 3 期。

3. 宋才发、李文平：《农村集体经营性建设用地流转问题研究》，《党政研究》2015 年第 1 期。

4. 李建建、戴双兴：《加快构建城乡统一的建设用地市场》，《经济研究参考》2014 年第 23 期。

注：本文所用数据及资料，除已做说明之外，均系调研所得。

B.16 昌平区集体建设用地现状调查与利用政策探析

汪少群*

摘　要：本文介绍了昌平区集体建设用地的利用现状，分析了存在的突出问题，并在进一步梳理集体建设用地利用的法律法规和学习借鉴其他地区集体建设用地利用做法的基础上，探讨研究了全区农村集体建设用地6种开发利用模式，提出了推进集体建设用地制度改革的相关政策建议，以此盘活存量集体建设用地、促进区域城乡统筹发展，为构建城乡统一的建设用地市场奠定实践基础。

关键词：昌平区　集体建设用地　现状调查　政策

一　昌平区集体建设用地利用现状调查

（一）集体建设用地利用现状

1. 农村集体建设用地资源丰富，村庄用地占比最大

根据昌平区2011年土地利用变更调查成果统计，全区集体建设用地总量16093.6公顷，约占全区建设用地总量的38%。其中，村庄用地8780公顷，占55%；建制镇用地4493公顷，占28%；其他用地占17%，占比相对

* 汪少群，北京市国土资源局昌平分局党组副书记、局长。

较小，分别是：城市用地253公顷、采矿用地620公顷、风景名胜及特殊用地263公顷、农村道路用地1089公顷、公路用地565公顷、铁路用地23公顷、机场用地6.7公顷、管道运输用地1.2公顷。

从上述10类用途所占比重及未来的开发改造利用难易程度来看，占比最大的村庄用地，作为农村集体存量建设用地，可通过实施旧村改造、小城镇建设等方式进行更新利用，腾退出大量的集体建设用地指标，而其他9类用途不易改变或利用难度较大，可挖掘的潜力相对较小。

经测算，村庄用地在各镇（街道）集体建设用地总量的占比在40%~85%。其中，流村镇村庄用地占镇域集体建设用地总量的比重最高，高达85%，表明流村镇存量集体建设用地挖掘潜力最大；其次是延寿镇、城南街道、十三陵街道、南口镇村庄用地占比较大，均在60%以上；而天通苑南街道、天通苑北街道和城北街道村庄用地占比较小，不足40%。

2. 工业用地分布较广，数量相对较大

通过对全区20个镇（街道）、298个村集体建设用地的初步摸底调查，进一步了解了全区农村宅基地、工业用地、商业用地数量情况。其中，农村宅基地6594.66公顷，占42%；工业用地（含工业小区、工业大院）4354.27公顷，占28%；商业用地469.23公顷，占3%；公共设施与公益事业用地2588.88公顷，占17%；其他集体建设用地1676.05公顷，占10%（见表1）。

经调查，全区20个镇（街道）298个村中173个村有工业大院（工业小区），工业用地总面积约4354公顷。其中，2568公顷符合土地利用总体规划，占全区工业用地总量的59%；剩余1786公顷均不符合土地利用总体规划，占全区工业用地总量的41%。

3. 农村集体建设用地挖掘潜力大，有利于实现规划目标

从现状农村集体建设用地是否符合全区土地利用总体规划来看，符合规划条件的现状集体建设用地总量8137.15公顷，占现状建设用地总量的51%；不符合规划条件的现状集体建设用地7956.49公顷，占现状建设用地总量的49%。其中，马池口、沙河、崔村、兴寿、十三陵、流村规模较大，均超过

500 公顷。不符合规划的现状集体建设用地通过旧村改造、小城镇建设等开发方式，将其开发复垦为绿地或农用地，逐步实现土地利用总体规划目标和城市总体规划目标。

表 1　昌平区各镇（街道）集体建设用地现状统计一览

单位：公顷

序号	乡镇名称	农村宅基地	工业用地	商业用地	公共设施与公益事业用地	剩余用地	小计
1	霍营街道	20.00	6.67	4.00	3.33	7.33	41.33
2	百善镇	269.41	—	—	396.98	119.60	785.99
3	北七家镇	928.35	—	—	20.80	390.20	1339.35
4	城北街道	49.96	32.00	14.27	8.63	0.32	105.18
5	崔村镇	468.47	330.00	46.80	168.00	39.33	1052.60
6	东小口镇	211.93	335.87	0.80	53.93	24.00	626.53
7	流村镇	426.96	106.02	28.50	67.84	166.45	795.77
8	马池口镇	683.72	1635.00	32.00	49.33	0.00	2400.05
9	南口镇	754.71	492.68	69.37	521.45	312.62	2150.83
10	南邵镇	179.94	10.00	0.13	1.27	65.87	257.21
11	十三陵镇	361.49	49.74	127.08	618.05	0.00	1156.36
12	天通苑北街道	—	—	15.70	0.00	0.00	15.70
13	天通苑南街道	3.13	—	0.00	0.04	7.33	10.50
14	小汤山镇	835.80	147.70	15.54	535.05	0.00	1534.09
15	兴寿镇	576.48	128.16	0.00	70.69	4.26	779.59
16	延寿镇	202.18	285.99	3.31	5.89	164.13	661.50
17	阳坊镇	100.22	224.58	8.00	20.44	43.09	396.33
18	回龙观镇	103.33	121.33	60.00	—	50.00	334.66
19	沙河镇	418.58	448.53	43.73	47.16	281.52	1239.52
总　计		6594.66	4354.27	469.23	2588.88	1676.05	15683.09

注：因缺少城南街道数据故表中未计入。

（二）集体建设用地利用存在的问题

1. 工业用地使用面临产业转型升级的挑战

昌平区村村有大院、村村有厂房的工业用地格局的形成是有历史原因的，经历了一波三折的发展后，形成了现有的约4354公顷的工业用地占地规模。全区工业用地利用存在的问题大致归纳为以下5方面：一是各村工业用地规模大小不一且跨度大，有的村二三亩，有的村上千亩，如南口镇响潭村工业用地1.07亩、东小口镇马连店村工业用地1129亩；二是工业用地使用效率不高，产业发展较为低端，多数为生产、加工及制造，而且各村工业用地经营管理水平参差不齐，其中经营管理水平较好的工业大院，如崔村镇西辛峰村工业小区成片、成规模，其租金收入水平不断提升，从最初5000元/（亩·年）增长到现在的15000元/（亩·年），而且这部分租金收入已成为各村集体经济组织主要的收入来源；三是工业用地转租现象严重，集体土地或厂房的出租年限一般为20年或30年，没有正式规范的租赁合同，部分土地或厂房已多次转租，村集体经济组织作为出租人，并未享有真正的级差收益；四是多数工业用地不符合土地利用总体规划，为实现区域土地利用总体规划目标和城市总体规划目标，未来将面临巨大的拆迁腾退压力，如崔村镇工业用地总量4950亩，符合规划的仅2300亩，占比不足50%；五是吸引了大量的外来人口，易引发治安、消防安全、维稳等一系列问题，加大了流动人口管理和地区维稳难度。

2. 小产权房等违法用地较为严重

经初步统计，全区违法用地4217.37公顷，集中分布在崔村、沙河、流村、北七家等15个镇，其中，国有土地违法用地156.3公顷，占比4%；集体土地违法用地4061.07公顷，占比96%，约是国有土地违法用地的26倍。造成昌平区集体土地违法用地比例较高的主要原因是随着工业化、城镇化和现代化的快速发展，城乡经济和社会发展对土地的需求明显增加，由于缺乏城乡统一的用地市场，集体土地不能与国有土地同地同价同权，在一定程度上抑制了集体土地参与国家经济发展的发展权。受利益驱动，农村集体经济组织依靠区域生态环境优势、资源优势自发采取违法用地方式建设、出售小产权房，通过这种短期寻租方式获得较高的收益，解决农村集体经济组织发展问题。

3. 宅基地利用矛盾突出

全区宅基地土地面积6595公顷，其中符合规划的宅基地土地面积为

4979 公顷，占宅基地总量的 75%；剩余 1616 公顷的宅基地不符合土地利用总体规划要求。当前，宅基地利用过程中，存在的问题突出体现在以下 3 方面：一是宅基地纠纷较为突出。近年来在土地纠纷案件中，涉及宅基地的纠纷上访案件占 60% ~70%，主要诉求是老百姓孩子大了结婚没地方盖房子，要求地方政府解决其住房用地问题。二是随着全区征地、拆迁项目的增加，部分村民受拆迁补偿等利益诱惑，出现假离婚等情况，要求重新给予宅基地用地指标。三是宅基地私搭乱建现象较为严重。昌平区六环以内的农村宅基地 3 ~5 层违章建房较多，吸引了大量的流动人口，易引发区域社会治安、消防安全等风险隐患，危及群众生产生活、人身及财产安全。

4. 设施农用地管理使用不规范

昌平区 60% 为山区，是全市的生态涵养区。山区、半山区镇政府结合自身区位特点及市场需求，积极发展采摘、休闲旅游等都市现代农业。在进一步满足市场需求，完善都市现代化农业配套设施，提升农业附加产值方面，镇、村在设施农用地与非农建设用地政策利用方面存在一定偏差，应及时转变思想观念，严格按照国土资源部相关设施农用地政策，对都市现代化农业配套设施建设依法、规范、有序地开发利用，提升现代化、生态农业的软实力，促进山区及半山区农业规模化、集约化发展。

5. 历史遗留问题亟待解决

随着区域经济发展环境的变化，在推动区域经济发展建设的同时产生的较多的历史遗留问题亟待解决。一是已建成的房屋如何补办相关产权手续。2004 ~2007 年昌平区部分农民回迁房、三定三限房①没有办理相关用地手续，如大、小汤山村与房地产开发企业进行合作，建成后的农民回迁房没有产权，土地性质仍为集体建设用地，老百姓要求回迁房办理相关产权手续。二是小城镇卖房引发的遗留问题。在小汤山、北七家小城镇开发

① 三定三限房，是指按照三定三限原则建设的专向符合条件的项目征收集体土地涉及的被征地拆迁农（居）民销售的安置房（三定三限原则：定性、定向、定量；限户型、限价格、限交易）。

建设的时候实行“买房解决户口”政策，但受2004年“8·31”大限[①]等政策影响，部分开发项目征地手续办理不完善，土地性质仍为集体土地，大约四五百户外地买房人以当时政府承诺的大产权未实现为由，不愿意缴纳剩余房款。三是2000年左右，为发展地方经济，鼓励招商引资，部分乡镇将部分集体建设用地分割成小块，并发放农村集体土地使用证，允许入驻企业进行开发建设。目前，部分集体建设用地已全部建成别墅，剩余部分集体建设用地空置。

二　昌平区集体建设用地开发利用创新方式研究

昌平区在首都发展与改革进入新阶段时期，积极推进城乡一体化进程，探索集体建设用地利用新路径。为高效盘活昌平区存量集体建设用地，拓展全区城镇发展空间规模，进一步促进全区城乡统筹发展，鼓励社会资本参与区域城镇化建设，参考借鉴其他外省市及北京市相关区县集体建设用地探索实践做法与经验，提出昌平区集体建设用地利用的几种开发利用方式。

（一）集体建设用地占地方式

第一种方式：镇政府主导方式。

基本做法：

（1）各村集体经济组织将各村的土地按面积（或当前租金收入水平或租金总额）量化成股份入股，成立股份合作社。

（2）将各村集体土地出让给镇政府（街道），出让年限可参照国有土地使用权出让最高年限确定，并在出让合同中约定允许政府将出让取得的土地使用权出租给开发商，或由镇政府（街道）自行将土地使用权进行抵押融

① 2004年3月，国土资源部、监察部联合下发了《关于继续开展经营性土地使用权招标拍卖挂牌出让情况执法监察工作的通知》，要求从2004年8月31日起，所有经营性的土地一律都要公开竞价出让，被称为“8·31”大限。

资。

（3）由镇政府（街道）作为全资股东引入战略投资者，组建开发公司，由开发公司对通过出让方式取得的集体土地进行经营——将土地出租或抵押融资自行开发建设标准厂房或相应配套设施（见图1）。

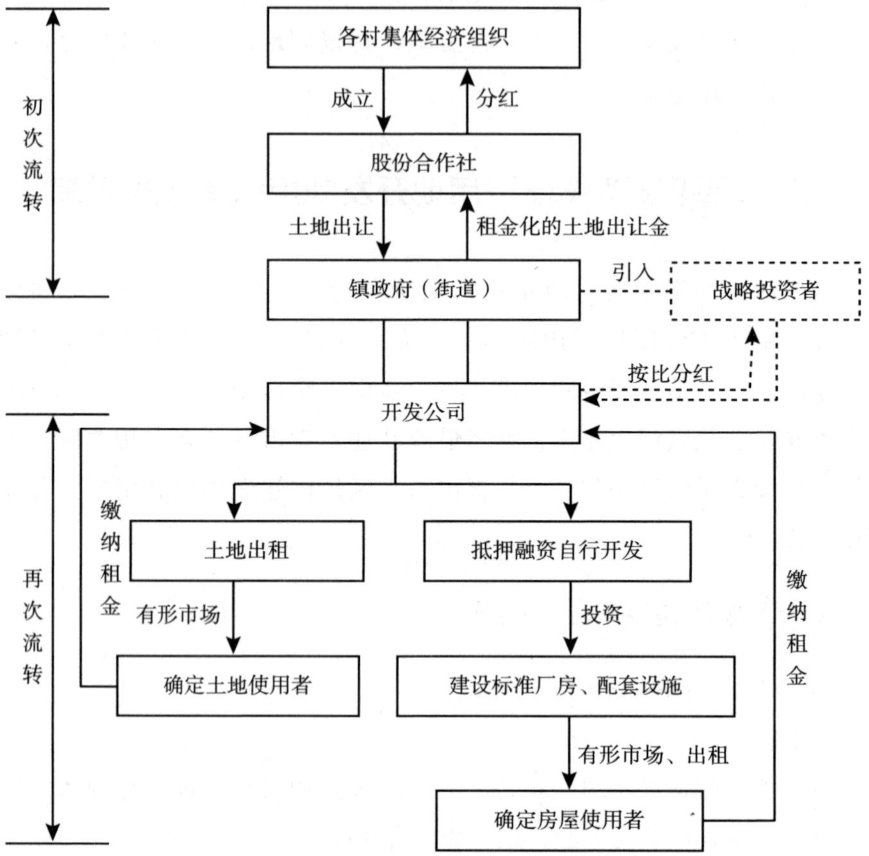

图1　镇政府主导开发方式示意

第二种方式：村集体主导方式。

基本做法：

（1）村集体经济组织组织召开村民代表大会，经村集体经济组织2/3以上成员或2/3以上成员代表同意后，进行土地产权制度改革，变资产为股份，成立股份合作社，对本村村民进行股权份额确认。

（2）在股份合作社的指导下，成立村级开发公司，负责全村土地的开发、利用与经营管理。

（3）村级开发公司自筹资金，自主开发或引入战略投资者进行合作开发，进行净地出让（出租），建设标准厂房或作为配套设施用地（见图2）。

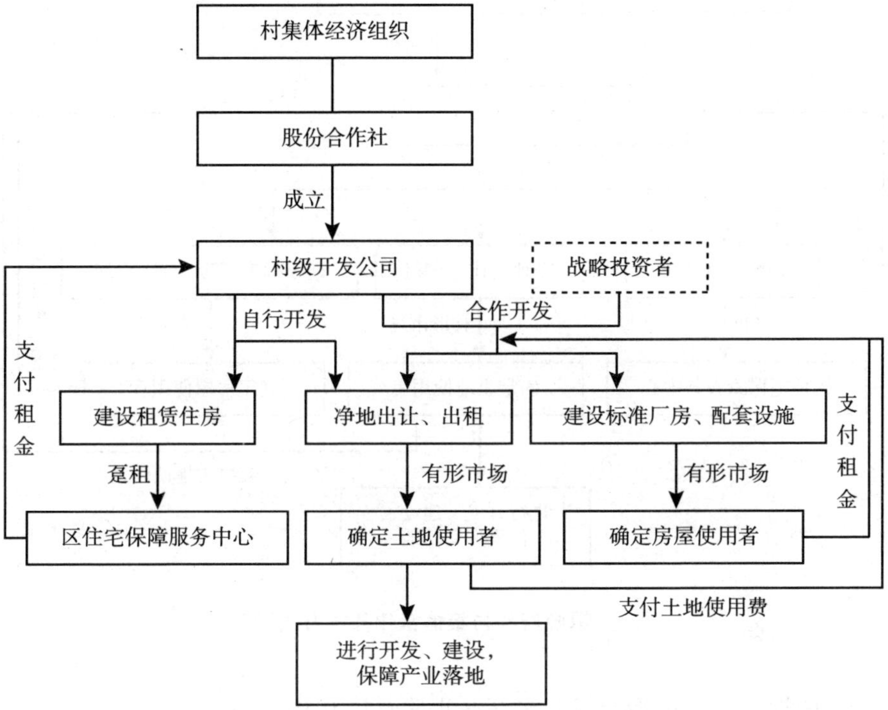

图2　村集体主导开发模式示意

第三种方式：镇政府和村集体合作方式。

基本做法：

（1）村集体经济组织组织召开村民代表大会，经村集体经济组织2/3以上成员或2/3以上成员代表同意后，进行土地产权制度改革，变资产为股份，成立股份合作社，对本村村民进行股权份额确认。

（2）镇政府（街道）出资，股份合作社出地，联合成立股份公司。

（3）股份公司自筹资金、自主开发、自主经营，进行净地出让（出租）、建设标准厂房或作为配套设施用地（见图3）。

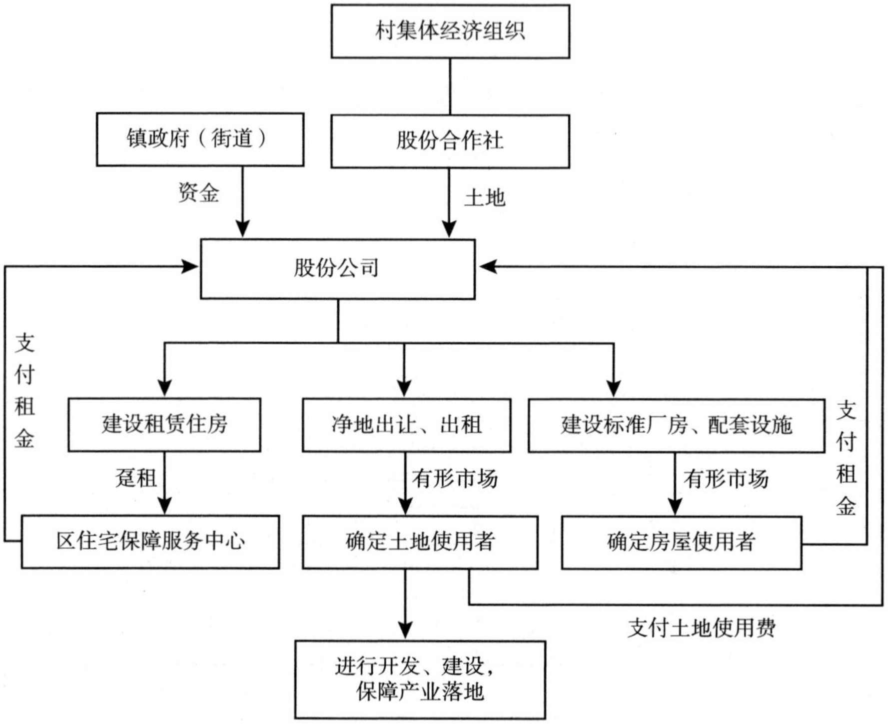

图3　镇政府和村集体合作开发方式示意

第四种方式：村集体与战略开发企业合作方式。

基本做法：

（1）村集体经济组织组织召开村民代表大会，经村集体经济组织2/3以上成员或2/3以上成员代表同意后，进行土地产权制度改革，变资产为股份，成立股份合作社，对本村村民进行股权份额确认。

（2）村集体经济组织寻找到合适的战略开发企业，经村民代表大会同意，村集体经济组织出地，引入的战略开发企业出资，共同成立股份开发公司。

（3）由股份开发公司自筹资金、自主开发、自主经营，进行净地出让（出租），建设标准厂房或作为配套设施用地（见图4）。

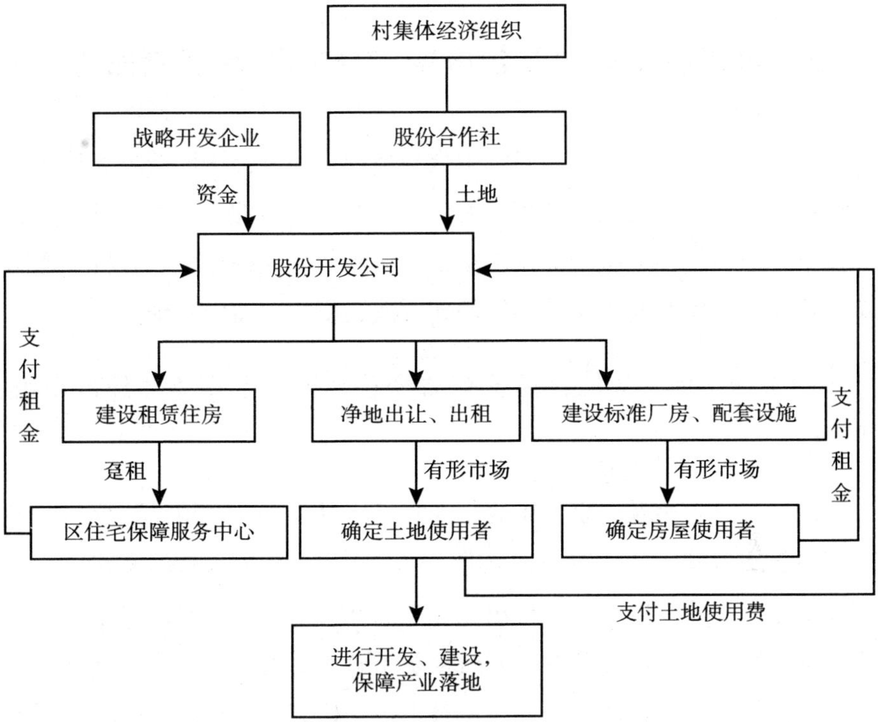

图 4　村集体与战略开发企业合作方式示意

（二）集体建设用地征地利用方式

第一种方式：村集体自征自用模式。

基本做法：村集体经济组织自己通过土地征收方式，将集体建设用地征收为国有土地后，用于本村集体经济组织成员的安置用房或产业用房。将产业用房通过市场方式出租给其他土地使用权人，每年可取得较稳定的租金收入。租赁方式周期灵活，有利于集体建设用地使用权人退出，保障集体建设用地空间资源高效利用。

第二种方式：村集体合作征收自用模式。

基本做法：村集体经济组织通过引入战略合作者采取合作或股份方式，获得资金支持，征收部分集体建设用地后，用于建设集体租赁住房或发展村集体产业。

三　推进昌平区集体建设用地开发利用的政策建议

为深入贯彻落实党的十八届三中全会精神，促进昌平区城乡统筹发展和新型城镇化建设，实现全区经济、人口、资源、环境的均衡和谐发展，建议做好以下几方面的前期基础准备工作，为积极稳妥地推进全区农村土地制度改革，探索农村集体建设用地利用的新方法、新模式奠定基础。

（一）学习典型做法，借鉴有益经验，努力实现集体建设用地高效利用

我国的部分省市及北京市海淀、大兴等区县的一些乡镇已陆续开展了农村集体建设用地利用、流转等方面的工作，积累了一些有益的实践经验。昌平区在着手组织研究本区域农村集体建设用地时，应首先对国家相关政策有一个清晰、全面的了解和掌握；同时也要了解其他地区农村集体建设用地利用、流转方面的具体做法、经验或者教训，为研究和实现区域内农村集体建设用地高效利用提供政策与实践基础。

（二）立足区情，创新思路，探索符合区域特色的集体建设用地利用模式

在当前新的发展时期和全面深化改革的宏观形势下，应研判昌平区社会经济发展建设面临的机遇与挑战，结合区域战略发展要求，创新工作思路，积极探索出符合区域特色的集体建设用地利用新模式，满足城乡发展用地需求，实现城乡土地统筹利用，促进土地节约集约，赋予农民更多的财产权利。

（三）试点先行，以点带面，逐步推进集体建设用地制度改革

贯彻落实十八届三中全会精神，制定区域集体建设用地利用指导意见，指导和加快推进区域农村集体建设用地制度建设，采取局部试点，示范引

领，以点带面，逐步推进全区农村集体建设用地的开发利用，满足区域发展建设需求。

（四）完善机制，规范程序，促进集体建设用地稳妥、规范、有序流转

农村集体建设用地流转涉及国家、地方政府、土地所有者、使用者和投资者等多方利益，需参照现行的国有土地管理机制，加快制定农村集体建设用地流转的配套政策，规范农村集体建设用地流转工作的审批、监管、开发建设等管理程序，保障农村集体建设用地稳妥、规范、有序流转。

（五）明晰产权，规划先行，编制农村集体土地专项规划

按照北京市有关部门的统一安排和要求，进一步落实农村集体土地确权登记发证工作。加强各部门分工与协作，尽快开展农村集体土地专项规划编制工作，为即将启动的农村集体建设用地开发利用做好充分的产权准备。

参考文献

1. 刘佳：《浅析我国农村集体建设用地使用权流转问题》，《大观周刊》2012 年第 8 期。
2. 饶永辉、刘卫东：《农村集体建设用地流转制度管理改革分析》，《决策与信息》2013 年第 3 期。
3. 陈雪原、郑艳丽、毕德凯、周秋民：《城乡结合部农民就地城镇化的路径选择与机制设计——以北京市东升科技园集体建设用地开发案为例》，《中国经贸导刊》2013 年第 13 期。
4. 龙开胜、陈利根：《农村集体建设用地流转的驱动机制分析》，《国土资源科技管理》2010 年第 1 期。
5. 文斌：《对农村集体建设用地规范流转的思考》，《南方国土资源》2011 年第8 期。

注：本文数据来源为第二次全国土地调查数据成果和课题单位实地走访调研成果。

产业发展

Industrial Development

B.17
中关村核心区的制度创新与政策优化研究

孙文锴*

摘　要：本文立足于中关村国家自主创新区海淀核心区面对的新形势、新使命，从总结经验分析面临的主要问题入手，深入研究探讨了推进核心区制度改革创新与政策优化的思路、原则和政策。

关键词：中关村核心区　制度创新　政策优化　战略部署

海淀区是中关村国家自主创新示范区核心区，原为一片广阔的农村地

* 孙文锴：时任中共北京市海淀区委副书记，区人民政府区长，农学博士，副教授。

域，在城市化、城乡一体化的强力持久推动下，已成长为今日我国最著名的高科技产业园之一。截至目前，核心区有各类高等学校 83 所；国有科研院所 138 家；国家工程技术研究中心 31 家；国家重点实验室 73 家；高新技术企业 1.2 万家，其中国家高新技术企业 5200 余家；各类金融及分支机构 2300 余家。2014 年，核心区高新技术企业总收入 1.44 万亿元，同比增长 15%，占中关村示范区的 41.7%；新增上市挂牌企业 58 家，总数超过 370 家；全区发明专利授权量达 1.1 万件，占北京全市的 50%；技术合同成交额达 1367 亿元，同比增长 9.5%，其中 80% 辐射到京外地区。海淀区同时也是国家科技金融创新中心、中关村人才特区、国家级文化和科技融合示范基地，承载着服务国家创新体系建设、落实创新驱动发展战略、引领城市化、城乡一体化的重大历史使命。

在全面深化改革、加快落实创新驱动发展战略，全国各地纷纷出台改革创新举措的背景下，立足核心区发展的新阶段，聚焦创新加快制度改革和政策优化，既是核心区保持创新驱动发展排头兵和制度高地优势地位的有效手段，也是核心区适应发展新形势新要求的必然选择。深刻认识推动核心区聚焦创新的制度改革的重大意义，系统总结核心区聚焦创新的制度改革实践经验，深入分析当前制度改革面临的突出问题，找出下一步聚焦创新的制度改革方向和具体举措是摆在我们面前的重要课题。

一　深刻认识深入推进制度改革和政策优化的重大意义

有利于实现核心区科技创新与体制机制创新相互融合、相互激发，充分释放改革红利和创新活力。党的十八大以来，中央围绕全面深化改革做出了一系列战略部署。具体到科技体制领域，就是要充分发挥市场在创新资源配置中的决定性作用，这就要求加快破除制约创新的体制机制障碍，进一步优化政府支持创新的方式，发挥好政府有形之手的作用。聚焦创新加快制度改革和政策优化，革除创新链条存在的诸多体制机制症结，能够有效激发核心区内人才、知识、技术、资本等各类要素的创新活力，充分释放制度改革红利，实现以改革促创新、以创新促发展。

有利于核心区巩固制度创新“先行先试”的优势地位，争取创新发展的主动权。当前国家自主创新示范区已由中关村、武汉东湖、上海张江和合芜蚌“3+1”的格局向全国有条件的其他地区拓展，仅2014年就新增了深圳、苏南、天津滨海、长株潭等4个区域。中关村“1+6”① 先行先试政策推向全国。核心区创新资源最密集、制度创新的需求最迫切、制度创新的潜力也最丰富，全力争取新的先行先试政策，是国家赋予中关村创新区的重要使命。聚焦创新深入推进制度改革和政策优化，有利于再造核心区发展新优势，继续保持制度创新和科技创新的高地优势。

有利于及时地满足企业创新发展的现实需求，建设创新型的服务型政府。建设服务型政府，要求核心区进一步解放思想、转变观念，以企业发展的现实需求为基础创新服务形式，加快由“管理者”向“服务者”转变。聚焦创新推进制度改革和政策优化，有利于根据形势的新变化不断更新制度安排和政策体系，及时满足企业创新发展的现实需求，推动制度改革和政策创新与技术、产业、商业模式创新同步，建设创新型服务型政府。

二　系统总结核心区推进制度改革与政策优化的实践探索

近年来，核心区一手抓先行先试政策的细化落实，一手结合区域自身特点，重点围绕优化创新创业环境、着力挖掘区域创新资源等关键领域，推进区级层面的制度改革和政策优化，着力形成制度创新的合力，探索了一条具有核心区特色的制度创新之路。

① 国家出台的中央级事业单位科技成果处置权和收益权的改革试点、税收优惠试点、股权激励试点、高新技术企业认定试点等鼓励中关村企业，高校院所科技创新和产业化的系列先行先试改革政策。

1. 围绕服务创新改革科技园区管理机构，实现支持创新的行政资源再整合

2012 年，为进一步整合科技管理和服务职能，提升科技管理和服务效率，更好地服务园区和企业创新发展，海淀区创新性地整合了中关村科技园区海淀园管理委员会和海淀区科学技术委员会两大工作部门，实现了部门合署办公。合署办公后的海淀园管委会（区科委），整合了园区建设管理、科技、投资促进、经济信息化、知识产权等多项职能，打造了面向科技创新的跨部门、一门式的协同服务机构及科技创新资源、政策导入平台，探索形成了科技园区管理和服务的新模式。

2. 深化行政审批制度改革，推动行政审批事项精减压缩

一是建立新型政务服务机构和平台，构建行政审批管理新体系。组建综合行政服务中心。根据法人事项应进必进原则，整合全区 39 个单位的 650 多项法人服务事项入驻综合行政服务中心，并根据事项相近性、关联性将全部政务服务事项划分为若干业务模块，对模块内的事项进行流程和组织再造，在对行政审批事项物理空间集聚的同时优化行政审批全链条，打造专业化的政务服务机构。建立全区统一的政务服务信息化平台，加快推行网上审批，提高行政审批规范化、标准化、便利化程度。二是探索投资项目模块化审批，推动项目快速落地。深入推进优化投资项目审批流程市级改革试点，按照“能否建设（立项）、如何建设（规划）、在哪建设（土地）、何时建设（开工）”的分类标准，建立四阶段并联审批模块化工作机制，实现投资项目审批工作从“碎片化布局”向“统筹化布局”、从互为前置条件向分模块独立运行、从各自为政到整体服务的三大转变，极大提升了投资项目审批效率。以协议出让科研教育二级建设项目为例，实行模块化审批后，企业投资项目立项审批由 60 天缩短为 13 天，规划阶段审批缩减至 20 个工作日内。三是开展企业设立“多证联办”试点，服务创新创业。结合国家工商登记注册制度改革，海淀区以强化内部协同、简化审批程序、提高登记效率为重点，依托政务服务大厅建设，设置了由工商、国税、地税及综合行政服务中心四部门组成的服务窗口，实现了“一口受理、同步办理、一口发证”的“多证联办”。即申请人只需在一个窗口一次性提交所有材料，即可在承诺

时限内一次性领取营业执照、组织机构代码证、统计证、税务登记证和公章等“四证一章”。“多证联办”试点将企业“四证一章”的办理周期由2~3周缩短为4个工作日，大大提升了企业注册登记的便利性。

3. 注重创新和产业政策的优化调整，实现支持创新政策的再聚焦

如何将有限的财政资金用在支持创新的刀刃上，决定着政府有形之手作用发挥的成效。2013年底，海淀区根据自身面临的新形势、新变化和新要求再次对政策体系进行调整和完善，重点围绕优化创新生态环境、激发科技创业活力、提升企业核心竞争力、促进重点产业发展四个方面，重新梳理了支持创新创业的政策体系，探索建立了核心区技术创新项目市场化评价机制，构建了支持方向聚焦化、支持方式市场化、支持领域特色化、支持对象普惠化、支持标准规范化等“五化”特色的“1+4+1”政策体系。① “1+4+1”政策体系以统筹服务首都城市功能定位和区域创新驱动发展为主线，以充分发挥市场对创新资源配置的决定性作用和更好地发挥政府对创新的引导服务作用为基本原则，更加注重通过政策引导和服务支撑的方式支持创新创业，强化了政策对创新的引导服务作用，实现了支持政策再聚焦。

4. 强化校地院地军地融合发展，实现驻区创新资源的协同

一是开拓校地、院地创新资源整合新路径，加速释放创新潜力。近年来，核心区围绕深入挖掘区域创新资源潜力，深入实施创新能量聚变工程，采取共建新型产业技术研究院，共同设立科技成果孵育基金、科技成果转移转化基金，战略性新兴产业投资基金等多种形式，加快推进校地、院地、央地和军地合作，有力撬动了驻区高校、科研院所、军队单位的科技成果转化和产业化，提升了区域科技资源配置效率，激发了区域创新创业活力。先后建成新型产业技术研究院11家；与清华大学共建“水木启程”基金、与北京大学共设“重大成果孵育基金”、与航天科工集团共建“航天科工创投基

① 海淀区2014年6月出台的支持创新创业的政策体系，包括一个意见，优化创新生态环境、激发科技创业活力、提升企业核心竞争力、促进重点产业发展等4个办法及1个技术创新项目市场化评价实施细则。

金”等各类母基金、参股基金20余只，政府出资6.8亿元，带动社会投资72.6亿元，总规模近80亿元。二是探索军民融合新方式，促进军民深度融合发展。核心区结合深入贯彻落实习近平总书记关于加强军民深度融合发展的讲话要求，率先制订并实施军民融合发展行动计划，搭平台、设基金、建园区，多管齐下，加快推动军民融合发展。制订《海淀区推进科技产业军民融合发展三年行动计划（2014～2016年）》，强化军民融合发展的顶层设计。探索设立军民融合产业基金，由区政府出资6亿元，撬动社会资本支持国防科技和民用科技深度融合发展。与第二炮兵装备研究院共建军民融合产业园，在科研资源共享、技术联合攻关、军事需求牵引等多领域展开全方位合作，拓宽“民参军”路径，促进“军转民”技术落地转化。

5. 积极推动产业跨区域转移发展，推动创新驱动区域联动

核心区以服务创新驱动和京津冀协同发展两大国家战略为己任，率先探索京津冀协同发展和跨区域合作的新机制新模式，推动以技术产品输出为主的单一辐射带动模式向以创新资源、品牌和服务输出并重的全面辐射带动模式转变。核心区先后与河北秦皇岛、江苏溧阳、山东齐河、内蒙古赤峰、湖北丹江口等地区签订了合作共建园区的协议。其中，秦皇岛分园于2014年5月正式开园，两地在率先落实京津冀协同发展战略，推动产业空间和创新资源的跨区域整合利用方面积累了宝贵经验。一是立足优化合作双方的产业和空间结构促进资源双向对流。根据双方资源禀赋和产业特点，引导符合各自发展定位的企业双向流动，推动核心区和秦皇岛分园产业和空间结构双优化。二是坚持市场导向促进产业转移合作。充分调动园区建设企业、孵化器、行业协会、产业联盟等市场主体力量，积极打造以市场为导向、企业为主体的产业转移合作机制。三是坚持创新资源跨区辐射推动企业项目落地。核心区发挥科技、人才资源优势，积极探索搭建跨区域产学研介合作和资源共享平台，引导适合在京外产业化的技术或项目落地转化，充分释放核心区的创新能量，带动河北经济转型发展。四是坚持发展利益区域共享探索长效发展机制。探索财税利益分享机制，在优化产业结构和提升科技创新能力的同时，实现区域经济协同的长效发展。

6. 建设国际技术转移新载体，整合全球创新资源

瞄准建设成为具有全球影响力的科技创新中心的总目标，核心区坚持以全球视野谋划和推动创新，面向全球整合创新资源和创新链条，加快聚集全球高端创新创业要素，打造全球创新要素的聚集和配置中枢。自 2013 年国家技术转移集聚区、中国国际技术转移中心揭牌以来，核心区以中国国际技术转移中心为主要建设载体，以中关村西区为核心，吸引了一批国际知名技术转移机构入驻，形成了国际创新资源的聚集效应。截至目前，已吸引中意技术转移中心、葡萄牙仕博创新管理咨询公司、亚洲产业科技创新联盟（AITIA）等 52 家国际化创新服务机构入驻，并与美国、德国、英国、芬兰、瑞典、新加坡、日本、新西兰以及中国香港、台湾等全球创新活跃地区的大学、科研院所、政府部门、技术转移公司等建立了合作关系。中心和入驻服务机构共挖掘技术信息 1600 多条，服务企业 2000 多家。依托北京国际技术转移大会、京交会等平台，中心共促成 33 个国际技术转移案例，技术交易额达 2.79 亿元，有力地促进了国际创新资源流动。

总结近年来核心区制度改革与政策优化的成功实践，其基本经验，一是始终坚持需求和问题导向，紧紧围绕服务企业创新需求、突破制约创新创业的体制机制瓶颈谋方案、想办法；二是始终坚持先行探索主动作为，注重通过基层实践积累先行先试改革经验，尊重驻区域企业和高校院所的首创精神；三是坚持统筹协调，注重改革协同性、整体性，善于凝聚各方共识和力量、形成推动制度创新的合力。应该说，核心区的探索实践，不仅有力地促进了核心区自身的创新发展，也为全国其他区域推进制度改革和政策优化，充分释放改革红利提供了重要的经验借鉴。

在充分肯定核心区成功探索经验的同时，也要清醒地认识到，核心区的制度改革与政策优化依然存在着视野不够宽、与企业需求匹配不到位、跨层级联动不足等问题。制度创新的视野不够宽，主要表现为被动改革多、主动改革少，自上而下改革多、自下而上改革少，放眼自身的改革多，与国际接轨的创新型改革少。与企业需求匹配不到位，体现在对创新型企业快速发展催生的新的制度和政策需求关注少，导致制度改革和政策优化大大滞后于技

术、产业、商业模式创新的步伐，制约了创新型企业的发展。跨层级联动不足，主要指区级的基层改革探索缺乏与中央、北京市的同步联动，制度改革和政策优化呈现孤岛化倾向，难以形成合力推进改革，使改革效果大打折扣。

三 推进核心区制度改革与政策优化的总体思路和对策建议

1. 总体思路

坚持统筹服务首都城市功能定位和区域创新驱动发展，充分发挥市场对创新资源配置的决定性作用和更好地发挥政府对创新的引导作用，以把核心区打造成为各类高端创新创业要素的聚集、辐射和扩散中心、最具吸引力的创业中心和战略性新兴产业策源地为目标，结合中央、北京市关于全面深化改革的战略部署，推动实现三大转变：一是由科技体制改革向综合配套改革转变，避免科技体制改革单兵突进和陷入改革部门化的泥潭。二是由科研管理向创新服务转变，加快培育企业技术创新主体，加快构建创新服务体系。三是由单纯的政策优惠和政策突破逐步向制度创新转变，打造支撑创新驱动发展的“制度升级版”，全面深入释放制度改革红利。

2. 基本原则

遵循四大导向：一是坚持企业需求与市场导向。核心区发展主体推动力量是区域内的企业和众多的创新创业者，政府的支持政策要牢牢把握企业共性需求，把握市场规律，正确处理好政府与市场、社会的关系，提高政策的针对性和实效性。既不能脱离企业和市场需求，以“交差心理”而出政策；也要防止企业对政策的过度依赖，避免政策寻租。二是坚持与国际接轨导向。核心区发展总目标是建设具有全球影响力的科技创新中心，未来核心区政策创新的方向要比照与全球创新聚集区的差距，寻求政策创新的突破，而不是眼睛向内，和国内其他地区比拼政策优惠力度。目前中关村的政策在国内总体上处于领先地位，未来政策创新应主要面向国际，突破自身和上层的体制机制束缚，大胆借鉴国外创新聚集区的成功经验。三是坚持顶层突破与基层探索相结合导向。在开展基层改革探索的同时，积极寻求中央、北京市的顶层支持，以权威的顶层设计推进核心区综合改革，强化改革的系统性、整体性、协同性。四是坚持聚焦突破导向。重点围绕放松制约创新创业的经济社会管制政策、确保创新创业要素自由流动、充分释放创新创业活力，深化制度创新。进一步瞄准创新创业无障碍、科技创新有金融支撑、科技成果处置收益自主化、科研人员激励人本化、战略性新兴产业培育发展无市场准入歧视等困扰科技与经济紧密结合的症结，实施以线串点、以点带面的制度集成突破。

3. 对策建议

一要树立制度改革和政策优化的正确价值取向。习近平总书记在中关村“9·30”讲话、视察北京工作的“2·26”讲话中分别对中关村的发展和北京城市战略定位提出了新要求。中关村核心区作为国家自主创新示范区的核心区和全国科技创新中心的核心区，必须跳出行政区划的局限，放眼服务国家重大发展战略，在更宽视野、更大范围、更深层次谋划制度改革和政策优化。一是切实承担起创新驱动发展火车头的示范引领重任，围绕深化科技体制改革，提升自主创新能力，激发创新创业活力，培育发展战略性新兴产业，实现科技创新与经济社会发展深入融合等方面，在投资管理、贸易监管、科技金融、人才特区、行政管理、服务业开放与创新、知识产权、司法制度等领域开展科技创新综合改革，为全国落实创新驱动发展战略树立新标杆。二是全面发挥作为推动京津冀协同创新发展排头兵的作用，围绕搭建跨区域协同创新平台、完善区域协同创新服务体系、推动产业跨区域转移布局、深化区域间利益共享机制、构建区域协同创新共同体，将中关村模式复制推广到京津冀的广大地区，为京津冀的整体崛起做出自己应有的贡献。三是积极发挥国际科技创新合作与竞争主力军的作用，借鉴美国硅谷、日本筑波、以色列特拉维夫等全球创新集聚区先进经验，完善自身制度体系，探索建立与国际科技创新规则、贸易规则相适应的体制机制，积极扩大国际科技创新合作，推动核心区融入全球创新网络，打造全球创新网络的核心节点，为我国全方位的对外开放提供重要支撑。

二要为面向企业需求的制度改革与政策创新方向精确导航。一是探索制度政策的“需求方”创新。即改变由政府主导制定制度政策的方式，在制度政策制定过程中，给予企业、社会机构等相关方更多的决策参与权，变“供给方”主导为“需求方”主导，使制度政策安排更加符合企业对创新的实际需求，确保制度政策创新与技术、产业、商业模式创新同步。二是从问题导向出发深化制度改革和政策创新。聚焦人才引进、科技成果转化、市场准入、外商投资、企业境外并购、互联网金融、知识产权等重点领域，以破除制约企业创新活力迸发的体制机制障碍为目标，有针对性地出台政策措施，切实发挥制度改革和政策创新的“解题”作用。

三要努力形成推进制度改革和政策优化的合力。改革创新通常涉及多个层级、多个部门，仅凭一家之力难以推动和落实，只有依靠自身发力、同级配合、上级支持才能使改革创新顺利进行。核心区的新一轮改革创新要坚持“内外”双向发力，统筹各级各方资源，形成推进改革创新的合力和改革创新的联动效应。一是加快推进区级层面改革探索，强化基层改革驱动力。在加快转变政府职能方面，建立行政审批事项年度公布制度，深入推进固定资产投资分阶段并联审批模块化改革，推广企业设立“多证联办”改革试点；建立健全“同区通办、三级联动”政务服务体系，实现三级联动政务服务体系区域全覆盖。在深化科技体制改革方面，建立健全创新创业服务机制，进一步完善协同创新服务平台体系，扩大协同创新平台试点范围；探索完善创新投入引导激励机制，试点推行“创新券”，引导鼓励核心区中小微企业开展研发创新；健全知识产权保护机制，探索试行知识产权海外维权援助和跨区域、跨部门的知识产权联合执法，优化区域知识产权保护环境；以建立健全跨区域合作平台、产学研合作和资源共享平台为支撑，完善产业有序转移机制和合作交流长效机制。二是探索区域融合发展新模式，深度释放驻区单位改革助推力。加快推动落实“京校十条”、“京科九条”、中央级事业单位科技成果使用处置和收益管理改革等试点政策，进一步激发驻区单位改革创新活力。持续完善科技成果转移转化机制，支持和推广北京协同创新研究院等新型产学研合作模式，鼓励高校院所联合行业龙头企业、社会投资机构共同设立企业化运作的行业协同创新中心。建立重大科技项目发现和跟踪服务机制，持续跟踪产业化项目，加快推动高校院所重大科技成果转化落地。完善军民融合发展机制，建立军民融合创新基地和军民融合专项基金，促进军民深度融合发展。

四要坚持远近结合，持续推动一批先行先试政策落地。从长期看，要抓住国家全面深化改革和实施创新驱动发展的新机遇，推动国家科技创新综合改革试验区落户核心区，强化核心区制度改革和政策优化的顶层设计。从短期看，要围绕当前企业创新发展面临的突出问题，推动一批新的先行先试政策落地。在科技金融领域，争取在核心区试点针对天使投资的相关制度创新。在核心区推行天使投资机构（人）登记制度，对旨在促进小微企业成长的天使投资机构（人）投资种子期项目给予财税优惠政策。支持天使投资功能聚集区和天使投资虚拟平台建设，优化多层次资本市场退出渠道，促进天使投资国际化合作。结合国家科技金融创新中心建设，推动互联网金融创新。将核心区内互联网金融重点机构纳入人民银行征信系统试点，支持互联网金融机构健康发展。创新对互联网金融机构的监管形式，将监管区内互联网金融机构的职能授权给海淀区，试行互联网金融地方政府监管模式。在支持战略性新兴产业发展发面，推动在核心区率先试点生物医药“研产分离”政策，允许研发企业申请生产批件，并委托符合 GMP 认证的生产企业进行生产，推动生物医药产业健康发展。推动在核心区开展集体建设用地发展高新技术产业及其配套试点，支持乡镇集体利用集体建设用地建设高新技术产业园。在促进军民深度融合发展方面，由科技部、工信部联合军队相关部门，在中关村核心区建立军民融合信息区域服务平台，按照有关要求，共同发布军民两用技术发展规划和计划信息，鼓励军队、军工科研院所与地方科研院所、企业开展联合攻关，引导优势民营企业进入军品科研生产。在知识产权保护领域，利用知识产权法院设立的契机，推动在核心区内试行将商业模式创新纳入知识产权保护范畴，为创新创业保驾护航。在京津冀协同发展方面，支持核心区探索京津冀协同发展的新模式，选取中关村海淀园秦皇岛分园作为京津冀协同合作试点，将其纳入中关村“1+6”、“新四条”等先行先试政策试点范围。

注：本文所用资料，均为调查所得。

B.18

未来高新集体产业园区发展模式探讨

——北京海淀区东升科技园发展启示

梁桂明*

摘　要：本文调查剖析了海淀区中关村东升科技园，从“瓦片”经济向“科技服务型”经济成功转变的典型经验，着重总结和研讨了在这一历史性转变中，必须坚持农村集体用地方式，坚定地维护农民当前和长远的根本利益，力争新农村建设呈现“望得见山，看得见水，记得住乡愁”的美景。

关键词：科技园区　高新集体产业　集体建设用地

海淀区是中关村国家自主创新示范区的核心区，在海滨区委和区政府的领导下，海淀区抓住建设核心区的重大历史机遇，以支持南部中关村科学城、北部生态科技新区和中部“三山五园”历史文化景区建设为契机，积极探索农村集体建设用地使用方式，逐步形成了南部地区以东升科技园、玉泉慧谷、裕龙大酒店等为代表，北部地区以“一镇一园”、集体产业用地建公租房等一批集体产业发展模式。本文重点探讨东升科技园的发展和示范效应。

---

* 梁桂明，北京市国土资源局海淀分局党组书记、局长。

一　东升科技园基本情况

中关村东升科技园是海淀区也是北京市的一张靓丽的名片。2013 年 3 月 21 日，中共中央政治局委员、北京市委书记郭金龙来到中关村东升科技园调研，他高度肯定了中关村东升科技园这种从“瓦片”经济向“科技服务型”经济转变的城乡结合部升级改造模式。

科技园项目位于海淀区东升镇小营村，处于海淀、朝阳、昌平三区交界地，总占地面积3.78 平方公里，总建筑面积300 万平方米，拟分三期进行建设。一期用地面积20 公顷，建筑面积约20 万平方米，办理了集体建设用地审批手续，于2010 年建成并投入使用；二期用地面积 77.76 公顷，建筑面积约 82.65 万平方米，已取得立项批复，符合规划条件，拟采用征收方式办理用地审批手续；三期预计在 2016 年完成。该项目为中关村科技园海淀园的二级园，定位为集技术研发、产品展示、企业孵化于一体的科技园，重点引入符合中关村国家自主创新示范区核心区产业发展方向的高新技术企业，享受中关村示范区所有优惠政策。东升镇政府紧抓历史机遇，将镇域发展与区域发展紧密结合，转变经济发展方式，盘活土地资源，促进了产业结构调整升级。

建园之初，东升科技园就始终坚持引进代表行业一流水平的企业入驻，成为海淀区首批授牌的加速器产业基地之一，并注册成立了北京市首个科技企业加速器公司。目前园区入住率已达到100%，包括北京清华工业开发研究院在内的电子信息、航空航天、新能源和节能等高端科技型企业近 104 家，从业人员 8000 余人。入园企业拥有知识产权 162 项，申请专利107 项，获得多项“863”与“973”计划项目，一家企业设立博士后工作站。2013 年园区总产值85 亿元，比 2012 年增长 21%，是企业正式入驻产业园区时总产值的 4.72 倍。2013 年上缴税收达 6.2 亿元。

二　东升科技园用地方式及产业园区的发展模式

（一）盘活集体存量土地

东升科技园一期项目原名为东升乡小营工业小区，原规划占地面积 8.8 公顷，建筑面积 10 万平方米，用于东升镇四环内乡镇企业的集中搬迁。但随着东升地区人口的快速膨胀，乡镇企业数量增加，土地利用粗放、散乱，投资环境恶化，用地矛盾日益突出。一方面是集体工业厂房占地面积较大，而企业的产能低，经济效益差；另一方面是新引进的集体产业的发展需要更多的土地来承载。为了达到高效集约利用土地，盘活现有的集体存量用地，东升镇党委、镇政府下定决心，克服重重困难，清退关停包括东升拔丝厂、变压器厂、锅炉厂在内的从事低端产业的多家乡镇工业企业，腾出厂房空间近 8 万平方米，并将周边 12 公顷垃圾堆放场纳入建设范围，重新规划、重新定位，以发展电子信息、新能源、新材料、节能环保等高新技术产业为重点，建设高端研发产业聚集区、高新技术成果辐射区、高科技服务配套区，形成了现有用地面积 20 公顷，建筑面积 20 万平方米的东升科技园一期。

（二）以占地方式办理用地手续

为了东升镇集体经济组织的长远发展，东升科技园没有采取集体土地征收的方式而是采取乡镇企业使用集体建设用地的方式办理用地审批手续。这种方式的优点主要体现在：第一，用地审批手续简洁高效；第二，解决开发建设资金问题；第三，为集体经济组织可持续发展提供空间；第四，为集体经济组织留存实物资产；第五，增加集体经济组织成员的就业岗位；第六，增加农民收益切实维护农民的根本权益。

（三）高新集体产业用地的自主开发、建设和运营

东升科技园项目是东升镇第一个完全自主投资、自主建设、自主经营的

产业项目，是通过自主开发集体土地把产业留给集体经济组织成员的一种新的探索。开发主体由东升镇经济合作总社下属的东升博展股份经济合作社（属东升镇集体经济组织）负责项目开发建设，筹集5.5亿元开发资金用于一期建设与周边环境改造。随后，成立北京东升博展投资管理有限公司，作为管理和运营机构，以“产业为本，金融为器，合作共赢，创新为魂”的理念在产业园内开展管理和专业的服务工作。园区的经营模式为“只租不售，自主经营”，为入驻企业提供物业、生活、金融、政策等科技园区专业化运作和服务，并收取租金。这种经营模式的最大优势是：保证农民享受土地增值收益；提供大量就业岗位，取得劳务收入；增强控制权，保证园区高品质和发展活力。

（四）集体经济组织成员共同分享高新产业园区收益

东升镇把高新产业园区以集体产业的形式留给经济组织，再将集体资产投资于东升科技园的建设，使农民变股民、收益按股量化，让农民得到了真正的实惠。每年，农民不仅可以获得科技园股权分红收入，还可以在园区从事基础性劳动获得第二份收入。2013年，股东分红人均达到2.95万元，同比增长19%。园区物业管理、园林绿化、设备维修等岗位解决本地农村劳动力就业200余人，安置乡镇企业职工超过280人，使农民真正成为“有房屋、有资产、有社保、有工作”的新型农民，最大限度地为农民提供就业岗位，增加农民的收入，切实维护了农民的根本利益，并为集体经济组织的可持续发展提供空间。

（五）东升科技园对集体产业园区的示范效应

1. 南部中关村科学城高新集体产业模式

南部建成区的“城中村”和东升、四季青、玉渊潭地区的集体土地纳入中关村科学城辐射区范围，根据东升科技园经验，对区域内原有的粗放、散乱的集体产业用地进行重新规划和梳理，对城中村进行腾退改造，为中关村科学城高技术成果产业化和重大项目落地拓展空间。

2. 北部生态新区一镇一园的集体产业升级改造模式

北部科技生态新区占地 226 平方公里，是海淀农村的主要分布区，共有 62 个村庄，户籍人口 12 万人，其中农业人口 5.5 万人。北部地区整体开发方案是结合中关村软件园、翠湖科技园、永丰基地三大产业组团、生态绿心和大工村循环经济产业园等项目建设，通过村庄整理和“一镇一园”建设推进北部地区产业升级和城乡一体化发展。具体做法是：第一是对集体产业组团和重点工程范围内的村庄搬迁腾退；第二是对保留村庄探索就地改造（七王坟和车耳营）；第三是规划建设和运营服务。

3. 以公租房为试点的集体产业发展模式

2010 年以来，在北京市利用集体土地建设租赁住房试点政策的指导下，海淀区申报了西北旺镇唐家岭、温泉镇 3－3 街区 351 地块、西北旺 021 地块等 3 个项目，开发建设集体用地 18.8 公顷，拟建 8000 余套户型为 30～60 平方米，总建筑面积约为 42.7 万平方米的租赁住房，总投资额为 21.4 亿元。目前，唐家岭项目正在办理农转用审批手续。

三　东升科技园的经验与启示

（一）做到了紧密围绕中关村示范区核心区建设，积极发展高端产业形态

东升科技园抓住了中关村国家自主创新示范区加快发展的历史机遇，依托科学城辐射的区位优势，通过充分挖掘、整合土地资源，将原有低端集体企业关停、调整，以高端研发产业聚集、高科技成果辐射园区、高科技服务配套园区为目标定位，实现了农村集体土地资源与科技创新资源的有机结合，带动了区域产业升级与发展。

（二）做到了坚持自主开发，促进集体经济可持续发展

目前，农村集体建设用地大多通过征地拆迁或长期出租的形式获取短期高额收益，但长远来看，不利于农村集体经济的可持续发展。东升镇坚持自

主开发、把产业留给农民的建设思路，将集体资产和多方筹措资金投资于东升科技园的建设，完全做到了自筹资金、自主建设、自主运营，并以自有物业的方式只租不售，让农民带着土地的权利参与园区发展，不仅为今后农民就业、产业发展和经济效益提升蓄积了较为殷实的资源，而且保障农民对土地收益的分享。农民不仅可以获得科技园股权分红收入，还可以在园区从事基础性劳动获得第二份稳定收入。农民变股民、收益按股量化，真正让农民得到了实惠，使农民的土地财产权利得到了切实的尊重和保护。

（三）做到了提升经营管理理念，实现园区科学管理

东升科技园在坚持自主开发建设的同时，积极引进外部力量，汲取先进园区管理经验，创新园区管理模式，通过资源整合和优势互补，有效解决了农村集体经济组织在发展高新技术产业过程中能力与经验不足的问题，实现了科技园的高起点发展，为园区企业营造了良好的整体环境。在开发建设和管理过程中，不断完善园区管理运营机制，引入多个专业化团队和多名专业人员，对园区基本建设、物业管理、装修工程、餐饮经营、公寓管理等提供一条龙服务，对入园企业需求进行全程跟踪，形成了较为完整的产业链服务模式，解决了园区企业的后顾之忧。同时，聘请国际设计团队制订园区整体规划设计方案，实施生态园林景观工程，打造园区优美的生态环境，提升了园区环境质量。目前，园区入驻企业均属于中关村核心区建设鼓励的企业类型，其中电子信息技术类企业占50%以上，生物与新医药技术类企业占18.2%，资源与环境技术类企业占14.5%。园区企业拥有知识产权347项，申请专利182项，获得多项“863”与“973”计划项目。园区从业人员6000多人，50%以上为研究生学历。

（四）改革创新用地政策，推进高新集体产业园区发展

改革是新形势新要求下的必然趋势，创新是破解现行国土资源管理存在问题的必然出路。借由东升科技园发展模式对区域土地资源的需求，区国土资源管理部门更应在用地制度上进行深入的改革和创新。

一是多元化供地方式助推集体产业功能定位，引领集体经济组织发展壮大。产业定位明确不仅为未来集体产业园区的开发建设指明方向，同时也为集体经济组织在未来运营过程中盈利打下基础。为此，产业定位要突出“与科技园区形成协同发展、实现集体经济可持续发展、解决农民生产生活问题”三大发展导向，重点发展与园区协同的高技术产业，金融、咨询商务服务业，以及与周边生活配套的酒店、公寓、餐饮、休闲娱乐等生活服务业。这就要求国土部门为集体产业用地提供多元化的供应方式，如：利用集体自有建设用地的可以采取征地、占地方式，经营性用地采用土地市场交易的方式，科研教育可以协议出让，除此之外，还可以探索镇域内建设用地统筹使用、村镇集体土地使用权流转等多种方式为集体产业园区内不同类型产业项目的需求提供用地空间，确保海淀区未来集体产业园区项目落地。

二是尽快实现三规合一，创新集体产业集约节约用地模式，加快城乡一体化进程。集体产业园区在立项、选址和落地三个方面还不能完全达到经济社会发展规划、城市总体规划和土地利用总体规划的完全统一，有些发展远景很好的项目可能因为不符合项目土规或城规，而迟迟不能落地，进而影响了集体产业的发展。为此，区国土局应先从实现土规和城规的同步申报、审查、审批入手，完善土地利用总体规划修改审核标准，充分考虑集体产业用地规模、集体建设用地流转等问题，逐步达到经济社会发展规划、城市总体规划和土地利用总体规划的三位一体。

按照“规划管控、计划调节、标准控制、市场配置、政策鼓励、监测监管、考核评价、共同责任”的要求，以产业优化升级为动力，通过腾笼换鸟的方式，实现农村集体产业用地集约节约使用和管理。目前集体产业园区批准的建设用地指标是劳均50平方米，很难满足各乡镇建设用地的需求，能否在集约节约用地的基础上，调整建设用地指标标准，以满足集体经济组织对产业园区发展的需求，是一个现实问题。

三是尽快制定集体经营性建设用地流转政策，为产业园区建设用地流转提供法律保障。以东升科技园为代表的中关村南部科学城范围内的集体产业用地，基本是利用集体经济组织自有建设用地进行开发，这些镇的土地所有权归集体经济组织一级所有。而海淀北部4镇的土地所有权为集体经济组织二级所有。为此，在“一镇一园”建设过程中，总的开发思路是坚持统一规划、统一开发、统筹布局、科学谋划、有序推进的方式，基本原则是坚持区级指导、平台统筹、镇级主体，项目的实施主体必须是代表农民利益的镇集体经济组织，建设用地使用权和建设指标归镇所有，产出收益由镇集体统筹分配。这一原则，必然涉及村集体建设用地使用权向镇集体的流转，而集体经营性建设用地流转政策的制定是当前土地制度改革的难点问题。东升科技园产业用地模式探索为统筹利用集体建设用地开辟了新思路，西北旺镇唐家岭公租房项目为集体产业利用自有用地开发建设租赁住房提供了有益的尝试。海淀区在《北部地区农村集体建设用地使用权流转指导意见》中，明确区属各部门工作职责、基本原则、流转主体、方式、条件、程序、交易市场的建立、保障所有权和使用权人的合法权益、计划管理、有序开发、资金筹措等内容。但指导意见并不能代替集体建设用地的法律依据，随着海淀区北部“一镇一园”建设步伐的加快，亟须出台集体经营性建设用地流转制度，指导各个产业园区的开发建设。

四是明确集体产业园区开发建设主体。根据《土地管理法》第43条“兴办乡镇企业和村民建设住宅经依法批准使用本集体经济组织农民集体所有的土地的，或者乡（镇）村公共设施和公益事业建设经依法批准使用农民集体所有的土地”规定，乡镇企业发展只能使用本集体经济组织农民集体所有的土地，而海淀区北部“一镇一园”的发展，产业园区的升级改造，优化空间布局，必然造成产业园区可能占用多个集体经济组织所有权的土地。根据北部统一开发大平衡的要求，虽然土地所有权人为村集体经济组织，但使用主体和立项主体能否为镇政府成立的集体经济联合体，针对这一问题，海淀区提出了“一镇一园实施主体必须是代表农民利益的镇集体经济组织，采用占地模式进行开发。鼓励以镇集体经济组织自筹资金、村集体经济组织参股模式进行开发，最大限度保障集体利益。建设用地集中布局在部分村集体土地上，但建设用地使用权和建设指标归镇集体所有，产出收益由镇集体统一分配。坚持成本共担、征放同步、共建共享”的创新思路。目前，迫切需要在用地政策方面的法律支持，指导开展集体产业园区的土地利用管理工作，通过调整结构，深化改革，严控增量，盘活存量，切实提高城镇建设用地集约化程度，充分体现“望得见山，看得见水，记得住乡愁”的思想，真正实现以人为核心的城镇化目标。

注：本文所用资料，均为调查所得。

B.19

围绕现代农业建设目标 推进循环农业发展

曹洪谦 陈新华 潘星睿*

摘 要： 发展循环农业，是加快转变农业发展方式，建设现代农业的重要组成部分。北京市平谷区大兴庄镇西柏店村率先走出了一条都市型现代农业的路子。打造都市型现代农业，有利于全面优化农业生产力布局，有利于保障大中城市农产品有效供给，有利于改善城市生态人居环境，有利于促进农民就业增收，有利于统筹城乡发展和协调工农关系、促进形成城乡经济社会发展一体化新格局。

关键词： 都市型现代农业 农民增收 农业增效 农村发展

近年来，北京市平谷区大兴庄镇在西柏店村现有的121栋大棚和1个沼气站的基础上，建成循环农业园，依靠创新驱动，转变农业发展方式，积极开发农业的多种功能，把高新技术、新兴业态引入农业中，促进了农业与第二、第三产业融合发展。

一 转变农业生产方式，打造五大现代农业园区

西柏店村位于北京市平谷城区西部，是京郊典型的平原村庄，距平谷城

* 曹洪谦，北京市平谷区委研究室主任；陈新华，北京市平谷区大兴庄镇党委书记；潘星睿，北京市平谷区委研究室干部。

区6公里。西柏店村自1998年就是闻名的养猪大村，在发展循环农业之前，村内环境十分糟糕，污水粪便横流，恶臭到处飘散。为了改善村居环境，发展村域经济，西柏店人建了5个现代农业园区，不仅村里的环境改善了，村民的收入也提高了，实现了“家家有产业，人人有事干”的充分就业与持续增收目标。

一是建成依靠废物沼气处理，具有生态循环农业特征的资源循环园区。西柏店村对养猪形成的废物进行沼气处理，形成了“养殖场—沼气站—大棚”的资源循环园区。园区按照将4个养殖小区的粪便作为沼气基料处理，产生的沼气作为燃料，沼液沼渣作为有机肥的思路，把握了生态规律，对养殖废弃物实行了再利用、资源化，为园区种植高质量农产品奠定了坚实的基础。

二是建成依靠资源循环利用，具有绿色农业特征的蔬菜种植园区。根据沼液沼渣浇灌施肥提升农作物品质和减少病虫害发生的原理，以及对大棚种植辅以人工除虫、物理除虫的方法，园区内大力发展精细蔬菜，如小黄瓜、小西红柿、杭椒等深受市民喜欢的农产品，特别是发展小西瓜、食用菊花等特色产品。由于有良好的沼液沼渣施肥条件以及推广病虫害绿色防治技术，园区实现了“肥药减量控害”的循环，不再使用化肥、农药，避免了对土壤、水体、大气的污染，提高了农作物的品质。园区内4家蔬菜产销专业合作社先后取得了无公害农产品、绿色农产品和9个有机农产品认证。园区内种植的农产品因色泽好、口感好、绿色有机而颇受首都市民信任，也颇受星级酒店等高端市场欢迎。

三是建成依托绿色蔬菜，具有特色、品牌农业特征的精品食用菊花园区。西柏店人发现园区内种植的农产品颇受市场欢迎，特别是用沼渣沼液种植的食用菊花广受认可，游客争相购买。根据市场导向，园区里的种植户创新思路，养起了“菊花鸡”、“菊花猪”和“菊花羊”，即将菊花的根、茎、叶作为家禽家畜的食料，养出的禽畜肉质鲜香味美，同时，这个做法消纳了种植的废弃物，节约了成本，体现了产业循环理念。冬季园区大棚里菊花竞相开放，洁白美丽，与棚外皑皑白雪竞美，吸引了越来越多的游客前往观赏和品尝。

四是建成依托食用菊花品尝，具有休闲农业特征的旅游观光园区。2014年，西柏店村对7户菊花品尝接待户的温室大棚进行改造升级，提高了农户的接待能力；对园区内道路进行修整，确保干净整洁卫生；对园区南侧大棚进行改造，并以“党支部+蔬菜协会+种植户”的模式进行管理，建成占地4亩的菊花文化馆，向游客展示食用菊花品种、宣传菊花文化、推介菊花深加工食品。菊花文化馆的建成，对开发休闲观光农业起到了极大的促进作用，推动了农业与旅游业的深度融合。

五是建成依托休闲观光，具有科技农业特征的美丽智慧农业园区。现代农业离不开科技，西柏店村利用大棚智能监控系统，监测土壤温湿度、空气温湿度、二氧化碳含量、光照强度，生成实时图片，为生产管理技术决策提供支持。同时，利用村级网站、门户网站、手机应用作为西柏店村对外宣传的窗口，手机应用可以查看棚内监测的数据、上报种植信息实现产品溯源，消费者通过扫描二维码即可追溯到产品的相关信息。

西柏店村从利用废物资源发展循环农业到培育特色农产品发展观光农业，走出了一条平原地区发展都市型现代农业的探索之路，走出了一条“接二连三”的产业融合之路，改善了农村生态环境，提高了农民生活质量，减少了资源浪费，实现了农业废物资源化利用和农业的可持续发展。

二　发展都市型现代农业，生态、经济、社会效益三丰收

西柏店村以生态规律为基础，以养殖粪便高效循环利用为核心，实现了农业生产低消耗、高效益，低投入、高回报，实现了农业与食品加工业、休闲旅游业深度融合，取得了生态、经济、社会效益三丰收。

一是实现了生活生产环境有机结合。生活中降低了能源消耗。按照1立方米沼气的能量相当于0.7公斤标准煤计算，220户农户年可节省标准煤516吨，可减少排放二氧化碳1600吨、二氧化硫4吨、氮氧化物2.5吨。生

产中减少了化学物质投入。沼液经过高温发酵，不仅肥力足，而且所施用的作物较少发生病虫害。种植户均使用沼液浇灌作物，避免了使用化肥农药，棚内土质得到了改善。较使用沼液前，121 栋大棚年减少使用化肥 40 吨。改善了村庄环境卫生条件。生活污水经过处理用于园林绿化浇灌，养殖粪便用专用管道输入沼气站，村庄环境卫生条件大大改善。

二是社会效益突出。产业转型升级。实现了由传统农业向现代设施农业转变，再向生态循环农业、绿色农业、特色农业、品牌农业、休闲农业发展，符合北京市都市型现代农业的发展方向。村民的思想观念发生根本性变化。村民的生产、经营和科技观念得到更新和进步，改变了落后的传统种植方式，转向生产高效、绿色的精品农副产品；经营观念进一步增强，市场意识和竞争能力得到提高，开始由自己种什么就卖什么向客户要什么种什么转变；村民开始自觉使用科技农业手段，如自动卷帘机、自动控温机、测土施肥和参与农产品溯源系统。坚定了平原地区都市型现代农业发展的信心。西柏店村都市型现代农业取得的成功，为平原地区发展农业起到了示范性作用。

三　西柏店村都市型现代农业发展的几点启示

当前，我国经济发展步入新常态，农业农村外部环境和自身内部也正在发生重大变化。一方面，国内农业生产成本（地板）不断上涨，农产品价格却弱势运行，导致农业比较效益持续走低；另一方面，国际市场大宗农产品价格（天花板）持续走低，已不同程度低于我国国内同类产品价格，导致进口持续增加，成本“地板”与价格“天花板”给我国农业发展带来双重挤压。同时，日益稀缺的资源和脆弱的生态环境双重约束步步勒紧。在这样的形势下，大兴庄镇西柏店村的循环农业为本区发展都市型现代农业进行了有益探索，实践表明，推进结构调整，强化创新驱动是新常态下农业发展的必然选择。

一是注重走产业融合之路。延长农业产业链、提高农业附加值。要立足资源优势，积极开发农业多种功能，大力发展大桃、红杏、峪梨、盖柿等特色种养业、农产品加工业、农村服务业，发展一村一品、一镇一业，壮大区域经济，带动农民就业致富。挖掘乡村生态休闲、旅游观光、文化教育价值，建设一批具有历史、地域、民俗特点的特色景观旅游村镇，打造形式多样、特色鲜明的乡村旅游休闲产品，形成新产业、新业态、新模式，培育新的经济增长点。

二是注重走资源节约之路。农业发展对自然资源和环境依赖性很强，2014 年，平谷区第一产业用水达到 5000 万立方米①，水资源与土地等农业资源供需矛盾日益突出，平谷区“资源—产品—废弃物排放”单向流动的线性农业发展模式仍在延续，必须尽快从这种依赖资源消耗的粗放经营转到资源循环、资源集约发展上来。大力发展循环农业，推广“畜（禽）——沼——果（蔬）”模式，引进生态养殖、沼气综合利用等节约型技术。推广节水技术、生物有机肥、低毒低残留农药，维护农田生态平衡，保持土壤生产能力。加快太阳能、风能、生物质能等可再生能源的开发与利用。

三是注重走市场导向之路。西柏店村通过实践，发现绿色、安全、优质、营养的农副产品深受市场欢迎，找准了发力点，从我生产什么就卖什么，转变为市场需要什么我卖什么，实现了农产品到商品的跳跃。就平谷区来说，第一，必须紧盯市场，合理布局，优化农产品品种结构，向多元化发展。第二，在生产上，必须突出重点，每个乡镇各有特色、各具规模，向区域化发展。第三，在产销体系上，发展农产品深加工等延伸产业，比如，发展桃木工艺品等，配合互联网销售，提高农产品生产的市场化、商品化和专业化水平。

四是注重走科技创新之路。农业创新关键在于经营模式的创新，要尽快从依靠拼资源消耗、拼农资投入、拼生态环境的粗放经营，转到注重提高质量和效益的集约经营上来，转到由单纯的农作物生产向农产品加工和流通及休闲服务业等领域交融发展上来。推广科技农业，改变管理模式，运用数字

① 《北京市平谷区统计年鉴（2014）》。

化精准技术对传统的农业设备进行升级和改造，是农业科技创新的重要推动力之一。西柏店村引入大棚智能控制系统，做到了定量决策、变量投入、定位实施，引入二维码农产品溯源管理和数据采集终端 APP，可以远程控制智能灌溉设备和卷帘设备，创新管理模式，向现代农业前进了一大步。

建设现代农业、加快转变农业发展方式，大兴庄镇正走在探索实践的路上，平谷区将不断总结经验完善模式，继续以市场为导向，引导农民立足资源优势，大力发展特色农业、品牌农业、生态循环农业，提升农产品质量和食品安全水平。加快促进农业与第二、第三产业融合发展，发展农产品精深加工业，开发农业多种功能，打造形式多样、特色鲜明的休闲农业和乡村旅游产品，提高农业综合效益。

注：本文是北京市平谷区研究室的调研报告，未标明出处的数据均为调研所得。

新农村建设

New Rural Construction

B.20

2014年农业农村经济发展形势分析报告

尹 博*

摘 要： 2014 年北京市农业生产总体稳定，“调转节”① 成效初步显现，都市型现代农业实现形式继续创新发展，新型城镇化和新农村建设成效良好，农村改革稳步推进，农民收入较快增长，收入差距不断缩小。2015 年，随着经济发展进入新常态和农业结构调整加快，农林牧渔总产值将保持总体稳定，农民收入增幅将有所放缓，必须继续推进农业“调转节”，继续创新都市型现代农业实现形式，引导和鼓励社会资本投向农村，实现农业农村经济平稳运行。

* 尹博，北京市农村工作委员会发展规划处副处长，经济师。

① 调结构、转方式、发展节水农业。

关键词：农业“调转节” 农村改革 城镇化 农民增收

2014 年，全市“三农”工作坚持改革创新，加快推进农业发展方式转变，深入推进“新三起来”，农业农村经济实现平稳健康发展。总体判断是：农业生产总体稳定，产业结构调整加快，都市型现代农业实现形式继续创新发展，新型城镇化和新农村建设成效良好，农村改革稳步推进，农民收入平稳较快增长，全年各项主要经济指标任务顺利完成。

一 2014年农业农村经济运行情况及特点

（一）农业生产总体稳定，“调转节”成效初步显现

1. 农林牧渔业总产值总体稳定，内部结构加快调整

2014 年，农林牧渔业总产值实现 420.1 亿元（见表 1），同比下降 0.4%。其中，农业产值 155.1 亿元，同比下降 9.0%；林业产值 90.7 亿元，同比增长 19.5%；牧业产值 152.7 亿元，同比下降 1.4%。第一产业增加值 161.3 亿元，按可比价同比持平。

表 1 北京市 2014 年农林牧渔业总产值

单位：亿元，%

指标名称	按现价计算			按可比价计算	
	本期	上年同期	增长	本期	增长
农林牧渔业总产值	420.1	421.9	-0.4	421.8	0
农业	155.1	170.4	-9.0	155.7	-8.6
林业	90.7	75.9	19.5	90.7	19.5
牧业	152.7	154.8	-1.4	153.7	-0.7
渔业	13.2	12.8	3.1	13.4	4.7
农林牧渔服务业	8.4	8	5	8.3	3.8
第一产业增加值	161.3	161.8	-0.3	161.9	0

农业产值155.1亿元，同比下降9.0%。主要原因在于：第一，产业结构调整加快，传统种养业规模收缩较大，加上极端天气影响，主要农产品产量减少；第二，农产品价格指数偏低。2014年农产品生产价格总指数为99.7%，其中，生猪、蔬菜、肉鸡生产价格指数分别为89.9%、96.6%和99.4%。

林业产值90.7亿元，同比增长19.5%，但增幅同比放缓18.9个百分点。2014年完成平原造林35.5万亩，与上年相比略有增长。当前，林业产值占农林牧渔业总产值的比重达21.6%，比平原造林前的2011年上升了16.4个百分点。

2. 除禽蛋外，其他主要农产品产量均呈下降趋势

因峪口禽业发展拉动，禽蛋产量19.6万吨，同比增长12.2%（见表2）。受产业结构调整和倒春寒、干旱及雹灾等极端天气影响，粮食、蔬菜、瓜果等主要农产品均减产。粮食播种面积181.1万亩，同比减少24%；粮食产量63.9万吨，同比减少33.5%（西北部山区受旱灾影响尤其严重，门头沟、昌平、怀柔、密云、延庆5个区县粮食亩产降幅在30%左右）。蔬菜及食用菌播种面积86.2万亩，同比减少7.3%；产量236.2万吨，同比减少11.5%。水果产量、生猪出栏、牛奶产量、家禽出栏同比分别减少3.8%、2.7%、3.2%、11.5%。

表2 北京市2014年主要农产品生产情况

	产量/出栏		产值	
	本年	增长(%)	本年	增长(现价)(%)
粮食(万吨)	63.9	-33.5	14.8	-32.5
蔬菜及食用菌(万吨)	236.2	-11.5	65.0	-5.5
水果(万吨)	71.3	-3.8	43.3	1.2
生猪(万头)	305.8	-2.7	44.5	-10.9
牛奶(万吨)	59.5	-3.2	25.7	9.8
家禽(万只)	7550.7	-11.5	22.6	-5.4
禽蛋(万吨)	19.6	12.2	27.4	20.1

3. 固定资产投资出现下降

2014 年，农村固定资产投资完成 635.7 亿元，下降 6.5%，主要是农户投资和第三产业投资下降；第一产业完成投资 163.9 亿元，下降 6.6%，主要是城镇投资下降。近年来，受新农村建设“五 + 三”① 工程和百万亩平原造林等政策因素影响，农村固定资产投资和第一产业投资高速增长（见表 3）。2008 ~2013 年，农村固定资产投资从 293.7 亿元增长到 679.6 亿元，增长 131.4%；第一产业固定资产投资从 28.1 亿元增长到 175.5 亿元，增长 524.6%。当前农村固定资产投资缺乏强有力的政策支持，同时农业农村产业结构加快调整，固定资产投资出现下降。

表 3　2008 ~2013 年农业农村固定资产投资情况

单位：亿元，%

年份	农村固定资产投资		第一产业固定资产投资	
	总额	比上年增长	总额	比上年增长
2008	293.7	-5.2	28.1	68.3
2009	480.2	63.5	57.4	104.3
2010	490.9	2.2	43.2	-24.7
2011	446.7	-2.9	47.2	9.3
2012	609.8	36.5	145.4	208.1
2013	679.6	11.5	175.5	20.7

4. 一批农业项目密集推出，农业园区化建设粗具规模

海淀区大力推进京西稻生态苑、薰衣草庄园、“一河十园”② 等重点项目；通州区重点建设食用菌产业园、金福艺农创意园、樱桃地理标志园等八个农业园区；房山区积极打造国际葡萄酒庄、高档食用菌生产加工示范项目；大兴区加快实施西瓜文化创意博览园、庞各庄现代农业产业园、月季产

① 农村五项基础设施建设，加“新三起来”（土地流转起来、资产经营起来，农民组织起来）。

② 海淀区旱河路两侧有 10 个农业观光园。

业园区等项目；顺义区加快推进渔业高产高效生产基地和渔业工厂化养殖生产基地建设；平谷区打造10个高效高产果品产业园区；怀柔区实施九渡河镇蓝莓产业项目。

5. 产业布局不断优化，农业规模化发展趋势日益明显

2014年，房山和通州的食用菌产量、昌平和通州的草莓产量、平谷的禽蛋产量、顺义的生猪出栏量分别占全市总量的65.4%、64.3%、40.3%、28.7%；密云的核桃、怀柔及密云的板栗、平谷的大桃、大兴的西瓜产量占全市的比重分别达39.4%、87.9%、75.3%、52.5%。2014年，房山、通州、顺义、大兴、平谷五个区农林牧渔业总产值增速分别为3.8%、4.3%、0.2%、3.3%和7.9%，五个区总产值占全市的比重达到69.1%，比上年同期提高2.7个百分点。

6. 标准化生产继续推进，农业科技体系进一步健全

2014年，新建设施农业3921亩，改造老旧设施3854亩，新增4万亩外埠蔬菜生产基地和5个养殖基地。新认证350家企业和基地，新评定市级优级标准化基地130家。新增31家市级农业龙头企业。改造提升畜禽场70家，开展畜禽节水改造工程200标准栋，完成工厂化、循环温室和标准化池塘节水改造5517亩。完善市、区（县）、乡镇三级公益性农技推广体系，设立村级全科农技员职位2578个，实现了有农业乡镇和从事第一产业农户50户以上农业村的全覆盖。

7. 农业龙头企业和农业加工企业经济效益平稳增长

2014年，162家市级以上重点龙头企业销售收入4608亿元、税后利润67.8亿元、上缴税金158.9亿元，带动本市49万农户增收234亿元。截至2014年11月，2234个规模以上农业加工企业主营业务收入973.4亿元，同比增长4.4%，实现利润总额33.6亿元。经初步测算，2013年规模以上农业加工企业劳动生产率为12.65万元/人，为第一产业的4.25倍。

8. 农产品电子商务快速发展，大宗农产品销售总体形势平稳向好

适应市场需求的变化，销售工作得到高度重视，初步形成了生鲜农产品宅配、社区体验店、安全农产品直供等多种农产品电商模式。2014年上半

年，京东商城、我买网、沱沱工社、任我在线、顺丰优选等企业，直采果蔬农产品销售额近10亿元，同比增长1倍以上。2014年以来，除第一季度部分区县部分农产品出现销售困难外，通州樱桃、大兴西瓜、平谷大桃、昌平苹果、怀柔板栗等大宗农产品销售形势平稳向好。

（二）都市型现代农业实现形式继续创新发展，日益成为北京农业的新名片

1. 休闲农业和乡村旅游加快提档升级

2014年，平谷区被评为全国休闲农业与乡村旅游示范县，密云县干峪沟村等3个村被评为中国最美休闲乡村，海淀区稻香小镇稻田等4项农事景观被评为中国美丽田园，155个休闲农业园区（企业）成为首批星级园区，京郊休闲农业、乡村旅游信息采集与百度地图标注工作全面推开，京郊旅游发展大会发布了《京郊旅游发展纲要》。2014年，全市民俗旅游户接待游客1914万人次，总收入11.3亿元，同比分别增长6%、10.4%。其中，春节、清明节、“五一”、“十一”期间接待游客732.4万人次，旅游收入7.15亿元，同比分别增长9.5%、11.4%。乡村“假日游”成为民俗旅游的主要增长点。

2. 会展农业蓬勃发展

市级层面成功举办第二届北京农业嘉年华、第11届世界葡萄大会和世界种子大会3次大型农业会展。其中，农业嘉年华直接经济收入3510.47万元，带动周边地区接待游客256万人次，实现总收入1.63亿元。各区县共举办各类农事节庆活动27项，接待游客233.4万人次，经济收入1.8亿元。各项定期和不定期的农业会展直接推动了都市型现代农业的产业升级，促进了休闲观光、技术研发、产业投资、基础设施建设、国内外交流合作等的发展。

3. 种业发展迎来新的契机

以举办北京种子大会和2014年世界种子大会为契机，以通州国际种业科技园区为依托，加快打造北京种业之都、建设国家种子硅谷。全市有颁发

农作物种子生产经营许可证企业274家，占全国的5.1%；“育繁推”一体化企业7家，占全国的8.3%；全国10家明星种业企业中，北京有3家；先锋、孟山都等世界种业前10强企业有8家在北京市设立了研发或分支机构；优势杂交玉米种子年推广面积约占全国的27%，蛋种鸡产量占全国的50%以上；种业销售额稳定在100亿元以上，约占全国的10%。2014年，种业实现收入14亿元，同比增长0.4%，扭转了连续两年下降的趋势。

4.沟域经济区域特色更加鲜明

2014年，7条沟域完成投资22亿元，同比增长42.9%，共实施了环境整治、生态建设、基础设施建设、村庄节点和特色产业五项工程，有项目221个。酒香之路沟域重点发展葡萄产业链，白桦谷沟域突出满族文化特色，冰川绿谷沟域深入挖掘冰川文化、慈孝文化、长城文化等人文资源，新建设的沟域涌现了一批高端旅游休闲项目和民俗旅游新村。实施山区搬迁2787户、6217人，市级共补助资金2.79亿元，实现了建一个搬迁村、形成一个美丽乡村、打造出一个乡村酒店的新模式。2014年，山区农民人均纯收入实现18431元，同比增长12%。

（三）农民收入较快增长，收入差距继续缩小

1.2014年的农民收入增长情况

2014年，全市农民人纯收入达到20226元，同比增长10.3%（扣除物价因素实际增长8.6%），增速高于城镇居民1.4个百分点，城乡收入差距比由上年的2.20∶1缩小到2.17∶1。低收入户收入9068元，增长12.6%，高于全市农民平均水平2.3个百分点。圆满完成农民增收“两个高于”的目标。

工资性收入稳步增长，增速有所回落。农民人均工资性收入13072元，同比增长8.6%，低于上年同期增速1.4个百分点。主要原因在于：经济发展速度放缓，农民转移就业难度加大（第三季度末全市法人单位从业人员增长2.9%，同比增速回落1.2个百分点）；经过近几年的快速增长，社会平均工资增速放缓。

财产性收入继续快速增长。农民人均财产性收入实现2452元，同比增

长21.2%，同比增速提高3.4个百分点。其中：租金收入1767元，同比增长13.1%；集体分配股息和红利425元，同比增长36.7%；转移承包经营权收入131元，同比增长42.4%。

转移性收入较快增长，增幅开始放缓。农民人均转移性收入实现3835元，同比增长11.3%，同比增速回落21.3个百分点。其中，人均养老金、退休金收入2515元，增长8.7%，同比增幅回落24.3个百分点。促进养老金、退休金增长的因素有：从2014年1月1日起，基础养老金、福利养老金每月增加40元，农村低保每月增加100元；企业退休人员基本养老金上调10%，人均增加277元。

家庭经营现金收入出现正增长。农民人均家庭经营收入为872元，同比增长4.1%，扭转了2011年以来农民家庭经营收入持续下滑的趋势[①]。主要原因在于第三产业收入快速增长。家庭经营现金收入中，第一产业收入258元，同比下降3.7%；第二产业收入59元，同比增长51.3%；第三产业收入555元，同比增长5.5%。第三产业收入中，交通运输业收入305元，同比增长21.5%。交通运输业收入增长较快，一是出租车调价改革和油价持续下降使出租车司机收入大幅增长（全市6.7万辆出租车，90%的司机来自郊区的密云、顺义、平谷、房山）；二是电子商务带动郊区交通物流业发展。

低收入农户收入快速增长。北京市发布实施《北京市农村经济薄弱地区发展规划》。市级财政安排资金4989万元，对66个低收入村特色产业发展项目给予重点支持。加强社会帮扶工作，积极推进开展“双百双促”[②]“三进两促”[③]等活动，累计帮扶资金达到8300多万元。2014年，低收入户收入9068元，增长12.6%，高于全市农民平均水平2.3个百分点。

2. 当前农民收入增长分析

近年来，北京市委、市政府加大农民增收工作力度，农民收入增长呈现速度较快、差距缩小的特点。

① 2011~2013年，农民人均家庭经营收入分别为1363元、1318元、833元，增速分别为-26.6%、-3.3%、-36.8%。

② 100家农业龙头企业与100个农村低收入村结对共建促进低收入村增收、龙头企业增收。

③ 党员干部进农村、进社区、进企业、促发展、促和谐。

收入增速平稳。2008～2014 年，全市农民收入从 10747 元增长到 20226 元，增幅为 88.2%，比同期上海农民收入、本市城镇居民收入增幅分别高 2.1 个、10.6 个百分点（见表 4）。在此期间，全市农民收入增长实现了两个目标。一是实现了农民收入与经济增长基本同步。2008～2011 年四年中，除 2009 年外，本市 GDP 增幅高于农民收入增幅。2012 年以来，农民收入增幅等于或高于 GDP 增幅，实现了中央提出的“居民收入和经济发展同步”的目标。二是实现了农村居民收入增长高于城镇居民。2009 年以来，连续 6 年增幅高于城镇居民。

当然，2008～2014 年，全市农民收入增幅要比全国农民收入增幅低 19.6 个百分点。主要在于当前全国农民收入还处于一个较低水平，在恢复性增长阶段其增速更快。

表 4　2008～2014 年农民收入增长情况

单位：亿元（GDP），元（收入），%

指标名称	2008 年		2009 年		2010 年		2011 年	
	数量	增幅	数量	增幅	数量	增幅	数量	增幅
北京市 GDP	10488	9.0	11866	10.1	13778	10.2	16000	8.1
本市农民收入	10747	6.9	11986	13.2	13262	8.0	14736	7.6
上海市农民收入	11385	5.3	12324	8.6	13746	8.1	1363	8.2
全国农民收入	4761	8.0	5153	8.5	5919	10.9	6977	11.4
本市城镇居民收入	24725	6.9	26738	9.7	29073	6.2	32903	7.2

指标名称	2012 年		2013 年		2014 年		2008～2014 年增长	
	数量	增幅	数量	增幅	数量	增幅	数量	增幅
北京市 GDP	17801	7.7	19500	7.7	21331	7.3	10843	103.4
本市农民收入	16476	8.2	18337	7.7	20226	8.6	9479	88.2
上海市农民收入	1318	8.2	19208	7.9	21192	7.4	9807	86.1
全国农民收入	7917	10.7	8896	9.3	9892	9.2	5131	107.8
本市城镇居民收入	36469	7.3	40321	7.1	43910	7.2	19185	77.6

收入差距逐步缩小。一是全市城乡居民收入差距逐步缩小（见表 5）。2008～2014 年，城乡收入比由 2.30 下降到 2.17，低于全国城乡收入比（2.92），也低于上海市城乡收入比（2.25），但高于天津市城乡收入比（1.85）。

表 5 2008～2014 年城乡收入差距比较

年份	北京市			上海市			天津市			全国		
	城镇（元）	农村（元）	比较	城镇（元）	农村（元）	比较	城镇（元）	农村（元）	比较	城镇（元）	农村（元）	比较
2008	24725	10747	2. 30	26675	11385	2. 34	19423	9670	2. 01	15781	4761	3. 31
2009	26738	11986	2. 23	28838	12324	2. 34	21402	10675	2. 00	17175	5153	3. 33
2010	29073	13262	2. 19	31838	13746	2. 32	24293	11801	2. 06	19109	5919	3. 23
2011	32903	14736	2. 23	36230	15644	2. 32	26921	11891	2. 26	21810	6977	3. 13
2012	36469	16476	2. 21	40188	17401	2. 31	29626	13571	2. 18	24565	7917	3. 10
2013	40321	18337	2. 20	43851	19208	2. 28	32658	15405	2. 12	26955	8896	3. 03
2014	43910	20226	2. 17	47710	21192	2. 25	31506	17014	1. 85	28844	9892	2. 92

二是农村内部收入差距逐步缩小（见表 6）。2008～2014 年，20% 相对低收入农民其平均收入占全市农民平均收入的比重，由 41. 5% 提高到 44. 8%；20% 高收入农户其平均收入与 20% 低收入农户平均收入之比，由 4. 9 下降到 3. 8。

表 6 2008～2014 年农村内部收入结构比较

单位：元，%

年份	全市平均	低收入农户	高收入农户	低收入农户占全市农民平均的比重	高收入农户与低收入农户之比
2008	10747	4458	21629	41. 5	4. 9
2009	11986	4951	23739	41. 3	4. 8
2010	13262	5358	26335	40. 4	4. 9
2011	14736	6143	26797	41. 7	4. 4
2012	16476	7019	29873	42. 6	4. 3
2013	18337	8052	32036	43. 9	4. 0
2014	20226	9068	34796	44. 8	3. 8

（四）“新三起来”稳步推进，农村改革进展顺利

1. 稳定土地承包关系，推动土地流转起来

在 21 个乡镇、150 个村开展土地承包经营权确权登记颁证试点，主体工作基本完成，涉及土地 18. 2 万亩。推进集体建设用地使用权确权登记发证工

作，截至2014年11月底发证6974宗，占应发证数的69.82%。目前，全市已流转土地274.8万亩，占确权总面积的61.6%，比上年提高10.3个百分点。

2. 深化产权制度改革，推动资产经营起来

截至2014年底，全市累计完成产权制度改革的单位达到3878个，其中村级3859个，乡级19个，村级完成比例达到97%，324万农民成为新型集体经济组织的股东。市农村产权交易所已在13个区县设立分支机构，截至2014年底累计成交187宗，金额12.27亿元。

3. 加强合作社规范建设，推动农民组织起来

2014年，北京市和3个区县成立了北京市和区县两级农民专业合作社联合会，全市农民专业合作社联合会已经达到有16家。当前，全市农民专业合作社达到6450个，正式注册的成员有16.6万名，成员出资总额达到78.7亿元，带动农户46万户，占第一产业农户的3/4。积极开展市级示范社动态管理工作，有141家市级示范社通过监测考核。

4. 一批先行的改革试点取得积极进展

2014年重点推进的4项改革试点取得积极进展：第一道绿隔地区城市化建设朝阳区试点全面启动，乡镇统筹利用集体经营性建设用地试点进入实施阶段，怀柔区盘活农村闲置房屋养老试点进展顺利，家庭农场培育试点稳步推进。

5. 农村金融继续创新

探索多形式的融资担保服务，累计向23家合作社的67个项目发放示范社贷款诚信贴息资金564.3万元，邮储北京分行试点农保保单质押贷款业务，已发放贷款39笔、1200万元。大兴区梨花村、东辛屯村试点农村合作金融稳步推进。政策性农业保险险种增加至23大类，1～11月实现保费收入3.6亿元，参保农户11.4万户次，赔付支出4.16亿元。

（五）新型城镇化和新农村建设协调推进，农村人居环境持续改善

1. 新型城镇化积极推进

加快“一绿”地区城市化建设，启动了朝阳区6个乡的城市化建设试

点。推进重点小城镇建设，21 个镇被确定为全国重点镇，金海湖等 7 个乡镇利用小城镇发展基金推动投资项目落地。稳步推进新型农村社区试点建设，48 个市级试点中有 42 个试点已完成规划编制，22 个试点启动建设，已投入资金 16.6 亿元，10 个社区试点完工并入住。制定《农村基础设施管理运行维护考核办法》，不断健全城乡一体化的农村基础设施管护长效机制。加大建设征地农转非工作力度，1～10 月全市累计完成各类农转非 54238 人。

2. 美丽乡村建设工程全面启动

2014 年，市区两级累计投入近 30 亿元，启动实施了近 600 个村庄的美丽乡村建设。推进农村地区“减煤换煤、清洁空气”行动计划，完成减煤换煤任务 122 万吨，覆盖郊区一半以上的村庄、农户 50 万户。完成农村地区炊事气化 56 万户，累计已达到 80 万户。51 个村实施了煤改电。农宅抗震节能改造扎实推进，2015 年开工 10 万户。不断提高农村垃圾处理水平，市财政补助 2.5 亿元，完成了 100 处非正规垃圾填埋场治理工作。推进首都绿色村庄创建和村庄“五边”绿化工作，提高村庄绿化美化水平。加强传统村落支持保护，7 个传统村落列入中央财政支持计划，每个村平均支持 300 万元。

二　2015年农业农村经济形势判断

（一）随着百万亩平原造林基本结束，农林牧渔总产值将保持基本稳定

近年来，农林牧渔总产值较快增长，主要得益于平原造林带来的林业产值大幅增长。2010～2014 年，农林牧渔总产值从 328 亿元增加到 420.1 亿元，增长 28.1%（见表 7）。其中，林业产值从 16.8 亿元增加到 90.7 亿元，增长 439.9%，是拉动农林牧渔总产值增长的主要因素。若扣除林业产值，2010～2014 年，农牧渔总产值从 311.2 亿元增加到 329.4 亿元，增长 5.8%。2015 年

全市平原造林12万亩，比上年减少23万亩，预计林业产值降幅会较大，综合考虑农业产值增长情况，预计2015年农林牧渔总产值将保持基本稳定。

表7 2010～2014年农林牧渔总产值增长情况

单位：亿元，%

指标名称	2010年		2011年		2012年		2013年		2014年		2010～2014年	
	总产值	增幅	总产值	增幅	总产值	增幅	总产值	增幅	总产值	增幅	总产值	增幅
农林牧渔业	328	4.1	363.1	10.7	395.7	9	421.8	6.6	420.1	-0.4	92.1	28.1
其中：农业	154.2	5.5	163.4	5.9	166.3	1.8	170.4	2.5	155.1	-9	0.9	0.6
林业	16.8	-2.3	18.9	12.5	54.8	190	75.9	38.5	90.7	19.5	73.9	439.9
牧业	139.6	2.6	162.7	16.6	154.2	-5.3	154.8	0.4	152.7	-1.4	13.1	9.4
渔业	11.5	12	11.5	0.1	13	12.7	12.8	-1.5	13.2	3.3	1.7	14.8
服务业	5.9	12.4	6.6	11.9	7.5	13	8	6.7	8.4	5.8	2.5	42.4

（二）农民收入仍将持续增长，但增速将有所放缓

2015年，全市经济发展进入新常态，农村“新三起来”深入推进，在农民就业、菜田补贴、低收入农户扶持、农村社保等政策带动下，预计农民收入仍将持续增长，但增速将有所放缓。主要影响因素有以下几个方面。

1. 宏观经济形势的影响

随着当前经济发展进入新常态，预计全市经济增速会适当调低。加上产业结构调整和首都非核心功能疏解、人口控制等政策因素可能带来的不利影响，农民收入增速将会与全市经济发展速度同步调整，适当降低。

2. 农民收入增长水平的影响

2011～2014年，全市农民收入实际增速分别为7.6%、8.2%、7.7%、8.6%，分别高于同期城镇居民0.4个、0.9个、0.6个、1.4个百分点。处于较高水平的农民收入要继续保持较快增长难度加大。

当前农民增收的主要增长点增幅已经开始减缓：一是对增收贡献最大的工资性收入增幅减缓。当前工资性收入在农民收入中的比重已经超过65%，难以继续较快增长。2011～2014年，农民工资性收入增幅分别为19.6%、

13.2%、11.0%、8.6%。二是增速最快的租金收入增幅大幅减缓。2011～2014年，租金收入增速分别为47.0%、13.0%、39.5%、13.1%。三是比重提升最快的转移性收入也难以继续保持高速增长。2011～2014年，农民转移性收入所占比重从15.3%提高到19.0%，继续大幅增长的难度加大。

3. 物价因素的影响

由于北京市农民增收的考核目标是实际增长率，所以物价成为重要影响因素。2014年农民人均纯收入增长10.3%，比上年增速低1个百分点。受部分农产品价格恢复性上涨、公共交通服务改革、医疗服务改革等因素影响，2015年全市CPI上涨目标为3.5%，这对农民收入实际增长提出了更高的要求。

三　2015年的政策建议

（一）深入推进农业结构调整，大力发展高效节水农业，提高农业“三率”①

按照“调粮、保菜、做精畜牧水产业”的目标，大力调整农业结构，稳定首都“菜篮子”生产规模和综合生产能力，全面提升“菜篮子”保障水平。加快编制农业结构调整相关规划、配套实施方案及具体细则，进一步完善相关扶持补贴政策，全面落实粮田、菜田划定工作。积极推进京津冀农业协同发展，加快外埠农产品基地建设。大力开展农艺节水、水肥一体等技术研发、示范与推广，启动畜牧和水产业高效节水推广工程。以创建国家现代农业示范区为契机，推动农业结构调整和产业升级。加快对农业“三率”的测算和评估，围绕提高农业“三率”推进农业现代化。

（二）继续推进都市型现代农业提档升级

以景观升级、产品升级、文化升级、规模升级、组织升级、营销升级为

① 土地产出率、劳动生产率、资源利用率。

重点，加快推动休闲农业和乡村旅游提档升级，实现接待人次与旅游收入稳定增长。加快发展沟域经济，创出生态好、环境优、产业美、农民富、有特色的沟域品牌。大力发展会展农业，办好世界马铃薯大会和中国兰花大会，增强农业会展带动产业发展和农民增收的功能。加快发展现代种业，重点围绕农作物、畜禽、水产、林果四大种业，打造全国种业创新中心、交流交易中心和企业集聚中心。适应都市型现代农业发展的需要，加强与统计、经管等部门沟通，参照创建国家现代农业示范区相关指标，健全和完善北京市农业统计监测工作机制。

（三）引导和鼓励社会资本投向农村，促进农村产业融合发展

深入贯彻落实国务院《关于创新重点领域投融资机制鼓励社会投资的指导意见》，充分发挥财政资金的引导和杠杆作用，鼓励和引导社会资本投向农村地区，积极参与京郊生态建设和旅游发展，不断完善农村水电路气等基础设施，加快农业产业升级和融合发展，促进农民增收。

（四）千方百计促进农民增收，加快改善农村民生

一是要进一步推进城乡促进就业政策一体化，鼓励各区县加大对农民转移就业的社保、交通等补贴力度，制定和完善产业发展带动本地区农民就业的政策体系；二是要加大农村公益岗位开发力度，认真落实平原造林生态管护吸收本地农民就业的政策，实现生态建设与富民惠民相统一；三是要加大财政投入力度，提高农村公益性就业岗位待遇补贴水平，研究建立与经济社会发展水平相衔接的调整机制；四是要结合城乡结合部建设、新机场建设、产业功能疏解等重点工作，做好农民就业和增收工作。五是要落实农村经济薄弱地区发展规划，促进低收入农户增收，探索建立低收入村发展指标监测体系；六是要继续稳步提高农村社会保障水平，进一步调整提高农村基础养老金、福利养老金等社保水平，加快城乡低保一体化，提高“新农合”统筹标准和报销比例。

注：本文所用数据均来自北京市统计局和北京市农委。

B.21

关于新时期首都郊区农村工作的探讨

马亚西　刘东　张侃*

摘　要：本文结合贯彻落实习近平总书记视察北京重要讲话精神，深刻分析了在首都发展新阶段“三农”工作的战略地位，就全面深化农村改革、推进新型城镇化进程、加快都市型现代农业转型发展、提升新农村建设水平几个“三农”重点领域，提出了当前和今后一段时期推动首都郊区农村工作的思路和重点。

关键词：首都郊区农村　战略定位　全面深化改革　新型城镇化　都市型现代农业　新农村建设

2014年2月25～26日，习近平总书记视察北京并发表了重要讲话。总书记在讲话中，明确了北京全国政治中心、文化中心、国际交往中心、科技创新中心的城市战略定位，要求北京坚持和强化首都核心功能，深入实施人文北京、科技北京、绿色北京战略，努力把北京建设成为国际一流的和谐宜居之都。总书记还特别就北京的都市型现代农业发展、生态环境建设等问题提出了具体要求，为首都郊区农村发展指明了方向。以总书记视察北京重要讲话精神为指引，必须正确认识新时期“三农”工作的战略定位，以全面

---

* 马亚西，北京市委研究室郊区处处长，经济学博士，副研究员，研究方向为农村金融；刘东，北京市委研究室郊区处主任科员，经济学硕士，研究方向为区域经济；张侃，北京市委研究室郊区处主任科员，工学硕士，研究方向为城市规划。

深化农村改革为契机，扎实推进新型城镇化、都市型现代农业转型发展和新农村建设等各项工作，为实现到2020年率先形成城乡经济社会发展一体化新格局的战略目标而努力。

一　正确看待首都“三农”工作的战略定位

历届北京市委、市政府高度重视“三农”工作。进入21世纪以来，在党中央的坚强领导下，北京市深入贯彻落实中央关于做好新时期“三农”工作的一系列战略部署，站在新的更高历史起点上审视首都农村改革发展，牢牢把握住难得的历史机遇，在统筹城乡发展方面进行了一系列积极探索，取得了显著的成效。随着首都发展进入新的历史阶段，首都的农业、农村、农民都发生了广泛、深刻、复杂的变化，科学地把握首都“三农”工作的战略定位，是做好今后一个时期“三农”工作的前提和基础。

第一，农业是首都生态文明建设的重要支撑。推进生态文明建设是中央的战略部署。农林水是首都重要的生态资源，生态资源的作用不能仅用经济价值来衡量。虽然第一产业经济比重只占全市的不到1%，却是全市99%经济总量的重要基础。随着建设国际一流和谐宜居之都的加快推进，郊区农村高端要素的进一步聚集，农业生态服务价值的重要性将得到更加充分的显现。一方面，农业生态服务功能是提高市民生活幸福指数的基础。物质生活水平的提高需要相应的生态环境水平的提高，没有农业所发挥的让天更蓝、水更清、空气更新鲜的重要作用，市民物质生活水平不断提高就失去了意义。另一方面，提升农业生态服务价值也是郊区农村加快发展的方向。根据市统计局测算，2013年北京都市型现代农业生态服务价值年产值为3449.78亿元，其中气候调节价值647亿元，水源涵养价值187亿元，环境净化价值122亿元，生物多样性价值636亿元，这是郊区农民对首都发展做出的巨大贡献。今后，北京仍然需要进一步完善郊区农业的生态功能，“三农”政策的倾斜标准应当以生态服务价值来衡量，生态涵养发展区在产业发展方面，也应将提升生态价值作为产业发展的首要前提。

第二，农民是首都全面建成小康社会的重点所在。“小康不小康，关键看老乡。”促进农民增收是“三农”工作的中心任务，也是加快转变经济发展方式、保障和改善民生的重点所在。一方面，目前全市农业户籍人口还有200多万人，减少农民数量的任务还很重；另一方面，农村居民可支配收入增速已经连续六年超过城镇居民可支配收入增速，但城乡居民绝对收入差距仍然偏大，农民收入整体水平仍然偏低。要实现共同富裕的目标，落实到2020年的收入倍增计划，农民增收的难度最大。只有农民真正富裕起来了，才能从根本上缩小城乡差距，促进社会和谐与稳定，夺取全面小康社会建设的胜利。为此，必须跳出农村认识农村，从城乡一体的角度统筹考虑农民增收问题，把农民增收与新型城镇化、生态文明建设结合起来；必须树立减少农民、富裕农民的观点，通过加大转工转居力度，把郊区农民的数量逐步减下来；必须树立依靠产业带动农民致富的观点，借助首都优势，依托农村改革，在发展中使农民致富。当前和今后一个时期，特别要将全市20多万户、50多万人的低收入农户增收作为工作“底线”抓紧抓好。同时要做好各项基本公共服务保障工作，织好网、保基本、兜住底。

第三，农村是首都可持续发展的战略空间所在。北京城市建成区的面积为1000多平方公里，郊区农村面积达1.5万多平方公里，郊区的面积占到90%以上。五环以内的建设用地只有700多平方公里，而全北京的农村集体建设用地有1000多平方公里。郊区农村不但拥有广阔的发展空间，而且还拥有丰富的发展资源，投资成本也相对较低，蕴藏着实现首都经济转型发展的巨大潜力。贯彻落实习近平总书记视察北京重要讲话精神，需要广大郊区农村按照首都核心功能定位，深入研究和把握好自身的功能定位，着力在构建以“高精尖”为特征的经济结构上下功夫，坚决调整退出高污染、粗放式、低效益业态，积极发展符合首都城市定位的产业；在人口规模调控上下功夫，按照疏解功能的思路，通过制定产业负面清单，综合运用法律、经济、行政等手段，把人口规模调控好；在打造配套齐全的公共服务设施上下功夫，加快推进水电气热等基础设施建设，搞好教育、医疗卫生等公共服务设施建设；在打造生态良好、和谐宜居的区域环境上下功夫，完善生态涵养功能，创新生态文明建设体制机制，既要金山银山，又要绿水青山。

二 牢牢把握全面深化农村改革契机

当前，农业农村发展的内外部环境和条件正在发生深刻变化，城乡二元结构造成的各种矛盾和深层次制约更加突出，已到了不深化改革就难以持续发展的阶段。党的十八届三中全会对全面深化改革进行了总体部署，也对深化农村改革做出了系统安排。中央经济工作会议、中央城镇化工作会议、中央农村工作会议也对全面深化农村改革提出了明确要求。应牢牢把握全面深化农村改革的重大契机，通过推进体制机制创新，不断释放改革红利，营造良好环境，激发内在潜能，再创农业农村发展新的辉煌。

第一，继续深入推进“三起来”工程。近年来，北京市在郊区农村开展了以“暖起来、亮起来、循环起来”为重点的农村基础设施建设工程和以“土地流转起来、资产经营起来、农民组织起来”为重点的改革工作，取得了较好成效。下一步，应继续围绕农村集体建设用地的依法集约高效利用、农村集体产权制度改革、农民合作经济组织发展等重点任务，深入探索，积极稳妥推进农村各项改革工作。重点是认真总结大兴区西红门镇、海淀区东升镇等改革试点的经验，深入研究农村集体建设用地集约高效利用的有效措施。工作中，充分尊重农民的主体地位和创造精神，最大限度地发挥农村集体和广大农民在农村改革发展中的作用。

第二，加快转变政府职能。随着工业化、城镇化的快速发展，农村经济社会发展正在经历千年未有之变局。工农城乡以及国内外市场之间的关联程度之高、相互影响之大前所未有。在新的形势下，各级政府应始终坚持把“三农”工作作为重中之重，积极推进涉农行政管理方式创新，做到简政放权、转变职能，把市场能办的交给市场、农民会办的交给农民、基层该办的交给基层，集中精力履行好自身职责，提高政府“三农”工作效率和效能。全市各有关部门都应牢固树立城乡一体的工作理念，做到既管理和服务城市又管理和服务农村，把自身职能从城市管理向农村管理延伸，做到部门职能城乡一体全覆盖。

第三，把握好改革的原则尺度。推进农村各项改革深入，要按照中央和市委的部署，明确基本原则和底线，既要积极又要稳妥地向前推进。改革任务既十分繁重，又相当复杂。农村改革30多年的一条基本经验，就是坚持从实际出发，因地制宜，试点先行，发挥农民和基层的积极性与创造性。这也是今后农村工作应基本遵循的地方。同时，农业现代化建设和农村改革的很多方面，既涉及农业生产方式的变革、农村生产关系和上层建筑的调整，也涉及工农和城乡关系调整。其中一些涉及土地制度、宅基地、规模经营等方面的重大改革，因牵扯到各方面的利益调整，还十分敏感，各方面的认识也还不统一。在这种情况下，应允许一些地方先行先试，先积累经验、形成共识，然后等条件成熟后再逐步推广。

三　扎实推进新型城镇化进程

推进新型城镇化是解决农业、农村、农民问题的重要途径，是推动区域协调发展的有力支撑，是扩大内需和促进产业升级的重要抓手，也是首都破解可持续发展难题的关键一招，对首都建设国际一流和谐宜居之都具有重大现实意义和深远历史意义。目前，北京的城镇化率已经超过85%。按照国际通行标准，北京已经进入城镇化的后期阶段，并逐渐向成熟城镇化阶段过渡。在这样的发展阶段，提高城镇化的质量和水平，破解可持续发展难题、实现城乡一体化发展、推进基本公共服务均等化等方面的工作和任务越来越繁重。

扎实推进首都新型城镇化工作，一是坚持以新型城镇化带动新农村建设和农村经济社会发展，形成中心城和重点新城、城乡结合部、小城镇、新型农村社区分工协调、共同发展的新型城镇体系，全面提升首都城乡发展一体化水平。二是充分体现“以人为本”的要求，把城镇化的服务对象从以本市户籍人口为主转向以本市户籍人口和流动人口并重的方向转变，努力为户籍人口和流动人口提供均等化的基本公共服务。三是重点抓好城乡结合部建设。在做好50个重点村产业发展、就业社保、回迁安置等工作的基础上，突出抓好规范化管理，推进社会建设和管理创新，加强公共服务体系建设。同时，继续加大城乡结合部地区的环境综合整治力度，做好违法建设的查处和控制工作，下大力气调整产业结构，关停淘汰一批不符合首都城市战略定位的小商品市场、一般加工业，努力从根本上破解人口资源环境矛盾。

另外，在推进新型城镇化各项工作中，需要处理好三个方面的关系。一是处理好新型城镇化与产业发展的关系。产业发展是城镇化的根本基础和重要支撑，首都应通过城镇化带动产业发展，以产业发展促进城镇化，最终实现“四化[①]同步”协调发展。二是处理好城乡之间的互动关系。在城乡统筹发展上要更加强调以城带乡，引导符合首都城市战略定位的产业和功能向郊区扩散转移，城市管理职能向郊区延伸，城市公共服务向郊区覆盖。三是处理好推进城镇化与保护生态环境的关系。牢固树立尊重自然、顺应自然、保护自然的生态文明理念，通过加强顶层设计，实现环境优美、生态良好、人与自然和谐的目标。

四　加快都市型现代农业转型发展

对拥有13亿多人口的中国而言，农业具有特殊重要的意义。正如习近平总书记所言，中国要强，农业必须强。北京市的农业虽然占国内生产总值的份额很小，而且一直在下降，农村人口也在减少，但农业在经济社会发展中的基础性、战略性地位和作用不会改变。北京作为农业大国的首都，发展

① 四化指新型工业化、信息化、城镇化、农业现代化。

农业的责任不能推、耕地红线不能越、粮食安全底线不能破。应切实把农业放在重中之重的位置，加大投入力度，强化支持举措，调整产业结构，不断提升都市型现代农业发展水平。

一是按照中央的要求，牢固树立大局意识和“大粮食”理念，增加粮食生产投入，自觉承担维护国家粮食安全责任。划定永久基本农田，保持一定的粮食种植面积，守住“红线”，不断提高农业综合生产能力，着力提高粮食单产，确保一定的口粮自给率，保住“底线”。

二是发挥首都科技资源丰富的优势，为国家粮食安全战略服务。农业发展的根本出路在科技创新，而良种则是农业科技创新的重要载体，是带有根本性的生产要素。一粒种子可以改变一个世界；一项技术能够创造一个奇迹。农民说，“好儿要好娘，好种多打粮”，“种地不选种，累死落个空”。服务好国家粮食安全战略，把民族种业搞上去，重点是借助首都优势发展好籽种农业。应下大力气、增加投入，注重创新机制、激发活力，做大做强一批育繁推一体化种子企业。同时，积极争取国家有关部委的支持，加快国际种业园区建设，打造“种子之都”，从源头上为国家粮食安全战略做贡献。

三是把发展都市型现代农业与加强生态文明建设相结合。落实习近平总书记重要讲话精神，促进生态友好型农业发展，大力发展节水、生态、循环农业，推进以水利为重点的农业基础设施建设，保障农产品质量安全和农业生态安全，使农业资源永续利用，既满足当代人需要，也为子孙后代留下良田沃土、碧水蓝天。同时，加快转变农业发展方式，不断延伸农业产业链条，创新现代农业的多种实现形式，最大限度地发挥都市型现代农业的效能，不断提高现代农业的发展水平。

五　不断提升新农村建设水平

习近平总书记在中央农村工作会议上明确指出，农村还是我国全面建成小康社会的短板，中国要美，农村必须美。对北京而言，郊区农村同样是发展的短板。首都要美，农村必须美。2008 年，北京市委提出到 2020 年要率先形成城乡发展一体化新格局，目的是要统筹城乡发展，提高农村建设水平。目前，时间已经过半，也取得了一些成绩，但要真正实现城乡一体化发展的目标，还有大量工作要做。

第一，继续推进社会主义新农村建设，为农民建设幸福家园和美丽乡村。推进新农村建设，要突出农村特征、特点和特色，保持秀美的田园风光、优秀的乡土文化、浓郁的民俗民风，不能把城市建设的思维和做法照搬过来，也不能到处都用一张图纸、一个式样、一种格调来搞村庄建设。当前和今后一个时期，新农村建设一个很重要的任务就是遵循乡村自身发展规律，因地制宜，以治理垃圾、污水为重点，搞好郊区农村人居环境综合整治，着力提升农村环境建设水平，为农民创造一个干净整洁的生活环境。

第二，积极推进公共资源城乡均衡配置。坚持把社会事业发展和基础设施建设的重点放到农村，优先保证对农村建设的投入，加大转移支付力度，提高各项涉农补贴的指向性、精准性和实效性。应发挥财政资金引导作用，通过贴息、奖励、风险补偿、税费减免等措施，带动金融和社会资金更多更好地投向农村建设。应以大气污染防治为契机，大力推动农村清洁能源利用改造工作，在为首都营造良好环境的同时，为广大农村居民创造更好的生产生活条件。注重发挥重大项目的带动作用，利用筹办世园会、冬奥会等大型会议和活动的机遇，带动周边农村地区基础设施改造和环境改善，在服务首都城市战略定位中实现农村地区的发展。

第三，努力做好农民增收工作。高度重视农民增收，通过新型城镇化和农业现代化“两手”发力，拓展农民就业增收空间，缩小城乡收入差距，使发展的成果惠及全体人民。在工作中，重点是促进低收入农户增收和农村经济薄弱的地区发展，确保低收入农户增收速度快于全市农民平均水平。通过加大农民转移就业的政策扶持力度，加强农业职业教育和技术培训，加快培养有文化、懂技术、会经营的新型农民，确保农业后继有人，解决好“谁来种地”的问题。

参考文献

1.《习近平在北京考察工作时强调　立足优势　深化改革　勇于开拓　在建设首善之区上不断取得新成绩》，新华网，2014 年 2 月 26 日。

2.《十八大以来重要文献选编》（上），中央文献出版社，2014。

3.《2013 年北京都市型现代农业生态服务价值监测公报》，北京市统计局，2014。

B.22

2013年北京市农民收入分析报告

北京市农研中心农民收入分析研究课题组*

摘　要：2013年，北京农村居民人均纯收入连续八年保持两位数的较快增长态势，收入增速连续五年快于城镇居民，四项收入“三升一降”。农村居民人均纯收入18337元，居全国第二位，比上年增长11.3%，扣除价格因素后，实际增长7.7%，比城镇居民实际增长快0.6个百分点。城乡居民收入比值为2.20，比2012年的2.21减少了0.01，收入差距的绝对额仍在拉大，为21984元。其中，工资性收入差距为18238元，仍是造成城乡居民收入差距的主要因素。10个远郊区县中，通州区农村居民人均纯收入最高，同比增速最快；延庆县农村居民人均纯收入和同比增速都最低。

关键词：农村居民收入　收入结构　农民增收

一　2013年北京市农村居民收入基本情况

2013年，北京农村居民人均纯收入连续八年保持两位数的较快增长态势，收入增速连续五年快于城镇居民，四项收入“三升一降”。农村居民人均纯收

* 课题负责人：张秋锦，北京市农村经济研究中心经济师、副主任；曹四发，北京市农村经济研究中心高级经济师；刘军萍，北京市城乡经济信息中心主任、副研究员。执笔：张英洪，北京市农研中心研究员，博士，研究方向为农村问题；冯学静，北京市城乡经济信息中心研究人员，经济师，研究方向为农村经济。

入18337元，比上年增长11.3%，扣除价格因素后，实际增长7.7%。城镇居民人均可支配收入40321元，比上年增长10.6%，扣除价格因素后，实际增长7.1%。农村居民人均收入增速比城镇居民快0.6个百分点，城乡居民收入差距为21984元，收入比值为2.20，比2012年的2.21减少了0.01。从收入结构看，工资性收入仍是农村居民人均纯收入的主体，城乡居民工资性收入所占比例差距已由2006年的29个百分点下降至2013年的9.5个百分点；从全国范围看，北京市农村居民人均纯收入是全国平均水平的2.06倍，居全国第二位；从10个远郊区县看，通州区农村居民人均纯收入最高，同比增速最快。

（一）北京市农村居民收入增长情况分析

1. 从全国看，北京市农村居民收入水平居第二位

北京农村居民人均纯收入18337元，比上年增长11.3%，扣除价格因素后，实际增长7.7%。全国农村居民人均纯收入8896元，增长12.4%，扣除物价因素，实际增长9.3%。北京农村居民人均纯收入在全国居第二位，是全国平均水平的2.06倍；京、津、沪、渝4个直辖市的农民收入同比增速分别为11.3%、13.5%、10.4%、12.8%，天津、重庆增速高于北京和上海（见图1）。

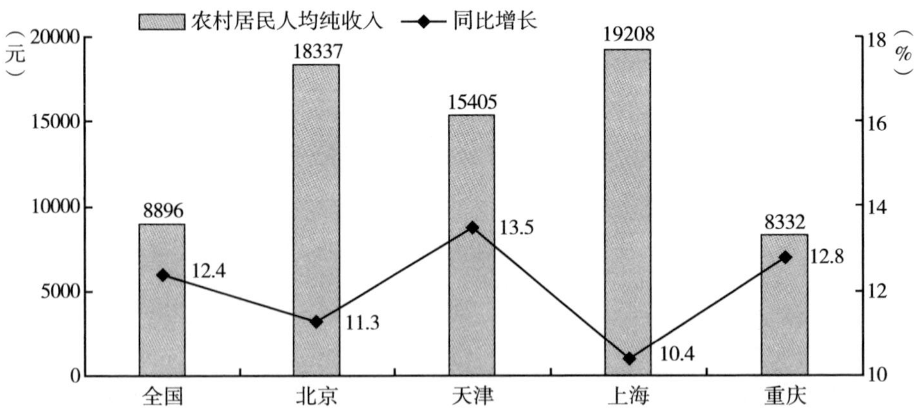

图1　2013年全国和直辖市农村居民人均纯收入及同比增速

2013 年全国城乡居民收入比值平均为 3.03。在京、津、沪、渝 4 个直辖市中，城乡居民收入比值分别为 2.20、2.12、2.28、3.03，天津城乡收入差距最小（见表 1）。

表 1　2013 年全国和直辖市城乡居民收入对比

单位：元

	城镇居民	农村居民	城乡居民收入比值
全国	26955	8896	3.03
北京	40321	18337	2.20
天津	32658	15405	2.12
上海	43851	19208	2.28
重庆	25216	8332	3.03

2013 年京、津、沪、渝农村居民人均纯收入水平稳步增长。从收入的绝对数看，上海市农村居民人均纯收入水平最高，而后依次为北京市、天津市和重庆市。北京市的工资性收入低于上海，高于其他地区；家庭经营收入低于其他地区；财产性收入相对最高；转移性收入低于上海，高于其他地区。从收入比重看，北京市家庭经营收入比重低于其他地区，而工资性收入比重则高于其他地区。从其收入结构和经济发展水平看，工资性收入仍是北京市农村居民主要的收入来源，城镇化水平越高，工资性收入越高，农民家庭经营收入水平反而越低，转移性收入越高。由于各地的经济发展水平、产业结构及社会经济发展重点不同，居民的收入结构存在差异是完全正常的。但无论是从绝对数还是相对数分析均较合理地反映了北京现阶段的经济社会发展水平及农村居民收入的构成特点，即北京市农村居民的总体收入水平、工资性收入、财产性收入、转移性收入水平领先于其他地区，但家庭经营收入存在一定的差距。收入来源构成的差距也是造成城乡差距、地区差距的重要因素（见表 2）。

2. 从全市看，农村居民收入增速连续5年快于城镇居民，城乡居民收入比值开始缩小

城镇居民收入情况。2013 年，城镇居民人均可支配收入 40321 元，比上年增长 10. 6%，扣除价格因素后，实际增长 7. 1%。

表 2　2013 年全国和直辖市农村居民收入对比

单位：%

	全国	北京市	天津市	上海市	重庆市
人均纯收入	100	100	100	100	100
工资性收入	45. 2	65. 6	—	64. 4	49. 1
家庭经营收入	42. 6	4. 5	—	4. 8	37. 6
财产性收入	3. 3	11. 0	—	8. 3	2. 8
转移性收入	8. 8	18. 8	—	22. 5	10. 5

农村居民收入情况。2013 年，农村居民人均纯收入 18337 元，比上年增长 11. 3%，扣除价格因素后，实际增长 7. 7%。完成年初确定的实际增长 7. 5%左右的指标要求，增速连续 5 年快于城镇居民。转移性收入为 3446 元，增长最快，达到 32. 6%；财产性收入 2023 元，同比增长 17. 8%；工资性收入 12035 元，同比增长 11. 0%；家庭经营收入 833 元，同比下降 36. 8%（见表 3）。

表 3　北京市农村居民人均纯收入 2013 年与 2012 年比较

单位：元，%

指标名称	2013 年	2012 年	增长
人均纯收入合计	18337	16476	11. 3
（一）工资性收入	12035	10843	11. 0
（二）家庭经营收入	833	1318	-36. 8
1. 第一产业现金收入	268	731	-63. 3
其中：农业现金收入	230	517	-55. 5
牧业现金收入	-28	98	-128. 6
2. 第二产业现金收入	39	-40	—
其中：工业现金收入	9	-80	—
3. 第三产业现金收入	526	627	-16. 1

续表

指标名称	2013 年	2012 年	增长
其中:交通运输业经营收入	251	236	6.4
批零商贸业、饮食业收入	259	286	-9.4
(三)财产性收入	2023	1717	17.8
其中:租金收入	1562	1120	39.5
集体分配股息和红利收入	311	368	-15.5
转让土地承包经营权收入	92	170	-45.9
(四)转移性收入	3446	2598	32.6
其中:农村外部亲友馈赠	126	92	37.0
离退休金、养老金	2314	1740	33.0

城乡居民收入比值开始缩小。2013 年，农村居民人均收入增速比城镇居民快 0.6 个百分点，增速连续 5 年快于城镇居民。城乡居民收入差距的绝对额仍在拉大，收入差距为 21984 元。其中，工资性收入差距为 18238 元，仍是造成城乡居民收入差距的主要因素。城乡居民收入比值为 2.20，比 2012 年的 2.21 减少了 0.01，保持着缩小的势头。

3. 分区县来看，海淀区农村居民收入最高，通州区同比增速最快

从全市 13 个涉农区县收入的绝对值来看，海淀区农村居民人均纯收入最高。2013 年，人均纯收入达到 24673 元，同比增长 10.3%，比上年同期增速下降 1.4 个百分点。

从 10 个远郊区县收入的绝对值来看，通州区农村居民人均纯收入最高，达到 17925 元，低于全市涉农区县平均水平 412 元。其次是顺义区 17703 元，门头沟区 17408 元；延庆县人均纯收入最低，为 15504 元。

从 10 个远郊区县收入的同比增速来看，通州区同比增速最快，达到 12.5%，高于全市平均水平 1.2 个百分点。其次是怀柔区，同比增长 12.1%；延庆县增速最低，同比增长 10.1%（见表4）。

表 4　2013 年北京市各区县农村居民纯收入

单位：元，%

区县名称	2013 年	2012 年	增长
全　市	18337	16476	11.3
朝　阳	24426	22152	10.3
丰　台	20442	18502	10.5
海　淀	24673	22364	10.3
门头沟	17408	15715	10.8
房　山	16916	15192	11.3
通　州	17925	15936	12.5
顺　义	17703	15960	10.9
昌　平	16756	14971	11.9
大　兴	17044	15329	11.2
怀　柔	16356	14585	12.1
平　谷	16865	15067	11.9
密　云	16202	14590	11.0
延　庆	15504	14078	10.1

（二）北京市农村居民收入结构分析

2013 年，北京市农村居民的收入结构继续向城镇居民收入结构的方向发展。在大力推动农民非农就业、不断完善城乡社保体系、推动农村新型集体经济组织按股分红等措施的共同作用下，农民收入增长方式发生了显著变化。从收入结构上看，工资性收入仍是主体，占 65.6%，转移性收入、财产性收入和家庭经营收入分别占 18.8%、11% 和 4.5%。工资性收入处于绝对的支撑地位，无论是所占比重还是对农村居民增收的贡献均位居四项收入之首。

1. 工资性收入所占比例逐渐接近城镇居民

农村居民人均工资性收入 12035 元，同比增加 1192 元，同比增长 11%，增速有所放缓，与上年同期相比，增速下降 2.2 个百分点，工资性收入占农村居民人均纯收入的 65.6%，增收贡献率为 64.1%，拉动总体增收 7.2 个百分点。

2013 年农村居民工资性收入占纯收入的 65.6%，与上年基本持平，保持历史高位；城镇居民工资性收入占可支配收入的75.1%，持续下降，降至历史最低点。城乡居民工资性收入所占比例差距已由2006年29个百分点下降至2013年的9.5个百分点（见图2）。以工资性收入为主的收入格局不断巩固，农村居民工资性收入占纯收入的比例逐渐接近城镇居民。农民通过非农就业所获取的非农收入已成为农村居民人均纯收入增长的主体，而通过劳动力转移形成的工资性收入增长对农村居民人均纯收入增长的贡献最大。农民收入通过非农就业增长的途径逐渐单一化。

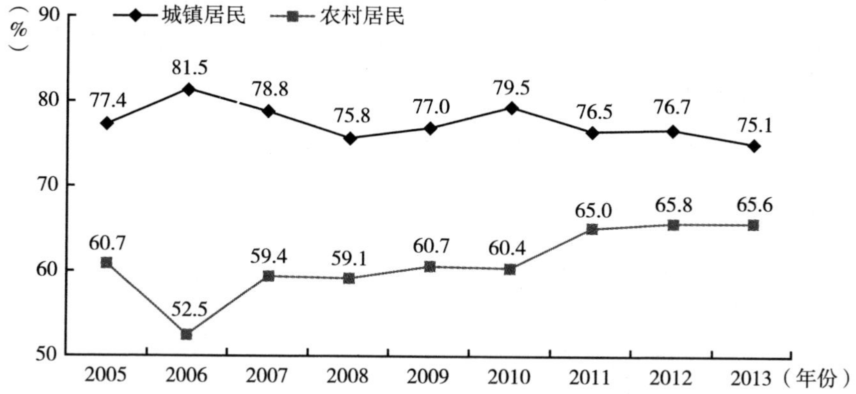

图2　2005～2013年北京市农村居民和城镇居民工资性收入比重对比

转移就业工作持续深入推进，多个积极因素共同拉动农民工资性收入快速增长。首先，坚持就业优先战略，单位招用就业困难人员补贴办法等多项促进就业政策相继实施，实现6.23万名登记农村劳动力转移就业，农民工接受的技能培训更加系统，从业素质有所提高，工资明显增加；完成平原造林36.4万亩，新增城市绿地1100公顷，林木绿化率、森林覆盖率分别达到57.4%和40%，促进绿岗就业，平原造林与管护共吸纳3.2万农民就业。其次，社会平均工资上涨也是拉动工资性收入增长的重要因素。2013年本市企业最低工资标准上涨到每月1400元/人，比上年同期增长11.1%。

2. 传统农业生产规模收缩，家庭经营收入主要归功于非农产业收入

农村居民人均家庭经营收入833元，同比下降36.8%，占农村居民人

均纯收入的4.5%，增收贡献率为-26.1%。从收入构成看，人均第一产业现金收入268元，下降63.3%（其中，农业现金收入230元，下降55.5%；牧业现金收入-28元，下降128.6%）。人均第二产业现金收入39元，由负转正（其中，工业现金收入9元）。人均第三产业现金收入526元，下降16.1%（其中，交通运输业经营收入251元，增长6.4%；批零商贸业、饮食业收入259元，下降9.4%）。家庭经营收入对收入增长的贡献主要归功于家庭经营中非农产业收入的贡献。

农村居民家庭经营收入占纯收入的4.5%，在2012年同比下降1.2个百分点基础上，又降低3.5个百分点，为历史最低水平；城镇居民家庭经营收入占可支配收入的3.7%。在郊区城镇化快速推进、生态建设任务不断加重、户均耕地资源进一步减少的影响下，家庭经营收入可能会继续下降，这也符合市情发展现状（见图3）。

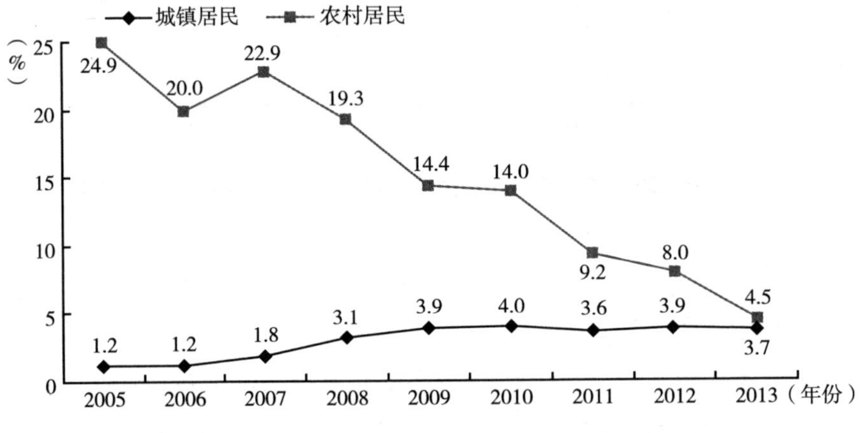

图3　2005～2013年北京市农村居民和城镇居民家庭经营收入比重对比

从家庭经营现金收入构成来看，第一产业现金收入下降的主要原因：一是农业结构深入调整，传统种养业规模收缩明显。随着平原造林工程的实施和城市建设开发占地，粮食、蔬菜播种面积和果园面积普遍减少，主要农产品产量下降。二是生产成本持续上涨。玉米和小麦亩均成本分别上升了8.7%和4.7%；农业雇工费每人每天150～200元，上年同期为120元左右；

部分农药价格上涨，如氯氰菊酯2013年每公斤25元，同比提高5元；畜禽养殖周期需用饲料支出也有所增加，如2013年一只蛋鸡周期需用饲料支出在127元左右，同比增长1.6%；一头母猪产小猪周期需用饲料支出1700元左右，同比增长54.5%；一头育肥猪到出栏前需用饲料支出960元左右，同比增长12.9%。三是气候因素。由于气候原因，如2013年上半年低温、全年雾霾天数增多、光照不足等影响了农作物的生长，种植业产品生产者价格同比上涨5.5%。四是养殖业规模化发展迅速，目前全市生猪、家禽规模化程度分别达到65.9%和76.5%，产能加快向企业集中，且由于市场波动、成本上升、疫情以及限制散养政策等，家庭散养退出趋势明显。第二产业现金收入由负转正，主要是新农村建设步伐的加快，农户中从事建筑业人员明显增加，加之建筑用工工资普遍上涨，使得从事建筑业经营的农村居民的现金收入快速增长。第三产业现金收入下降主要是由于家庭经营批零商贸业、饮食业和社会服务业收入分别下降了9.4%和63%。

3. 财产性收入同比增速较快，租金收入所占比重达七成

农村居民人均财产性现金收入2023元，同比增长17.8%，占农村居民人均纯收入的11%，增收贡献率为16.4%，拉动总体增收1.9个百分点。从收入构成看，占财产性收入七成以上的租金收入达到1562元，增长39.5%；集体分配股息和红利收入311元，下降15.5%；转让土地承包经营权收入92元，下降45.9%。

农村居民财产性收入占纯收入的11%，与上年相比增长0.6个百分点。租金收入是农村居民财产性收入的主体。城镇居民财产性收入占可支配收入的1.4%（见图4）。

租金收入快速上涨，拉动农民财产性收入继续较快增长。受供求矛盾、政策连带效应等因素影响，房屋租赁价格持续上涨。2013年初，史上最严楼市调控政策出台、节后外来人口返京高峰等因素叠加带动房屋租金价格明显上涨。从房屋租金提价的区域分布看，房租高企已不仅仅局限于城区，城乡结合部及农村地区房屋租金价格也随之水涨船高，外来人口租房需求旺盛、本地拆迁居民短期周转安置等因素推动农民房租收入大幅

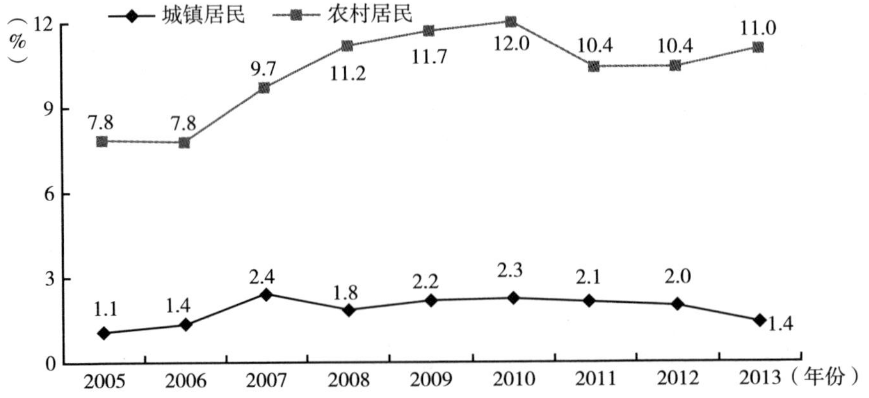

图 4　2005～2013 年北京市农村居民和城镇居民财产性收入比重对比

增长。

4. 离退休金、养老金收入增长达33%，拉动农民转移性收入快速增长

农村居民人均转移性收入为 3446 元，同比增长 32.6%，占农村居民人均纯收入的 18.8%，增收贡献率为 45.6%，拉动总体增收 5.1 个百分点。从收入构成看，离退休金、养老金收入 2314 元，增长 33%；农村外部亲友馈赠 126 元，增长 37%。

农村居民转移性收入占纯收入的 18.8%，与上年相比增长 3 个百分点，比例继续稳步上升；城镇居民转移性收入占可支配收入的 32.1%。农村居民的转移性收入快速增长得益于近年来出台的各项惠民政策措施（见图 5）。

农村社会保障水平继续提升，农民转移性收入快速增长。2012 年 12 月 31 日前企业退休人员基本养老金人均提高 260 元；失业保险金月发放标准每档提高 50 元；城乡居民基础养老金从每人每月 357.5 元提高到 390 元，福利养老金从每人每月 277.5 元提高到 310 元；最低工资标准由每月不低于 1260 元提高到每月不低于 1400 元，增幅为 10%；2013 年 1 月 1 日开始，农村低保最低标准由家庭月人均 380 元调整为 460 元，调整幅度为 21.05%，各区县政府在此基础上制订本区县农村低保标准调整方案，对农村低收入家庭的救助力度进一步加大。城乡社保一体化取得新进展，除

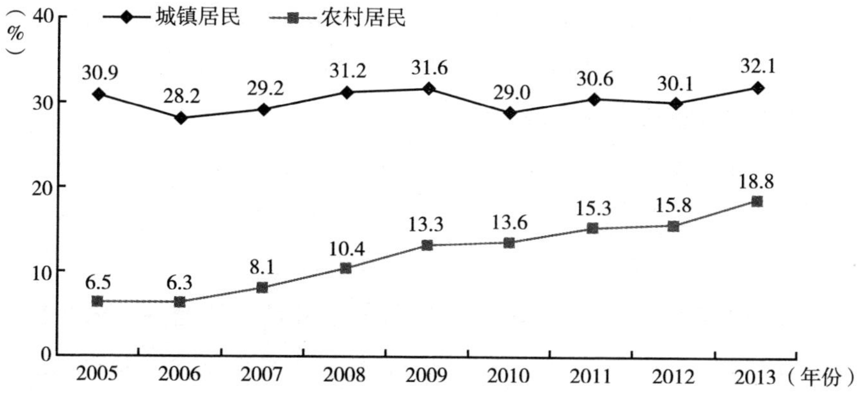

图5　2005～2013年北京市农村居民和城镇居民转移性收入比重对比

朝阳、海淀、丰台、顺义外，2013年大兴、通州也实现了城乡低保标准一体化。

（三）北京市远郊区县农村居民收入结构分析

从收入的绝对值来看，2013年排在10个远郊区县前三位的区县分别是通州区、顺义区和门头沟区。通州区农村居民人均纯收入最高，达到17925元，低于全市13个涉农区县平均水平412元（见图6）。

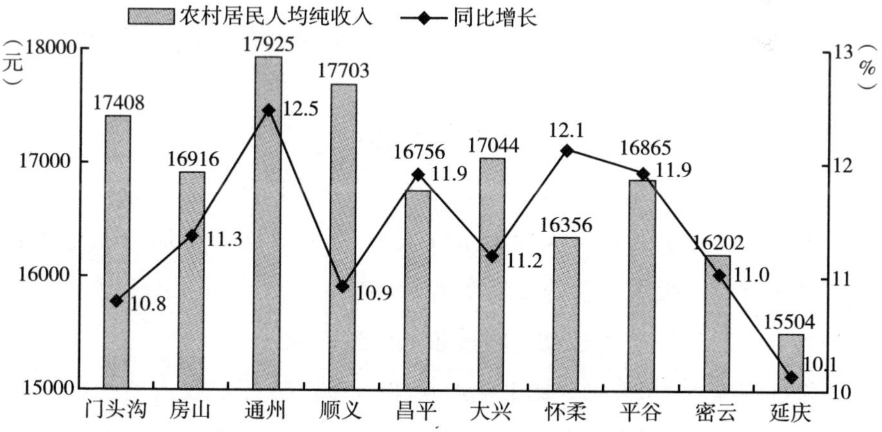

图6　2013年北京市远郊区县农村居民人均纯收入及同比增速

从收入的同比增速来看，排在 10 个远郊区县前三位的分别是通州区（12.5%）、怀柔区（12.1%）、昌平区（11.9%）和平谷区（11.9%）。

1. 工资增收政策带动工资性收入快速增长

工资性收入 11490 元，比上年增长 14.6%。工资性收入增长得益于政策性因素带动。一是 2013 年 1 月 1 日起北京市小时工资和月工资最低标准分别增长 11.8% 和 11.1%；二是人力社保局将企业职工平均工资增长线的平均线确定为 12%，为 2010 年以来的最高值；三是各乡镇积极组织农村劳动力参与新农村基建工程，增加农村居民就业机会，提高其工资性收入。

2. 样本结构调整导致家庭经营收入下滑明显

家庭经营收入 902 元，比上年下降 31.1%。降幅较大的主要原因是受新样本结构调整影响，城乡结合部的调查户比例有所增加，结合部地区农村居民的收入来源较为丰富，居民更乐意通过转让土地经营权或者出租住房来获取稳定的收入，而自己不再进行农牧业经营，因此导致第一产业收入下降明显，从而促使家庭经营收入下滑。

3. 产权制度改革促进财产性收入增长

财产性纯收入 2012 元，比上年增长 19.3%。随着农村产权制度改革的推进，农民财产性收入不断增加。通州区于家务乡在全市率先建立了乡镇级农村土地流转服务中心，帮助村民签订农村土地流转协议，保障村民土地租金收入。2013 年 1 ~ 11 月，通州区农村居民人均转让土地经营权收入 326 元，同比增长 1.1 倍，拉动财产性收入增幅提高 11.2 个百分点。另外，通州区优越的地理位置和外来人口的刚性住房需求推动了当地租金收入快速上涨。截至 2013 年 11 月末，人均租金收入 1089 元，同比增加 183 元，增长 20.2%，对财产性收入增长的贡献率为 51.4%。

4. 养老金及补贴收入拉动转移性收入增速扩大

转移性纯收入 3521 元，比上年增长 20.7%。转移性收入增长的主要原因：一是 2013 年各项养老金标准继续大幅提高，农村地区人口老龄化等因素继续拉动农村居民养老金收入增长；二是政府加大财政转移支付力度，对农村居民家庭发放多种节假日生活补贴，增加困难家庭医疗补助等；三是各乡镇增加各种涉农补贴，发放基本农田生态补偿补贴，对农业生产岗位农民发放涉农补贴等。

二　北京市城乡居民收入差距分析

由于长期形成的城乡二元体制没有完全消除，以及城乡居民收入存在较大的基数差距，城乡居民人均年收入的绝对差值仍在持续扩大。

（一）基尼系数

城镇内部的基尼系数从1996年的0.33下降到2010年的0.28，城镇居民的收入差距处于国际公认的平均范围之内。

农村内部的基尼系数从1996年的0.32下降到2010年的0.30，收入差距相对合理。基尼系数从1996年开始一路走高，并在2003年达到顶峰。“十一五”期间，随着农民收入的增长和农村社会保障水平的提高，农民内部之间的收入差距不断缩小。从反映农村内部收入差距的基尼系数观察，2010年，农村内部收入的基尼系数为0.30，比2005年缩小了0.02（见表5）。

表5　1996～2010年北京市城乡居民家庭基尼系数

年份	城镇	农村	年份	城镇	农村
1996	0.33	0.32	2004	0.29	0.34
1997	0.23	0.31	2005	0.29	0.32
1998	0.24	0.34	2006	0.27	0.32
1999	0.21	0.33	2007	0.27	0.32
2000	0.26	0.32	2008	0.29	0.31
2001	0.23	0.33	2009	0.28	0.30
2002	0.26	0.35	2010	0.28	0.30
2003	0.27	0.36			

资料来源：北京城乡居民生活统计资料。

（二）城乡居民收入比值呈现倒 U 形曲线

北京市城乡居民收入比值从 1997 年的 2.08 增加到 2013 年的 2.20。其中，2000～2013 年，城乡居民相对差距总体上处于高位徘徊状态。2002 年达到区间极小值 2.12，此后持续扩大。2006 年达到区间极大值 2.32。之后到 2010 年差距持续缩小至 2.19。2013 年为 2.20，比 2011 年的 2.23 减少了 0.03，回到了 2001 年的水平。城乡收入相对差距的波动，表明农民收入增长的基础仍不够稳固。不过，从总体形状来看，已经基本呈现出收入差距倒 U 形曲线的顶部形态，意味着城乡相对收入差距将可能进入逐步下降区间（见图 7）。

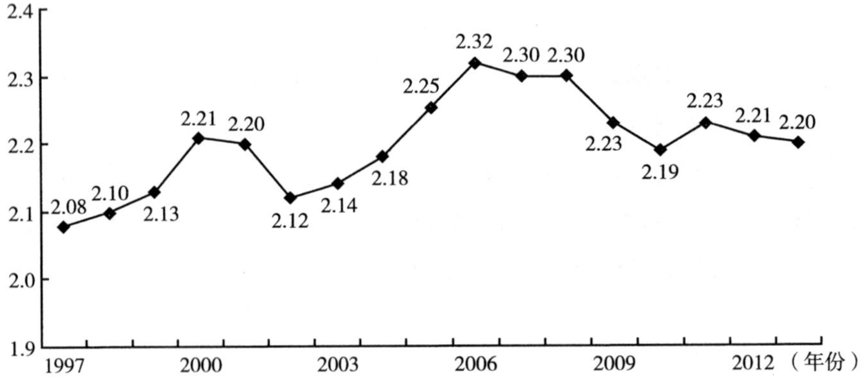

图 7　1997～2013 年北京市城乡居民收入比值

（三）2013年城乡收入差距突破20000元，绝对额持续拉大

1996 年以来，全国城乡收入差距由 2913 元增加到 2013 年的 18059 元，增长 5.2 倍。北京市在经济增长、收入提高、城市化进程加快的同时，收入分配中的差距呈现扩大趋势，收入差距高于全国。城镇居民人均可支配收入由 1996 年的 6886 元增加到 2013 年的 40321 元，增长 4.9 倍；农村居民人均纯收入由 3563 元增加到 18337 元，增长 4.1 倍。尽管农民收入增幅连续 5 年超过城镇居民，但由于基础较差，两者收入之差已经从

1996年的3323元增长到2013年的21984元，增长5.6倍。差距额平均每年扩大1098元，平均每年递增11.8%，农村居民人均纯收入平均每年增加869元，城镇居民人均可支配收入平均每年增加1967元。2000年城乡居民收入差距达到5000元，2006年突破10000元，2013年突破20000元（见图8）。

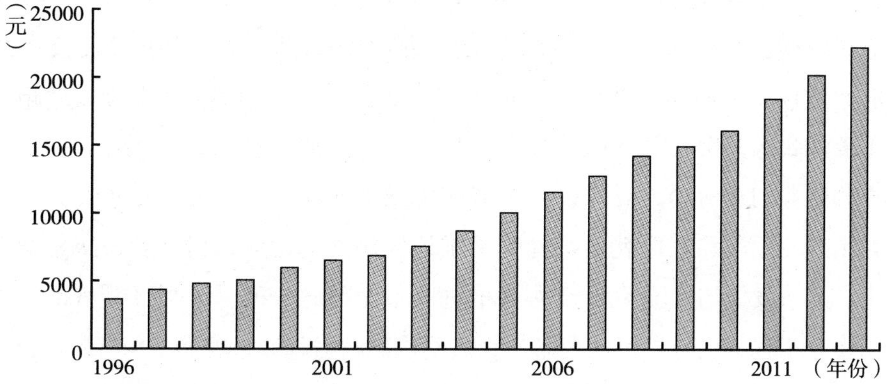

图8　1996～2013年北京市城乡居民收入差距对比

（四）从10个远郊区县收入的绝对值来看，门头沟区城乡收入差距最大

2013年从10个远郊区县收入的绝对值来看，门头沟区城乡居民收入差距达到17733元，远远高于其他区县的收入差距，差距额同比扩大1079元；其次是大兴区，收入差距为17084元；收入差距最小的是顺义区，为15626元。

2013年门头沟区城乡居民收入差距持续扩大，城镇居民人均可支配收入35141元，在10个远郊区县收入的绝对值中最高，同比增长8.6%。农村居民人均纯收入17408元，在10个远郊区县收入的绝对值中位居第三，同比增长10.8%。农村居民人均收入增速比城镇居民快2.2个百分点，城乡居民收入比值为2.02。

三　进一步促进农民增收的几点建议

（一）继续动员农村劳动力转移就业，完善就业政策加大扶持力度

农民就业问题不仅有利于增加农民收入、促进农民转移，同时也有利于把农民组织起来。大力培养新型农民，积极创造条件，让更多的农民参与到新农村建设、平原造林及后期管护当中，让农民在生态建设、绿岗就业中增加工资性收入，推动第一产业从业人员员工化，推动农民转移就业，深入开展充分就业创建活动，要建设一批能够承载当地农民就业的产业项目，支持小城镇产业园区和农民就业基地吸纳本地农民就近就业，提高农民工资收入水平。经济发展与社会发展要协调推进，不能顾此失彼。大兴区开展的农民观念提升工程，引导农民转变观念，鼓励农民积极就业，就做了很好的探索。

同时，加快完善城乡统一的就业政策体系，积极推进农村劳动力转移就业管理制度与就业失业管理制度并轨，推动农民向第二、第三产业转移就业。2013 年全市城乡居民收入差距的绝对额仍在拉大，工资性的收入差距占到城乡居民收入差距的 83%，是造成城乡居民收入差距的主要因素。2013 年，北京市实施城乡统一的招用安置政策，将灵活就业的农村劳动力纳入城镇职工社会保险制度，社会保障相关待遇标准提高 10% 左右。应持续加大财政投入，研究提高公益性就业岗位工资待遇标准及各项涉农补贴标准。加大农民转移就业的政策扶持力度，全面实施就业精细化服务，稳定就业数量，提高就业质量，努力实现高薪稳定就业。例如，顺义区城乡劳动力可以享受不限工种、不限等级、不限次数的免费技能培训，通过技能提升帮助农民实现在高端产业、高效企业、高薪岗位就业。不断加强农村劳动力职业技能培训，千方百计地解决农民的就业问题，间接把农民组织起来，不断提高“三率”① 水平。

① 劳动生产率、资产收益率、土地产出率。

（二）农业是北京建设世界城市的战略性基础产业，大力发展合作社为基础的农产品流通新模式

近年来，北京市顺应城乡融合和产业融合的趋势，充分发挥首都的资金、市场、科技等优势，创新实现形式，拓展功能价值，探索形成了“高端、高效、高辐射”的都市型现代农业发展道路。目前，农业增加值占全市 GDP 的比重不足1%。从世界城市发展的规律来看，这个比例还会逐步缩小，但这并不是说农业就会停滞或消失。2013 年，由于受平原造林占地、恶劣天气和城市建设开发占地的影响，除生猪出栏和禽蛋产量分别增长 2.7% 和 14.8% 外，粮食、蔬菜及食用菌、园林水果、果用瓜、牛奶等产量和家禽出栏分别下降 15.5%、4.7%、6.9%、12.6%、5.5% 和 15.5%。需要说明的是，为补偿平原造林占地对农民经营性收入造成的损失，政府配套出台了一系列补偿措施，因此占地农民收入总额不会减少，但收入形式发生了变化。

要发挥战略性基础产业的功能价值，必须继续转变传统农业发展方式，走都市型现代农业的发展道路。目前，京郊农产品还处于生产没有明确计划、流通没有规模组织的自由竞争阶段，还没有进入产业链条完整、有效有序竞争的阶段，应鼓励合作社开展流通合作，拓宽合作社进入市场的新模式，解决“卖难”问题，保证农民受益。一是鼓励农村发展专业合作、股份合作等多种形式的农民合作社，支持建立联合社，引导规范运行，着力强化能力建设，提高合作社带动农户增收能力。二是加大合作社在加工、运销、保险等经营环节的扶持力度，支持农民土地股份合作社、置业股份合作社等各类新型合作经济组织建设发展。三是在市场准入方面给予合作社专项扶持政策，在合作社建立农产品集散中心、发展农产品深加工、组织农产品产销对接、开展农产品竞价拍卖等方面，给予用地规划、资金扶持和业务指导。四是健全政策扶持体系，落实税收优惠政策、进行用地用电扶持、加强人才引进等。在信贷、税收、政策项目及资金等方面出台相应的扶持政策，将新增或新设农业补贴和财政奖补资金向规范的合作社倾斜，小型农田水利

建设项目、现代农业示范项目等优先选择基础条件好的农民专业合作社组织实施。

（三）全面深化改革，继续推动“新三起来”，不断提高农民财产性收入

为全面系统、整体谋划推动农村改革，2013 年北京制定了《关于加快城乡发展一体化进程，推进土地流转起来、资产经营起来、农民组织起来的意见》，出台了一系列配套措施，总结了一批“新三起来”典型，强化引导和示范作用，带动京郊农村改革向纵深发展。温铁军教授曾讲到，全国农民收入上万元的集体，90% 以上是集体经济发展得好，只有把资产经营起来才能实现农民增收致富的愿望。根据北京市农经办统计信息系统数据，2013 年全市农村经济总收入为 5170.7 亿元，比上年增长 5.9%。全市乡村两级集体资产总额达 5049 亿元，累计完成村级集体经济产权制度改革的单位达 3854 个，村级完成比例达 96.9%，320 万农村居民成为新型集体经济组织的股东。完成了 195 个乡镇 3958 个村的农村集体土地所有权确权登记颁证工作，确权登记率达 97.05%。在此基础上全面推开土地承包经营权登记和建设用地试点工作。

“新三起来”是市委、市政府推进首都“三农”工作和城乡一体化发展的重要抓手，符合十八大和十八届三中全会关于全面深化农村改革的精神。要在保障农民资产权益的基础上，进一步盘活农村各种资源，促进生产要素合理流动，吸引高端要素进入农村。加快转变农村经济发展方式，进一步推进产业优化升级，带动农村实体经济快速健康发展。把推动“新三起来”工作作为新时期首都“三农”工作重要的出发点和落脚点，切实维护好和发展好农民的根本利益，不断增加农民的财产性收入。

（四）推进城乡基本公共服务均等化，不断提高农村社会保障水平

近年来，北京市以推进基本公共服务均等化为目标，加快服务资源城乡

统一配置，集中力量实施了覆盖城乡的民生工程，公共服务供给能力和水平不断提高，公共服务体系日趋完善，城乡之间的基本公共服务水平差距逐渐缩小。从北京市收入的绝对数看，2000～2013 年，虽然农村居民人均转移性收入平均每年递增23%，但由于城乡二元体制的存在，农民能够享受到的转移性收入与城镇居民相比，仍然存在很大差距，而且这个差距还在逐年扩大，2013 年农村居民的转移性收入还达不到城镇居民 2002 年的水平。此外，2013 年上海市农村居民人均转移性收入为 4323 元，比北京市高出 877 元。基本公共服务的城乡差距仍然是当前经济社会发展的突出问题，要加快消除城乡差距，建立健全覆盖城乡居民基本公共服务的供给体系，确保城乡居民在社会保障等方面享受到公平的基本公共服务。

加快健全城乡一体的社会保障体系，积极探索农村公益性就业岗位人员参加城镇职工社会保险的有效途径。进一步完善统一的城乡居民基本养老保险制度，逐步提高基础养老金和福利养老金标准。推进新型农村合作医疗市级统筹，逐步实现新农合及时结算，加快建立城乡一体的城乡居民基本养老保险制度。完善农村低保标准调整机制，进一步加大城乡低保标准统筹力度。实现北京发展成果更多惠及广大农民，需要不断提高农村公共服务、社会保障的标准和水平，实现从有到好的转变，加快推进城乡基本公共服务均等化，让农民共同分享现代化成果。建立健全城乡基本公共服务体系，提高基本公共服务水平，促进基本公共服务均等化，是深入贯彻落实科学发展观的重大举措，对全面建成小康社会具有重要意义。

（五）健全低收入农户增收的长效机制，保持农民收入较快增长

北京市委、市政府《关于推进农村经济薄弱地区发展及低收入农户增收工作的意见》（京发〔2012〕15 号）对有效提高低收入农民增收水平发挥了重要作用。2013 年，通过建立完善工作推进机制、产业扶持机制、行业帮扶机制、社会帮扶机制四种工作机制，北京市完成了农村经济薄弱地区及低收入村的规划编制工作，20% 相对低收入组农户人均现金收入同步增长14.7%，比上年提高 0.4 个百分点，高于农民总体平均水平 4.5 个百分点，

农村内部收入差距进一步缩小。但与全市农民收入平均水平相比还有很大差距。高低收入户收入差距比例由上年的4.26∶1降为3.98∶1，呈现逐渐缩小的良好态势，农村内部收入差距日趋合理。根据北京市委、市政府最新文件精神，以本市城乡低收入家庭认定标准为依据，将2011年人均纯收入低于7750元的农户确定为低收入农户。将低收入农户数量超过农户总数60%的行政村确定为低收入村。到2018年，占农户总数20%的相对低收入户人均纯收入在2010年基础上实现翻一番，与全市农民人均纯收入差距进一步缩小。

低收入农户增收工作要把农村经济薄弱地区发展及低收入农户增收作为工作的重点，做到“因村施策”、“一户一策”。市级财政着重扶持农村经济薄弱地区发展主导产业，鼓励引导党政机关、民主党派、群众团体、企业等社会力量，通过多种方式参与帮扶工作。将城镇公益性就业组织“托底”安置就业困难人员政策和鼓励失业人员自谋职业、灵活就业政策向农村延伸，引导农村富余劳动力向第二、第三产业转移。紧密结合市场需求，有针对性加强农村职业教育和技能培训，提升农村劳动力的就业竞争能力。加大面向农村劳动力的公益性岗位开发力度，扩大绿色就业规模，完善报酬待遇标准。严格落实平原造林安排本地农民参加养护人员不低于养护人员总数60%的规定。健全对低收入村的专项帮扶、行业帮扶、社会帮扶机制，逐级建立农民增收目标责任制，提高帮扶精准度。落实农村经济薄弱地区发展规划，加大扶持力度。通过区域统筹、资源异地转换、共建经营性物业等方式，培育“造血”机能，提升低收入村集体经济发展能力。

注：本文所用数据除已注明来源的以外，均来自北京、上海、天津、重庆统计信息网。

B.23

北京农村集体资产经营模式研究*

韩振华　李宇**

摘　要：京郊14个区县拥有规模庞大的集体资产，随着城市化发展，其价值与日俱增。集体资产是首都广大农民多年来辛勤劳动积累的成果，是发展农村经济和实现农民共同富裕的重要物质基础，成为各方利益关注的焦点。如何管理好、经营好集体资产事关农民切身利益和农村社会稳定。本文全面分析了北京农村集体资产现状、产权制度改革情况及在经营管理方面的典型做法，分析了农村集体资产在加强监管、防止流失、融入市场经济、经营管理等方面存在的主要问题，并提出了具体的政策建议。

关键词：集体资产　产权制度改革　经营管理

党的十八届三中全会明确提出，国有资本、集体资本、非公有资本等交叉持股、相互融合的混合所有制经济，是基本经济制度的重要实现形式。这为集体资产经营指明了发展方向，为集体资产走向市场找到了实现路径。随着首都经济发展和城市化进程，北京农村集体资产总量持续增加，2013年底，京郊14个区县共有乡镇集体经济组织（以下简称乡组织）195个、村

---

* 本文是北京市政府研究室"农村集体资产经营管理问题研究"课题报告，其中未标明出处的数据均为调研所得。

** 韩振华，北京市政府研究室农村发展处主任科员，管理学硕士；李宇，北京市政府研究室农村发展处副主任科员，经济学硕士。

集体经济组织（以下简称村组织）3985 个、乡镇级集体企业（以下简称乡企业）1029 家、村级集体企业（以下简称村企业）1543 家，6752 个会计核算单位，形成总资产 5048.4 亿元①。管理经营好农村集体资产事关郊区农民切身利益，必须在深化改革中不断探索经营管理新模式，确保集体资产不断增值，让农民分享更多收益。

一　北京农村集体资产现状分析

改革开放以来，农村集体资产规模增长迅猛。1978～2013 年，乡村集体资产由 11.4 亿元上升到 5048.4 亿元，年均增长 20%左右（见图 1）；人均乡村集体资产由 294 元增加到 15.9 万元，年均增长 20%以上②。

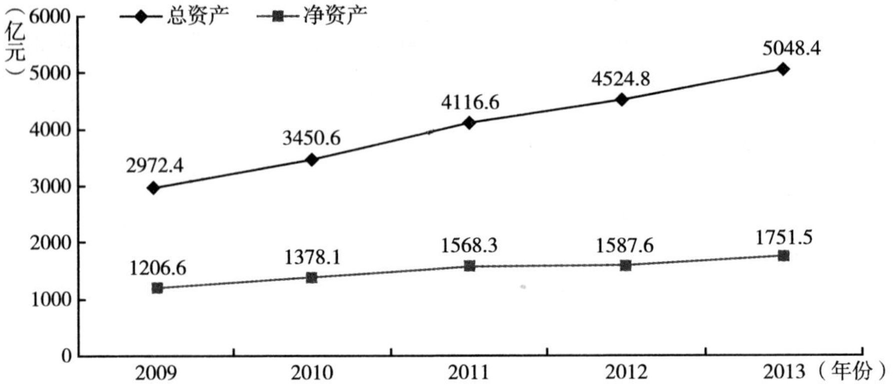

图 1　2009 年以来北京农村集体资产变化情况

（一）集体总资产情况

从经营层次上看，村级总资产占比最高，占比接近六成。乡镇级层面上乡镇企业总资产所占比重较高，村级层面上村组织总资产积累较多（见表

① 北京市农研中心，除东城区、西城区外，其他 14 个区县均有集体资产。

② 北京市农研中心、北京市农村合作经济经营管理办公室。

1）。2013 年全市共有 182 个乡镇，3944 个行政村，初步估算乡镇平均集体资产 11.2 亿元，村平均集体资产约 0.76 亿元。

表 1　2013 年北京农村集体总资产构成

单位：亿元

经营层次	总资产	细分经营层次	总资产
乡级	2033.6	乡组织	717.1
		乡企业	1316.5
村级	3014.8	村组织	2330.7
		村企业	684.1
合计	5048.4		

从功能区看，城市功能拓展区集体总资产最多，达到 2895.7 亿元，占 57.4%；城市发展新区为 1795.7 亿元，占 35.6%；生态涵养区为 357.0 亿元，占 7%。其中，丰台区绝对数额最大，达 1073.1 亿元；海淀、朝阳、通州三区集体资产均超过 500 亿元；大兴、昌平、顺义、房山四区集体资产均在 200 亿～500 亿元之间；石景山、门头沟、怀柔、密云、延庆、平谷集体资产都不足 100 亿元（见图 2）。

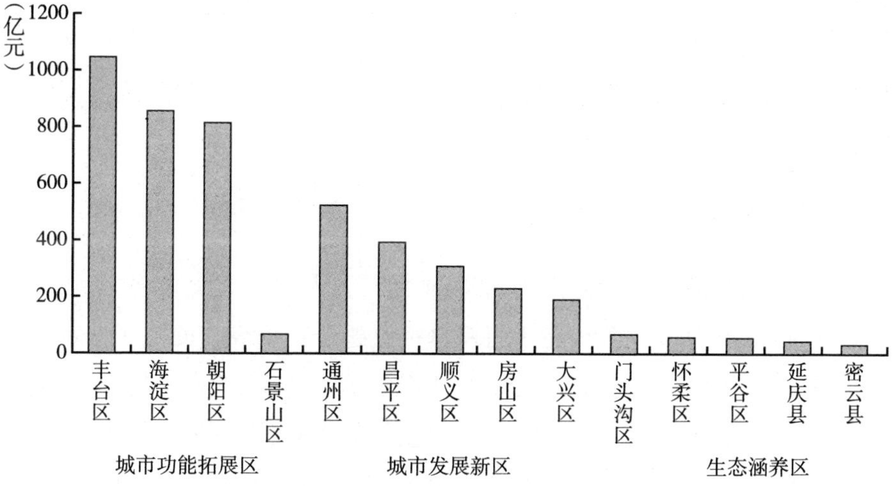

图 2　2013 年 14 个区县农村集体总资产情况

（二）集体净资产情况

2013 年郊区农村集体净资产为 1751.5 亿元，人均净资产 5.5 万元。从经营层次看，村级净资产占全部农村集体净资产的比重超过七成（见表 2）。从净资产占总资产的比重上看，乡镇级层面净资产占总资产的比重为 24.5%，村级层面这一比重为 41.5%。

表 2　2013 年北京农村集体净资产构成

单位：亿元

经营层次	净资产	细分经营层次	净资产
乡级	499.2	乡组织	136.2
		乡企业	363
村级	1252.3	村组织	1090.6
		村企业	161.7
合计	1751.5		

城市功能拓展区集体净资产最多，达 883.9 亿元，占 50.5%；城市发展新区 709.7 亿元，占 40.5%；生态涵养区为 157.9 亿元，占 9%。在 14 个区县中，海淀区集体净资产为 323.2 亿元，规模最大。海淀、丰台、朝阳净资产均超过 200 亿元，房山、通州、顺义、昌平、大兴均在 100 亿～200 亿元之间，石景山、门头沟、怀柔、密云、延庆、平谷都不足 50 亿元（见图 3）。

（三）集体总负债情况

2013 年农村集体负债总额为 3297.4 亿元，人均总负债 10.4 万元。2013 年总资产负债率为 65.3%。村级组织总负债超过乡镇级总负债（见表 3）。

在资产负债率上，乡镇级集体总资产负债率为 75.5%（其中乡组织负债率 81%，乡企业负债率 72.4%）；村级集体总资产负债率为 58.5%（其中村组织负债率 53.2%，村企业负债率 76.4%）。乡组织集体总资产负债率最高，村组织最低。

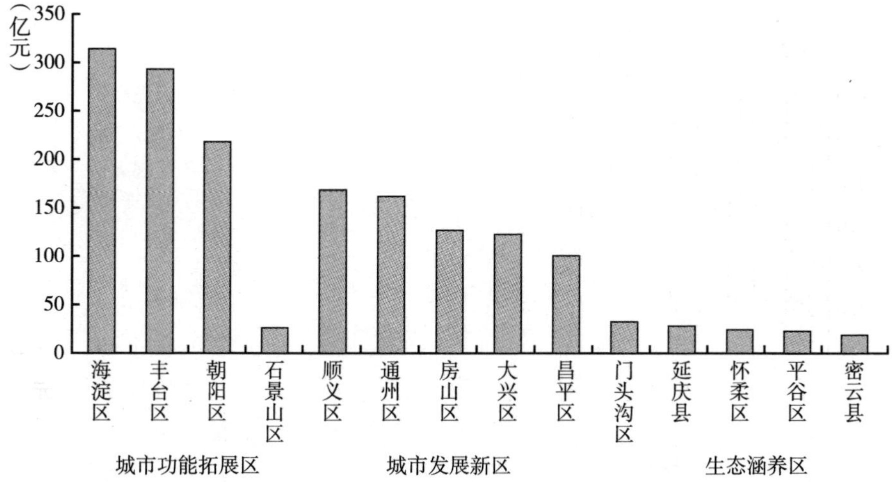

图 3　2013 年 14 个区县农村集体净资产情况

表 3　2013 年北京农村集体总负债构成

单位：亿元

经营层次	总负债	细分经营层次	总负债
乡级	1535	乡组织	581.5
		乡企业	953.5
村级	1762.4	村组织	1239.9
		村企业	522.5
合计	3297.4		

城市功能拓展区总负债规模最大，达到 2011.8 亿元，占 61%；城市发展新区为 1086.0 亿元，占 21.5%；生态涵养区为 199.6 亿元，占 6%。其中，丰台区集体总负债 771.6 亿元，规模最大；海淀、朝阳集体总负债均在 500 亿～700 亿元之间，通州、昌平分别超过 300 亿元；顺义 167.9 亿元，石景山、门头沟、大兴、怀柔、密云、延庆、平谷都不足 100 亿元（见图 4）。

在资产负债表现上，城市功能拓展区总资产负债率最高，达到 69.5%；生态涵养区最低，为 55.8%。其中昌平区集体总资产负债率 75.4%，为 14 个区县最高，大兴区最低，为 42.6%。

各区县的农村集体总资产、净资产、总负债情况具有一定规律，即越靠

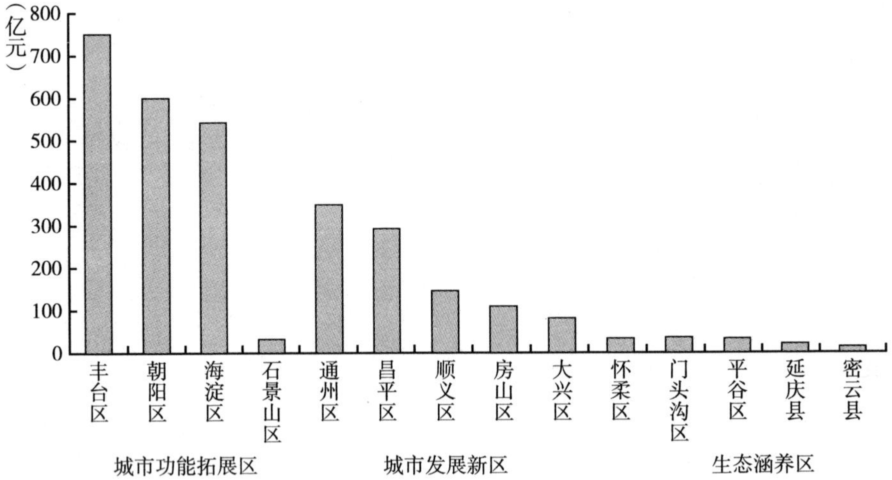

图4　2013年14个区县农村集体负债情况

近城市中心区，资产、负债规模越大，远郊山区的农村集体经济较为薄弱，与城乡结合部地区农村的集体经济规模有较大差距。造成这种现象的原因有二：一是随着城镇化进程，靠近城市中心区的农村优先取得了大量的土地变现资金，将无法核算的资源性资产变为可核算的资金性资产，由会计核算账外反映到会计核算账内；二是由于土地级差明显，靠近城市中心区的农村土地变现获得了相对较高的土地收益，远山区土地即使有机会变现，得到的资金回报也相对较低。

二　北京农村集体资产产权制度改革探索

北京市于1993年首先在丰台区南苑乡开展农村集体经济社区股份合作制改革试点，随后改革在全市范围内推开。目前，全市累计完成产权制度改革的乡村集体经济组织达到3823个，其中村级3804个，占村级集体经济组织总数的95.6%。全市新型集体经济组织的股东已达320万人。各区县立足区域功能定位和各乡镇、村的资源禀赋特点，走出了多种改革路子，概括起来主要有以下三种。

（一）存量资产量化型

全市有98%的村选择了“存量资产量化”方式的社区股份合作制改革，主要是在妥善处理合作化初期的老股金和原集体经济组织成员留置资产的基础上，将属于现有集体经济组织成员的净资产划分为集体股和个人股，集体股份一般都控制在30%左右，个人股份控制在70%左右。这种股权结构既明晰了村民的财产权益，确立了农民的股东地位，又保证了集体经济性质不改变、发展有后劲、公共服务能力有保障，成为大多数集体经济组织进行股份合作制改造的首选。如，昌平区北店村通过核算股份合作社劳龄股、户籍股、独生子女奖励股共计38756.5个，核定总资产2.77亿元，其中集体股0.831亿元，个人股1.939亿元。村集体在股权明晰后，组建股份合作制企业，村民按股份占比进行分红和提取集体积累，促进了原集体成员增收，实现了集体经济可持续发展。

（二）“资源+资本”型

“资源+资本”型占比较少，主要集中在山区部分集体经济实力较差、集体账内存量资产较少的村。这些村充分利用集体山场等自然资源，通过自然资源与社会资本相结合的方式，积极探索乡村集体经济产权制度改革的新途径。如，密云县南石城村采取“资源+资本”方式兴办股份合作制旅游景区。景区共设有910股，其中，村集体用山场作为资源入股，占总股份的30%；村民入股金32.2万元，占总股份的35.4%；北京金凤凰旅游公司入股金30万元，占总股份的33%；个人（外村）入股金1.5万元，占总股份的1.6%。

（三）社员投资入股型

社员投资入股型主要集中在一些集体企业发展前景好，又急需资金扩大生产经营规模的村。这些村采取以集体资产入股，并按照自愿的原则，发动全体社员以现金投资入股，组成社区型新型集体经济组织或企业。如，顺义区北郎中村，首先发动社员投资入股组建股份合作制企业，其次在股份合作制企业的基础上吸收社会资本。股份合作制企业注册资本8200万元，其中，集体历年积累3500万元留作集体股，集体经济组织成员投资3500万元作为个人股，并吸收外来企业和科技人员投资入股1200万元。目前，企业总股本达到9700万元，其中集体股4500万元，比注册时增加1000万元；个人股4000万元，比注册时增加500万元。

三 北京农村集体资产经营的典型模式

随着集体资产改革的深化，资产保值增值成为首要问题。北京市在总结基层经验基础上，提出了推进以“土地流转起来、资产经营起来、农民组织起来”为主要内容的“新三起来”工程。其中核心是创新多元化的农村集体资产经营方式和机制，增加农民财产性收入，用规范的利益纽带把农民组织起来。主要的经营模式有以下几类。

（一）土地集约利用下的租赁模式

以前的镇村企业用地以及“工业大院”占地，是农村集体经营性建设用地的重要途径。但长期以来吸引的都是“小散低”的落后业态，镇村靠的是低端的“瓦片经济”，出租厂房和土地，有的几经转包，集体和村民获取的租金收入较低。这些集体经营性建设用地大都区位条件优越，如果能得到集约高效利用，按照功能定位，淘汰落后产能，发展高精尖产业，必将为首都拓展新的发展空间，成为农村发展的巨大动力。海淀区东升科技园和大兴西红门镇就是这种“腾笼换鸟”的典型。

比如，海淀区东升镇完成集体经济组织产权制度改革后，组建成立东升博展股份经济合作社，依托靠近中关村的区位优势，关闭原有乡镇企业，先期腾退、整合出产业用地120多亩，采用集体开发、自主运营的开发模式，投资建设东升科技园，其已成为农民与园区的利益连接载体。科技园突出生物科技聚集优势，吸引了一大批高新技术企业，解决了本地农村劳动力200余人的就业，安置乡镇企业职工超过280人。2011年，园区总产值30亿元，上缴地方税收达3亿元，为集体经济组织创收6700多万元，农民分红达1400万元，人均分红1.7万元，以“土地入股分红+园区就业收入”双重保障农民收益，实现了低端“瓦片经济”向高端“物业经济”的转变，环境脏乱差向园区整洁优美的转变，“小散低”产业无序聚集向高新技术企业专业化聚集的转变。

（二）依托资金优势的自主经营模式

集体经济组织自主经营首先需要满足资金充裕、有专业的管理经营团队、规范的现代企业制度等方面的条件，其资金大多投资于土地整理、商业地产开发、保障性住房建设等领域。这些产业在北京风险相对较低、收益相对较高，同时又缓解了财政资金压力，具有一举多得的共赢优势。但在具体实践中也面临很多难题，表现在集体企业融资能力低，仅靠自有资金难以与国有企业、民营企业竞争。特别是在土地、房地产开发等项目竞标中处于劣势，现代企业制度和治理结构不完善，集体资产流失现象较严重，存在自主经营中压低收益、放大亏损等内部人控制现象。但整体看，随着加强监管和集体企业融资抵押制度创新，集体企业自主经营还有很大发展空间。

比如，2008年，大兴区西红门三村村民以自愿入股的方式筹集资金2000万元，购置商业设施1700平方米，由村集体统一进行经营管理，村民每年按集资金额获得10%的利息分红，年终还可享受固定资产收益分红。2009年又成立了三鑫盛世投资管理股份有限公司，公司由全体股民共同参与，以独立法人方式进行公司化运作经营，通过资产购置、异地置地等多种经营方式，实现村级集体资产运营管理公司化、投资方式多样化、经济收入多样化。同时，引入银行监管、第三方担保等，严格按照合作社章程办事，并接受政府部门的监督，建立了良好的项目甄选机制、民主决策机制、科学监管机制和风险控制机制。

（三）信托方式下的委托经营模式

自主经营对集体经济组织各方面要求很高，只有少数集体企业能在市场竞争中站稳脚跟、发展壮大。大多数集体经济组织由于资金实力不强、管理经营人才匮乏、现代企业制度不完善等原因，而选择专业的投资机构委托经营管理集体资产。

比如，门头沟等区县的村镇通过与信托投资机构合作，专门设计针对拆迁村的信托产品，对信托专业化经营集体资产进行了积极探索。2012 年，门头沟区在永定镇白庄子村和东辛称村共同投入 1.6 亿元，向北京信托购买“富民 1 号”信托产品，按照信托合同约定对委托的资金、资产进行专业、规范的经营。“富民 1 号”集合资金信托计划是北京乃至全国首个完全属于农民的、真正意义上的农村资金信托产品。

从近两年的实践看，委托经营大多比较成功，收益高出银行定期存款，风险相对可控。但从长远看，政府要对集体经济组织的委托行为加以指导和监管，增强集体经济组织管理人及其成员的风险意识，对受托投资企业的资质认真审核，并考虑建立担保、再保险等制度，确保集体资产安全稳定经营。

（四）吸引社会资本的联合经营模式

远郊区县、山区农村，集体经济组织自身资金积累较为薄弱，唯一的优势就是山场、林地、土地等资源性资产，若能盘活存量资产，引进社会资本，也能走上一条富民强村的发展道路。

比如，延庆县八达岭镇政府与八达岭特区联合投资 500 万元，修复了 3620 米的水关长城，按照协议八达岭镇石佛寺股份经济合作社持有水关长城 10% 的股份，每年得到 35 万元的股份收入。石佛寺村依托八达岭水关长城，把旅游业作为主导产业大力发展，投资 18 万元在停车场两侧建设了 66 个商业摊点，每户一摊，建成后每摊每年向股份经济合作社交纳租赁费 1500 元。这些摊位既给村集体带来了收益，又给股东创造了就业机会，当年每个摊位平均收入 2 万元，石佛寺村获得了“京郊百富村”称号。石佛寺村山场资源丰富，环境优美，但一直没有进行有效的开发利用，大部分资源处于闲置状态。石佛寺村大力宣传，吸引红石新城房地产开发有限公司投资兴建“长城脚下的公社”项目，签订了土地租赁合同，租赁6000多亩山地，租赁期限50年，租赁费总值为900万元，按年支付。合作社现在每年都有固定的租赁费收入，为村集体经济的后续发展提供了保障。

招商引资、联合经营在确保集体资产不流失的前提下，依托土地、旅游资源等，通过参股合资、兼并、租赁等形式，与国有资本、民营资本、个体经济进行合作，形成股权结构清晰、各方利益均有保障的混合所有制经济，克服了经济薄弱村发展中面临的资金短缺、人才匮乏、经营无方等困难，引进利用了国有企业、民营企业的管理模式和营销渠道，有助于这些农村盘活自然资源、发挥优势，实现农民的增收致富。

四　北京集体资产经营中面临的主要问题

集体资产经营涉及利益的调整，关乎300多万股东的切身利益和农村社会稳定。由于受到乡村治理结构、传统观念、传统思维方式的影响，目前还存在很多问题。

（一）资产经营效益偏低

2010~2013年，全市农村集体资产收益率分别为2%、1.5%、1.4%、1.5%，而同期一年期银行存款利率分别为2.75%、3.5%、3%、3%，集体资产收益率普遍低于同期银行存款利率。净资产收益率分别为5%、3.9%、3.9%、4.4%，即使净资产收益率其也仅仅相当于同期银行三年期存款利率水平。

农村集体资产经营效益不高，有管理成本高、积累提取高、经营能力低等原因，但最根本的是资产构成不适应现代经济发展需要。一是土地等资源性资产占比较大，受现行土地制度限制，更多的是沉睡的资产。二是经营管理水平低，有的以银行存款的形式获取较低的固定报酬收入，有的投资不善出现亏损。

（二）资产监督管理不到位

各级农村合作经济经营管理机构作为农村集体资产管理部门承担着具体

监管职责，但没有相应的执法处罚权限，管理与处罚相脱节，缺乏有效手段。在区县层面，农村集体三资政策管理职能归农业行政部门，业务指导由农经站具体承担。在乡镇层面，近年来随着新一轮乡镇机构改革，多数乡镇的农村集体资产监管人员队伍相当薄弱，一般只有1～2人，少数乡镇没有专职人员。在村层面，大多数村集体经济组织管理不到位，产权改革后的新治理架构运作不规范，资产、负债等方面的重大理财决策监督不够科学合理。

（三）债务负担较重

2013年人均负债10.4万元，尽管风险可控，但有些问题需要引起重视。如城市功能拓展区经济实力强，但负债总额及人均负债额也相对较大，一旦集体经济出现经营不善等问题，偿债风险会骤然剧增，影响社会稳定。

农村集体经济组织债务的形成很多是历史遗留问题，比如发展集体经济融资、承担基础设施建设、农村公共服务和社会事业支出等。根本原因是城乡二元的财政投入和公共服务体制，村民委员会代行集体经济组织职能，集体经济组织承担着一些属于政府负责的提供公共服务的职能，挤压了集体经济的资本积累，有的甚至超出村级组织财力及农民的承受能力，导致收不抵支，形成大量的债务。

（四）集体产业发展水平较低

从全市总体情况看，只有不到1/3的村集体实现了按股分红，以第一产业为主的村共有1953个，占55.8%，这些村集体收入普遍偏低或者没有收入；以第二产业为主的有78个，仅占2.2%，并且多以低端加工业为主，缺乏可持续性和竞争力；以第三产业为主的有1467个，占42%，其中的80%又以土地和房屋出租为主，产业结构单一，运行管理不规范，在城市化进程中难以持久。乡镇企业多是工业大院，囿于土地性质、配套建设和投资环境，吸引高端产业的能力不强。

五　政策建议

农村集体资产是郊区几百万农民多年辛勤积累的宝贵财富，管好用好十分重要。要以提高效益为核心，创新经营体制机制，推动集体资产保值增值。

（一）深化农村改革，为集体经济发展壮大创造有利条件

“三农”问题在首都经济社会发展中占有重要地位，北京目前有260万农业人口，只有将集体经济组织做大做强，才能更好地解决农民增收致富问题。要创造良好的集体经济发展环境，改革城乡二元的土地、财税体制，在税收减免、资金支持上给予更多优惠。一是在确权基础上探索集约利用农村集体经营性建设用地政策，争取试点，在符合规划和用途管制前提下，利用集体经营性建设用地抵押融资，发展高端产业。二是加大税收优惠，减轻集体经济组织负担。依托新型农村集体经济组织设立的各种现代企业及专业合作组织仍属于合作经济性质，应当享受类似于农民专业合作社的税收优惠政策，减轻集体经济组织税收负担。三是进一步加大公共财政对农村的投入，依托美丽乡村建设工程，加快推进城乡公共服务均等化，为新型集体经济组织发展提供良好的外部环境。

（二）转变农村发展方式，提高集体产业发展层次

结合首都功能定位及区位环境资源优势，从实际出发，因地制宜，推动农村集体土地、闲置资产入市，实现农村集体土地资源化、市场化，提高集体资产收益率。大胆探索集体经济发展新模式，积极发展资源开发型、土地流转型、产业带动型、租赁经营型、招商引资型、配套服务型等多种发展模式，推动集体经济健康发展，增强集体经济实力和发展后劲。根据山区、平原、城乡结合部等不同地区的区位优势和产业结构，有针对性地探索集体经济发展的途径和方法。重点鼓励地处城乡结合部及经济社会发展水平较高的

平原地区的村集体，规范发展集体物业经济和农村第二、第三产业；重点鼓励和支持以农业为主、集体资产较少的村集体，结合沟域经济和乡村旅游发展，采取“资源+资本”方式吸引社会资本开发新的产业项目，进一步发展壮大集体经济，为实现按股分红创造条件。

（三）完善法律法规，明确集体经济组织市场主体地位

目前，大多数集体经济组织与村委会职能界定不清，承担了很多社会职能，包括村民福利、社区基础设施建设和公共服务提供等多项职能，还不是自负盈亏、风险自担的市场主体。今后的发展中关键是要推进乡村治理现代化，村社分开、政经分开，把集体经济组织承担的社会职能剥离开来。一是进一步明确新型经济组织的法律地位、性质、功能和职责，明确集体经济组织成员（股东）的标准和进退机制，明确新型经济组织的外部监督管理主体。二是按照公司法，进一步深入推进集体经济产权制度改革，利用股份合作制、股份公司制的不同优势，打破集体经济组织产权的封闭性、社区性，让集体经济组织走向市场、走向社会，成为独立的市场主体。

（四）创新监管方式，严控集体资产流失和债务风险

北京市2006年就推出了村账托管制度，加强统计、审计管理。特别是2013年底海淀区借鉴国资委管理模式成立了农资委，其是全国首家农村集体资产监督管理委员会，对农村集体资产进行审计、合同清理和土地监管。要总结这些好经验，进一步推进农村集体资产监督管理制度建设。一是要推进集体资产交易平台建设，完善产权流转交易市场。二是要采取有效措施，积极化解债务，严格控制非生产性和经营性支出，避免增加新的债务。三是要明确农村集体资产监管主体，开展专项资金审计和经营效益审计等各项审计，加强农民负担监管，严禁违法、违规支出，最大限度地提高资金使用效益，杜绝资金、资源浪费现象。

（五）建立现代企业制度，提高集体资产经营效益

一是继续推进产权制度改革。推进乡镇级集体经济产权制度改革，建立

乡镇级的股份合作制企业，以乡镇为单位统筹集体资产的经营管理。二是规范新型农村集体经济组织运营管理。完善股东会、理事会、监事会制度和法人治理结构，规范改制后集体经济组织内部管理，健全经营管理、民主决策与监督机制。三是鼓励集体经济组织利用资金、资产和资源，以入股、合作、租赁、专业承包等形式，实现多元化、多层次、多形式经营，激发集体经济发展活力，提高集体经济经营效益。

参考文献

1.《中共中央关于全面深化改革若干重大问题的决定》，人民出版社，2013。
2. 郭光磊等：《城乡发展一体化：探索与创新》，中国农业出版社，2013。
3. 郭光磊等：《城与乡在博弈中共享繁荣》，中国农业科学技术出版社，2011。
4. 北京市农村经济研究中心：《2013 年调查研究报告》合订本，2014。
5. 蔡国雄：《关于农村集体经济对北京市率先形成城乡一体化新格局作用的调查分析》，《北京市政协调研报告》，2011。
6. 刘福志：《关于农村集体经济产权制度改革情况的报告》，北京市十四届人大常委会第四次会议文件，2013。
7. 关成华：《关于农村集体经济产权制度改革的实践与思考》，《前线》2009 年第 2 期。
8. 农业部课题组：《推进农村集体经济组织产权制度改革》，《中国发展观察》2006 年第 12 期。
9. 郑风田、赵淑芳：《论城市化与农村集体资产改制》，《财经问题研究》2006 年第 1 期。
10. 董克用、成得礼：《从北京看城乡结合部“失地农民”面临的困境与解决思路》，《经济理论与经济管理》2006 年第 3 期。
11. 苑鹏：《乡镇集体资产的有效经营管理监督机制研究——乡镇集体企业改制后的一个新课题》，《管理世界》2000 年第 4 期。
12. 苑鹏：《从集体资产控股公司到集体资产经营公司——对山东周村区王村镇集体资产经营公司的调查》，《改革》1998 年第 5 期。
13. 徐明增、张军连：《农民如何参与经营性建设用地开发——基于对南方四省的实地调查与模式分析》，《中国土地》2009 年第 10 期。

法 律 声 明

S 子库介绍

Sub-Database Introduction

中国经济发展数据库

涵盖宏观经济、农业经济、工业经济、产业经济、财政金融、交通旅游、商业贸易、劳动经济、企业经济、房地产经济、城市经济、区域经济等领域，为用户实时了解经济运行态势、把握经济发展规律、洞察经济形势、做出经济决策提供参考和依据。

中国社会发展数据库

全面整合国内外有关中国社会发展的统计数据、深度分析报告、专家解读和热点资讯构建而成的专业学术数据库。涉及宗教、社会、人口、政治、外交、法律、文化、教育、体育、文学艺术、医药卫生、资源环境等多个领域。

中国行业发展数据库

以中国国民经济行业分类为依据，跟踪分析国民经济各行业市场运行状况和政策导向，提供行业发展最前沿的资讯，为用户投资、从业及各种经济决策提供理论基础和实践指导。内容涵盖农业，能源与矿产业，交通运输业，制造业，金融业，房地产业，租赁和商务服务业，科学研究，环境和公共设施管理，居民服务业，教育，卫生和社会保障，文化、体育和娱乐业等 100 余个行业。

中国区域发展数据库

以特定区域内的经济、社会、文化、法治、资源环境等领域的现状与发展情况进行分析和预测。涵盖中部、西部、东北、西北等地区，长三角、珠三角、黄三角、京津冀、环渤海、合肥经济圈、长株潭城市群、关中—天水经济区、海峡经济区等区域经济体和城市圈，北京、上海、浙江、河南、陕西等 34 个省份及中国台湾地区。

中国文化传媒数据库

包括文化事业、文化产业、宗教、群众文化、图书馆事业、博物馆事业、档案事业、语言文字、文学、历史地理、新闻传播、广播电视、出版事业、艺术、电影、娱乐等多个子库。

世界经济与国际政治数据库

以皮书系列中涉及世界经济与国际政治的研究成果为基础，全面整合国内外有关世界经济与国际政治的统计数据、深度分析报告、专家解读和热点资讯构建而成的专业学术数据库。包括世界经济、世界政治、世界文化、国际社会、国际关系、国际组织、区域发展、国别发展等多个子库。